现代公民法律实用丛书

百姓身边的法律服务 MODERN CIVIL LAW 常用法律常识速查速用

（应用版）

婚姻法实用案例

徐运全／主编

增强法律观念·提高维权意识

内蒙古人民出版社

图书在版编目(CIP)数据

婚姻法实用案例/赵松梅编著. -呼和浩特:内蒙古人民出版社,2016.7

(现代公民法律实用丛书 / 徐运全主编)

ISBN 978-7-204-14212-5

Ⅰ.①婚… Ⅱ.①赵… Ⅲ.①婚姻法-基本知识-中国 Ⅳ.①D923.9

中国版本图书馆CIP数据核字(2016)第184353号

现代公民法律实用丛书·婚姻法实用案例

主　　编	徐运全
编　　著	赵松梅
责任编辑	王　静
责任校对	赵利霞
责任监印	王丽燕
封面设计	宋双成
出版发行	内蒙古人民出版社
地　　址	呼和浩特市新城区中山东路8号波士名人国际B座
网　　址	http://www.nmgrmcbs.com
印　　刷	北京龙跃印务有限公司
开　　本	710mm×1000mm　1/16
印　　张	16.00
字　　数	260千
版　　次	2016年9月第1版
印　　次	2019年7月第2次印刷
印　　数	1—7000册
书　　号	ISBN 978-7-204-14212-5/D·297
定　　价	35.00元

目　录
CONTENTS

第一篇　婚姻与婚姻法

婚姻的含义

婚姻有一般含义和法律含义之分。一般意义上的婚姻，是指为当时社会制度所确认的男女两性互为配偶的结合。法律上的婚姻，是指男女双方以永久共同生活为目的，以夫妻的权利义务为内容的结合。这种结合形成了一定的社会关系，即夫妻关系，也称配偶关系。由此可以看出：

第一，婚姻必须是男女两性具有夫妻身份的结合。婚姻关系之所以区别于其他社会关系，就在于它只能存在于男女两性之间，具有异性结合的特点。同时，这种男女结合是以夫妻名义进行的。因此，同性之间由于违背婚姻的自然规律，所以不能建立婚姻关系，而通奸、姘居等两性结合不称其为婚姻。

第二，婚姻是为当时社会制度所确认的男女两性的结合。婚姻虽然是发生在男女两性之间的事情，但它是一种社会关系，必须为当时的社会制度所确认。只有符合法律要求的男女两性的结合，才能成为婚姻。

第三，婚姻是男女两性以共同生活为目的，以权利义务为内容的结合。男女两性的结合，目的在于建立家庭、共同生活，在共同的婚姻家庭生活中，实现各自的权利，履行各自的义务。

婚姻从不同的角度有多种不同的分类。依结婚是否为要式行为分为：法律婚、宗教婚和事实婚；依结婚是否出于当事人的意愿分为：自主婚、买卖婚、包办婚、胁迫婚、抢夺婚等；依男娶女嫁或男到女家分为：聘娶婚和赘婚；依婚姻当事人之间有无亲属关系分为：中表婚、远亲婚和非亲婚；依当事人结婚时的年龄分为：童婚、早婚和晚婚；依结婚的次数分为：初婚和再婚；依当事人是否同时具有数个婚姻关系分为：有效婚和无效婚；依婚姻是否为男女异性间的行为分为：两性婚和同性婚。此外，还有顺缘婚和逆缘婚，等等。

在生活习俗中，依年限对婚姻有许多美好的称谓：结婚1周年为纸婚，5周年为木婚，10周年为锡婚，25周年为银婚，50周年为金婚，75周年为钻石婚。

婚姻法

《婚姻法》是调整一定社会的婚姻关系的法律规范的总和，是一定社会的婚姻制度在法律上的集中表现。其内容主要包括关于婚姻的成立和解除，婚姻的效力，特别是夫妻间的权利和义务等。从调整对象的性质看，《婚姻法》既包括因婚姻而引起的人身关系，又包括由此而产生的夫妻财产关系。

《婚姻法》的内容多数为强行性规范，概念上有广义和狭义的区别，广义的《婚姻法》的调整对象除婚姻外，还包括家庭关系，其名称是在扩大意义上使用的，如1950年和1980年的《中华人民共和国婚姻法》中既有结婚、夫妻关系和离婚的规定，又有关于父母子女和其他家族成员间权利义务的规定。其内容较亲属法窄，但较狭义的婚姻法宽，实际上是婚姻家庭法。狭义的婚姻法的调整对象仅限于婚姻关系，其名称是在严格意义上使用的，如《南斯拉夫塞尔维亚社会主义共和国婚姻法》规定："婚姻和婚姻中的法律关系由本法规定"，不涉及其他事项。

《婚姻法》在各个时代、各个国家的法律体系中处于不同的地位，其编制方法也不尽相同。古代法律多采取诸法合体的形式，不论中国、外国，都没有独立的婚姻法。有关婚姻家庭的规定，一般都包括在内容庞杂的统一法典内。很长一段时间内，婚姻立法不够完备，因此，伦理规范和宗教教义在调整婚姻关系方面起着重要作用。

在资本主义各国法律体系中，婚姻法也不是一个独立的法律部门。而是作为亲属法的组成部分，附属于民法的。在立法形式上，大陆法系各国一般都把亲属法编入民法典。英美法系各国的亲属法，一般是由多数的单行法规构成的，如《婚姻法》《家庭法》《已婚妇女财产法》《离婚法》等，名称不一，但它们都是各个国家民法的组成部分。因为，在资本主义私有制的基础上，婚姻家庭关系实际上是从属于财产关系的。

在社会主义制度下，婚姻家庭关系摆脱了私有财产的支配，它主要是一种存在于特定成员间的人身关系，其中的财产关系只不过是上述人身关系引起的法律后果。因而《婚姻法》不再附属于《民法》，而是社会主义法律体系中的一个独立部门。1950 年和 1980 年的《中华人民共和国婚姻法》，虽然条文不多，内容也较简要，但都是全面规定婚姻家庭制度的独立法律。

我国的两部婚姻法：

1950 年 5 月 1 日公布施行的《中华人民共和国婚姻法》是新中国颁布的第一部法律。全文分为八章，包括原则、结婚、夫妻间的权利和义务、父母子女间的关系、离婚、离婚后子女的抚养和教育、离婚后的财产和生活及附则，共二十七条。内容以调整婚姻关系为主，同时涉及家庭关系方面的各种重要问题。“废除包办强迫、男尊女卑、漠视子女利益的封建主义婚姻制度。实行男女婚姻自由、一夫一妻、男女权利平等，保护妇女和子女合法利益的新民主主义婚姻制度”，就是该法在原则问题上所作的重要规定。为了肃清封建婚姻制度的残余，该法还明确规定禁止重婚、纳妾、收童养媳、干涉寡妇婚姻自由、借婚姻关系索取财物等。1980 年 9 月 10 日，第五届全国人民代表大会第三次会议通过了新的《婚姻法》，自 1981 年 1 月 1 日起施行，原《婚姻法》自新法施行之日起废止。

根据 2001 年 4 月 28 日第九届全国人民代表大会常务委员会第二十一次会议《关于修改〈中华人民共和国婚姻法〉的决定》对 1980 年婚姻法进行修正。

婚姻生活的原则

我国《婚姻法》第二条规定：“实行婚姻自由、一夫一妻、男女平等的婚姻制度。保护妇女、儿童和老人的合法权益。实行计划生育。”第三条规定：“禁止包办、买卖婚姻和其他干涉婚姻自由的行为。禁止借婚姻索取财物。禁止重婚。禁止有配偶者与他人同居。禁止家庭暴力。禁止家庭成员间的虐待和遗弃。”这两条规定，概括了我国《婚姻法》的五项基本原则及其相应的禁止性规定，也是婚姻生活的基本原则。

1. 婚姻自由原则。婚姻自由是指符合法定条件的男女双方当事人依据法律规定，有权自由决定自己的婚姻关系，不受任何人的强迫和干涉。婚姻自由包括结婚自由和离婚自由。禁止包办、买卖婚姻和其他干涉婚姻自由的行为，禁止借婚姻索取财物。

2. 一夫一妻制原则。一夫一妻制是指一男一女结为夫妻的婚姻制度。具体是指：任何人只能有一个配偶，不能同时有两个或两个以上的配偶；任何人在配偶死亡或离婚之前，不得再婚；任何人不得以任何借口采用任何形式对抗一夫一妻制；禁止重婚，禁止有配偶者与他人同居。

3. 男女平等原则。男女平等是指男女两性在婚姻家庭中，享有同等的权利，负担同等的义务。我国《宪法》规定："中华人民共和国妇女在政治的、经济的、文化的、社会的和家庭的生活等各方面享有同男子平等的权利。"这是对男女平等的高度概括，也是衡量男女平等的极其重要的标志。男女平等包括男女在婚姻关系方面的权利义务平等和在家庭关系上的地位平等。

4. 保护妇女、儿童和老人的合法权益原则。这一原则是对男女平等原则的进一步确认。法律规定对妇女的特殊保护，是为了实现真正的男女平等。禁止家庭暴力，禁止家庭成员间的虐待和遗弃。有计划地调节人口的发展速度，包括节制生育，降低人口发展速度，以及鼓励生育，提高人口的发展速度。就我国的实际情况而言，计划生育是指节制生育，降低人口发展速度。计划生育的基本要求是晚婚、晚育、少生、优生、优育。

5. 计划生育的原则。计划生育，是指通过生育机制有计划地调节人口再生产。就我国的实际情况而言，实行计划生育是为了有计划地控制人口增长，提高人口素质。

保障基本原则的六项禁止性规定：

1. 禁止包办、买卖婚姻和其他干涉婚姻自由的行为；

2. 禁止借婚姻索取财物；

3. 禁止重婚；

4. 禁止有配偶者与他人同居；

5. 禁止家庭暴力；

6. 禁止家庭成员间的虐待和遗弃。

婚姻关系

世上没有十全十美的婚姻，婚姻纠纷的出现在所难免。婚姻出现纠纷，必定会给与婚姻相关的许多人带来痛苦以及给社会带来不利，所以，无论是婚姻关系的当事者还是其他的人，都不愿意看到这种情况出现。因此，夫妻双方在婚后的生活中要尽量预防和减少婚姻纠纷的发生，共同经营和维系良好的婚姻关系。预防和减少婚姻纠纷的发生，应当做到以下几点：

1. 了解婚姻。婚姻状况的好坏关系到婚姻可能达到的境地，所以，夫妻双方应当充分了解自己的婚姻状况。婚姻生活中，夫妻之间在许多问题上是相互影响的，如共同的生活目标和价值观念；为增进婚姻关系所作的努力；交流思想的技巧；建设性地对待夫妻间的冲突；对男女双方职责的一致看法；同心协力、配合默契；性生活的和谐；钱财的使用安排；教育孩子等。上述问题的状况即可以反映婚姻状况的理想程度。大多数的婚姻状况与夫妻双方渴望达到的理想状况之间总是存在一定的差距，这一差距容易导致婚姻纠纷的产生，但同时也意味着它们尚具有改进的潜力。每对夫妻的关系中都有藏而不露、贮存起来的感情财富，但是大多数的夫妻都没有去开发它。如果夫妻能将他们之间的冲突视为双方意欲亲近的欲望所引起的不可避免的结果，明智地将冲突视为创造性地解决问题的潜力，那么婚姻纠纷对他们自然就不会有威胁。因此，夫妻之间应当通过更多的交流，相互了解、理解和关心，意识到相互关系中的一些新的变化以及处于变化中的感受，推动自己去做些努力，婚姻就能够更加美满，婚姻纠纷就可以预防和减少。

2. 改善婚姻。即使在最美满的婚姻中，夫妻感情也有起有落。一些夫妻认为，初恋时期的浪漫气氛在婚后必定会转化为互相关心、同甘共苦、相互信任等，然而许多婚姻却并非如此。这种关系需要长期的培养，并具备以下因素：第一，抛弃幻想。大多数人在结婚时都抱有不切实际的幻想，认为在婚姻关系中一切美好的可能都是顺理成章的，其实，任何好的东西都是要通过努力才能获得的。第二，承担义务。承担义务是幸福而长久的婚姻的基础，只享受权利不承担义务的人是自私的，其婚姻必然是短命的。第三，互相适应。因性格不同发生摩擦是夫妻间常有的事情，双方要学会容忍对方的脾气，也要克制自己令人不快的性格。第四，交流感情。交流感情能使双方之间相互了解、相互理解，相处融洽。第五，正确对待冲突。双方发生冲突时，要尽量克制自己的情感，尽量少责备对方，避免过激的言辞和因一些小事儿耿耿于怀。第六，同舟共济。夫妻都有自己的苦衷，但是双方应当能够相互分担痛苦，历尽磨难有利于夫妻关系更加密切。

3. 调试婚姻。夫妻生活是脱离不了平淡的。尽管在结婚以前有过许多的浪漫，但越是这样就越会早早感到平淡的到来。但是，每对夫妻又都有快乐的能力，再平凡的日子，也可以创造出情趣来，当然，这需要夫妻双方共同行动，并花费很多的心思。如要确立共同的目标，培养共同的情趣，增加交际性活动，允许对方有自己独特的爱好，打破定型化生活，走向稳定而多样化的生活，这样婚姻纠纷自然会避免和减少。

4. 维系婚姻。维系婚姻的关键在于夫妻双方以感情为纽带，互相尊重、互相信任、互相体贴，合理安排家务，协商理财，等等。沟通是解决夫妻间隔阂的重要途径，双方要多鼓励少指责，不要以对方的短处做把柄，讥笑辱骂，更不要以离婚威胁对方，以免伤害双方的感情。

婚姻与家庭的关系

婚姻和家庭是密不可分的。婚姻以及由其产生的家庭，是一种基本的社会生活组织形式，是我们所处的社会的基本细胞。婚姻家庭关系是以两性结合为前提、以血缘关系为纽带的社会关系，包括婚姻家庭的人身关系和婚姻家庭的财产关系。

婚姻家庭中的人身关系，是指存在于特定亲属身份的主体之间的、具有人身利益的权利义务关系。如配偶关系、父母子女关系、祖孙关系以及人身自由权、婚姻自主权、姓名权等等。这些人身关系是基于血缘、婚姻或法律拟制血亲而产生的，通过亲属之间的共同生活以及感情交流等方面体现出来。

婚姻家庭中的财产关系，是以婚姻家庭的人身关系为前提，以财产为中介而形成的具有经济利益的权利义务关系。它是人身关系所引起的法律后果，随人身关系的产生、变更或终止而产生、变更或终止。如夫妻共同财产关系涉及夫妻对共同财产的占有、使用、收益和处分；亲属间的抚养关系涉及抚养费的支出等。

婚姻家庭关系具有自然性和社会性两种属性。一方面，它离不开赖以形成的自然因素，如男女两性的差别，人类固有的性本能等生理基础；另一方面，它体现为一种社会关系，其存在和发展取决于社会的生产关系，同时受社会上层建筑各个因素的影响和制约。婚姻家庭关系的自然性，决定了婚姻家庭关系的形成和维系，使婚姻家庭关系区别于其他社会关系，是婚姻家庭关系自身具有的特征。婚姻家庭关系的社会性，决定了婚姻家庭关系的性质与其他社会关系一样，具有社会关系的一般属性，是一种人与人之间的关系，反映了婚姻家庭关系的本质。

婚姻与社会的关系

婚姻家庭关系是一种特殊的社会关系，具有社会性和自然性双重属性。其中社会属性为其本质属性。

婚姻家庭关系以两性的结合和亲属间的血缘联系为其自然条件。两性结合是基础，血缘联系为纽带。这是婚姻家庭关系的自然属性。婚姻家庭关系与其他社会关系不同，有其本身的自然属性。

婚姻家庭关系的自然属性，是指婚姻家庭赖以形成的自然因素。这些因素是与生俱来、客观存在、难以改变的。自然因素是婚姻家庭关系内在的、固有的因素，是婚姻家庭关系形成的必要条件，也是婚姻家庭关系与其他社会关系相区别的重要标志之一。

婚姻家庭关系的自然属性，体现了生物学、生理学规律在人类婚姻家庭方面的作用和影响。这些作用和影响具体表现在以下几个方面：男女两性的差别和人类的性本能，构成婚姻中男女结合的生理学基础。

婚姻上的两性特征是婚姻的自然属性。男女两性的差别和人类所固有的性的本能，是婚姻的生理学上的基础，表示着婚姻当事人在生理学上的两性差别。而作为社会关系，则是婚姻的社会属性。

通过生育而实现的种的繁衍是家庭在生物学上的自然繁衍功能。

生物——有生命的物体。具有生长、发育、繁殖等能力，能通过新陈代谢作用与周围环境进行物质交换。

人类通过男女两性的结合，而实现人类种的繁衍。种的繁衍是家庭的生物学繁衍功能。

家庭成员间的血缘联系以及由此而产生的亲属团体，构成家庭这一亲属团体在生物学上的自然联系特征。

家庭关系除婚姻关系外还有血缘关系。家庭关系中家庭成员间的血缘联系是家庭的自然属性，是生物学上的血亲关系。

某些自然规律对人类的婚姻家庭制度起到制约、影响作用。

婚姻家庭这种社会关系是以两性结合和血缘联系为其自然条件的，如果没有这种自然条件，也就无所谓婚姻和家庭。

作为婚姻家庭关系前提条件的自然因素，必然受其自然规律所制约。婚姻家庭关系中涉及生理学、生物学领域的某些自然规律，对婚姻家庭的发展存在着不容忽视的影响和作用。

恩格斯在《家庭、私有制和国家的起源》中曾经多次指出，人类通过对自然选择规律的认识，逐步限制、排斥了近亲结婚，使两性结合和血缘关系的社会形式渐次从低级向高级发展。从优生学的角度来看，自然选择规律对创造体质、智力更加健全的人种，推动社会的进步，起了很重要的作用。他在论及普那路亚家庭时说："不容置疑，凡血亲婚配因这一进步而受到限制的部落，其发展一定要比那些依然把兄弟姊妹之间的结婚当作惯例和义务的部落更加迅速，更加完全。"（《马恩选集》4 卷 33 页）在论及对偶婚制时又说："在这种越来越排除血缘亲属结婚的事情上，自然选择的效果也继续表现出来。"（《马恩选集》4 卷 42 页）可见，婚姻家庭关系是一种特殊的社会关系。其特殊性就在于，这种社会关系是以两性结合和血缘联系为其自然条件的。也就是说，婚姻这种社会关系，只能发生在男女两性之间；家庭这种社会关系，也只能存在于夫妻之间和父母子女、兄弟姐妹等血缘亲属之间。婚姻法调整这种关系，也不能忽视其自然属性，它是这种社会关系产生和存在的基本前提和基础。

随着婚姻家庭制度的确立，婚姻家庭的自然属性由自发的作用逐步上升为自觉的把握，成为婚姻家庭立法的必要因素。不论任何时代、任何国家的婚姻家庭制度和婚姻家庭立法，都不能无视这些自然属性。例如，关于结婚年龄的规定，对近亲结婚、恶疾结婚的限制，以缺乏性能力作为禁止结婚或准予离婚的理由，以子女出生的事实作为确定亲子关系的根据等，都是对婚姻家庭关系自然因素的考虑。婚姻家庭的自然属性及其生理规律、遗传规律对婚姻家庭的发展都起着不可忽视的作用。违背自然规律，不受自然规律的约束，就会受到自然规律的惩罚，贻害无穷。

婚姻家庭关系是社会中人与人之间的关系，本质上是一种社会关系。这是婚姻家庭关系的社会属性。

婚姻家庭的社会属性是社会制度赋予婚姻家庭的本质属性，是决定和影响婚姻家庭的社会力量，是婚姻家庭关系中的社会内涵。婚姻家庭关系的社会属性主要表现在以下几个方面：

1. 社会属性是婚姻家庭关系的本质属性

说婚姻家庭关系具有自然属性，但并不能说自然属性就是其唯一属性，更不能说自然属性是其本质属性。

婚姻家庭关系中具有自然属性中的两性结合和血缘联系，是普遍存在于一切高等动物之中的，但婚姻家庭却是人类社会特有的现象，是人类社会两性和血缘关系发展到一定阶段的产物。

婚姻家庭关系以人为主体，是人与人之间的关系，人与人之间的关系当然是社会关系。

马克思说："人的本质并不是单个人所固有的抽象物，实际上，它是一切社会关系的总和。"（《马恩全集》3 卷 5 页）人类社会所特有的婚姻家庭关系，当然也只能属于社会关系中的内容。人作为社会成员从事物质资料的生产和人口的再生产，并在这两种生产中形成了各种社会关系，其中包括婚姻家庭关系。

既然社会关系的总和是人的本质所在，那么，作为社会关系之一的婚姻家庭关系，本质上当然也只能是一种社会关系。

婚姻家庭关系首先是一种社会关系。人类自从脱离动物界以来，社会性就成了人的根本属性。不论是两性中的男女，还是血缘相连的亲属，首先都是社会中的人，都是社会中的成员之一。社会成员之间的关系当然是一种社会关系。人们都是以社会一员的身份从事物质资料的生产和人口的再生产，并且在这两种生产的过程中，发生了包括婚姻家庭关系在内的社会关系。同时，人类的生产关系，又决定着婚姻家庭形态。伴随生产力的发展，人类从社会之初的杂乱性关系逐步递进至高级形态，最终产生了一夫一妻制家庭。可见，婚姻家庭的性质和特点主要是受它的社会属性所决定的。婚姻家庭在本质上是一种人与人之间的关系，它是社会关系的一种特殊形式，是依存于一定社会结构、具有一定社会内容的。所以，婚姻家庭关系首先是一种社会关系。它的产生、形成和发展变化，取决于社会生产关系，而不是自然因素。

2. 社会属性是婚姻家庭关系发展变化的根本动因

人类社会婚姻家庭从低级到高级的发展变化过程，尤其是阶级社会产生以来婚姻家庭关系的演进，仅仅以生理学、生物学上的自然规律无法解释。人类婚姻家庭关系中的自然属性几千年来并未发生重大变化，但婚姻家庭形态却在不同的历史时期各具特色。这种情况只能从婚姻家庭的社会性中才能寻找到答案。这是因为，人类社会的生产方式要求人类两性的结合行为必须采取相应的社会形式，它并不是人类性本能方面的要求。

3. 婚姻家庭关系以社会属性中的生产关系为基础

婚姻家庭的社会属性，是指社会制度赋予婚姻家庭的本质属性。婚姻家庭关系中既包括物质的社会关系，也包括思想的社会关系。

作为社会关系特定形式的婚姻家庭，是出于社会生产和生活的客观需要而形成的。婚姻家庭中的物质社会关系和思想社会关系，是同一定的经济基础和上层建筑意识形态相适应的。

在社会物质生活条件中，物质资料的生产方式起着基础性的作用。人们在一定生产方式中结成的生产关系，是最基本的社会关系，同样也起着决定性的作用。在此基础上又产生出其他各种社会关系。

作为社会关系之一的婚姻家庭关系，当然也是以生产关系为转移。这就是说，婚姻家庭关系也同其他社会关系一样，是受一定社会物质生活条件即经济基础所制约的。有什么样的社会制度，便产生什么样的婚姻家庭制度。什么样的男女两性间的结合被认为是婚姻，什么样的婚姻和血缘上的共同体被认为是家庭等，这一切远非其自然属性所能解释，只有从社会制度中才能找到正确的答案。

婚姻家庭关系的性质和特点，归根结底是由作为社会经济基础的生产关系决定的。作为社会经济基础的生产关系，必然要在家庭的经济关系中表现出来。社会物质生活条件中的其他各种因素，也都对家庭起着不同程度的制约或影响作用。

至于家庭中的思想关系（感情的、伦理的，在阶级社会中还有政治的、法律的等关系），则同上层建筑包括意识形态有着密切的、不可分割的联系。

正因为如此，一定的婚姻家庭形态，总是与社会发展的一定阶段相适应。只有从经济基础和上层建筑的矛盾运动中，才能科学地认识婚姻家庭制度的本质和发展规律。仅用生理学、生物学中起作用的某些自然因素，去解释婚姻家庭这种社会关系，在科学和事实面前是站不住脚的。

4. 婚姻家庭关系受社会属性中上层建筑诸因素的制约和影响

婚姻家庭关系的社会属性，决定了其存在和发展不仅决定于社会的生产关系，而且还会受到社会上层建筑、意识形态各个因素的影响和制约。

婚姻家庭关系是一种社会关系，它和社会的上层建筑，如政治、法律、道德、文艺、宗教、风俗习惯等都有密切联系。在阶级社会中，政治制度最集中地反映了经济基础的性质和要求，统治者必然通过法律来维护符合其阶级利益的婚姻家庭制度。道德、宗教和风俗习惯、文学艺术等，也通过不同的途径对婚姻家庭起着重要作用。它们依靠社会舆论、人们的信仰、传统或教育等力量，去判断是非、善恶，从而调整人与人之间的婚姻家庭关系。

综上所述，自然属性是婚姻家庭的特点与形成的前提条件，舍此便无婚姻家庭。社会属性是婚姻家庭的本质属性，它决定着婚姻家庭演进的发展方向。我们既不能抹杀婚姻家庭的自然属性，也不能扩大婚姻家庭的自然属性，更不能将婚姻家庭的自然属性与社会属性置于同等的地位。人类社会的两性关系由自然选择过渡到社会选择，由生物进化过渡到社会进化，是人类以社会属性抑制自然属性、战胜自然属性的过程，也是人类社会在自然界进化过程中始终保持卓尔不群的根本动因。

结　婚

结婚的概念及特点：

结婚，又称婚姻的成立，或婚姻的缔结，是男女双方依照法律规定的条件和程序，确立夫妻关系的法律行为。它具有以下特征：

1. 结婚行为的主体必须是异性男女。同性男或同性女在我国是不允许登记结为夫妻的，而有极少数的国家已允许同性结婚。

2. 结婚行为的目的是建立婚姻关系，亦称缔结婚姻关系。

3. 结婚行为是一种社会行为，具有社会意义。

4. 结婚行为是一种法律行为，具有一定的法律后果。

结婚行为的上述特征，正是与友谊、恋爱、甚至订婚等人们的一般行为的区别。

结婚制度的沿革：

结婚制度是婚姻家庭制度的重要组成部分。结婚制度的性质、内容和特点，总是为当时社会制度所决定和受当时社会制度的制约。社会制度不同结婚制度也不同。

分析结婚制度的沿革，可以从不同的标准来说明。从人数分，可分为团体婚和个体婚；从制度分，可分为形式婚和事实婚；从方法分，可分为掠夺婚、有偿婚、聘娶婚和共诺婚。

结婚的必要条件：

结婚是一种法律行为，它必须遵守法律规定的条件。所谓必备条件是指结婚必须具备缺一不可的条件。主要有：

1. 必须男女双方完全自愿。《婚姻法》的第四条规定：“结婚必须男女双方完全自愿，不许任何一方对他方加以强迫或任何第三者加以干涉。”

2. 必须达到法定婚龄。《婚姻法》第五条规定：“结婚年龄，男不得早于22周岁，女不得早于20周岁，晚婚晚育应予鼓励。”

3. 必须符合一夫一妻制。

结婚的禁止条件：

所谓禁止条件是指结婚是应该排除的情况，主要有两个方面：

1.《婚姻法》规定：“直系血亲和三代以内旁系血亲禁止结婚。”

2.《婚姻法》规定：“患有医学上认为不应该结婚的疾病”的人禁止结婚，目的在于防止当事人所患的疾病传染或遗传，保护子女后代和民族的健康。

结婚的程序：

从不同历史时期和不同国家的法律来看，结婚程序可分为仪式制、登记制和仪式与登记结合制三种主要类型。

婚姻登记机关，在城市是街道办事处或者市辖区、不设区的市的人民政府的民政部门，在农村是乡、民族乡、镇的人民政府。

要求结婚的男女双方必须亲自到婚姻登记机关进行结婚登记。符合《婚姻法》规定的，予以登记，发给结婚证。取得结婚证，即确立夫妻关系。

建立平等和谐的婚姻关系

社会上的男女平等指的是妇女在政治、经济、文化、社会和家庭生活等方面享有与男子平等的权利，但是这种平等不是绝对的，教条的。

2005年8月在联合国第四次世界妇女大会在北京召开十周年之际，国务院新闻办公室发表了《中国性别平等与妇女发展状况》白皮书。白皮书首先指出，“促进男女平等是中国的一项基本国策。”中国是世界上人口最多的发展中国家，女性约占13亿总人口的一半。促进性别平等和妇女全面发展，不仅对中国的发展有着重要意义，而且对人类的进步有着特殊影响。白皮书共1．3万字，分九个部分介绍了中国妇女在政治、经济、文化、社会和家庭生活等方面享有与男子平等的权利以及妇女发展的状况。

白皮书说，在当今中国，已形成以《宪法》为基础，以《妇女权益保障法》为主体的一整套保护妇女权益和促进性别平等的法律体系。国家制定并实施妇女发展纲要，把妇女发展纳入经济社会发展总体规划之中。中央和地方财政逐年加大实施妇女发展纲要的经费投入，优化妇女发展的资源配置。白皮书介绍，国家采取有效措施逐步消除农村妇女贫困。2001—2004年，国家扶贫贴息贷款中用于农户小额信贷的总量达到135．2亿元，其中半数以上的承贷人为妇女。从2001年开始，中国政府把参与式扶贫作为“整村推进”工作的主要方法，在全国14．8万个贫困村普遍推行。

白皮书说，妇女参与国家事务决策和管理的权利得到保障。全国人大常委会副委员长中，有3位是女性。截至2004年底，女正、副市长（专员）共368人；省（部）级以上女干部占同级干部总数的9．9%．目前，中国国务院副总理和国务委员中各有1位女性，最高人民法院、最高人民检察院以及国务院组成部门中有25位正副部长级女干部。

白皮书指出，中国政府致力于消除义务教育阶段的性别差距，不断改善女童的受教育环境。2004年，男女童入学率分别为98．97%和98．93%，男女差距由1995年的0．7个百分点下降到0．04个百分点。在大学，2004年，全国普通高等院校在校女生为609万人，占在校生总数的45．7%，比1995年提高10．3个百分点。

我国《婚姻法》规定男女平等和婚姻自由。所谓男女平等，是指男女双方在婚姻关系和家庭生活各个方面处于平等地位，享有平等的权利、承担平等的义务，不得有性别歧视。所谓婚姻自由，是指婚姻关系的当事人有权按照自己的意志，依法建立和解除婚姻关系，有不受他人非法干涉的自由。婚姻自由包括结婚自由和离婚自由两个方面。由此可见，婚姻纠纷中的男女双方当事人都有权提出离婚。

婚姻自由是受国家法律保护的公民权利，离婚自由是婚姻自由的一个重要方面。我国法律保障离婚自由，是要保障夫妻双方都依法享有协议离婚的自由权和诉讼离婚的起诉权、抗辩权和胜诉权，使无法维持的婚姻关系得以解除，当事人免除婚姻名存实亡的痛苦。因此，对依法应当离婚的，应准予离婚。

婚姻纠纷

婚姻纠纷是指具有合法夫妻身份的男女，就婚姻、家庭关系中的有关问题发生争执而引起的纠纷。由于婚姻关系是社会关系中最为复杂的一种关系，婚姻纠纷是社会生活中最为常见的纠纷，所以，它们得到了整个社会的普遍重视。每一个婚姻关系的当事人都希望自己的婚姻幸福，少有纠纷。然而，结婚并不等于就有了共同的幸福生活，大多数夫妻只有在排除了许多的障碍后，才能获得满意的婚姻。但即使在最美满的婚姻中，夫妻感情也是有起有落的，既有稳定的时候，也有紧张的时候，所以，在婚姻家庭关系中，婚姻纠纷是不可避免的，产生婚姻纠纷不足为奇。

常见的婚姻纠纷有哪些：

由于婚姻状况不尽相同，所以，婚姻纠纷也情况复杂。根据司法实践，常见的婚姻纠纷主要有以下几种：

1. 由于缺乏婚姻基础而引起的婚姻纠纷

婚姻基础，一般是指一定社会制度下，婚姻关系赖以形成的自然条件、物质条件、爱情等基本因素。自然条件是指人的性别、年龄、血缘关系、生理条件等因素。物质条件是指影响婚姻缔结的经济因素，如财产、工资、收入、住房等，以及职业、职务、家庭、文化程度、社会地位等政治因素。爱情是男女两性互相吸引、爱慕以至要求结合为伴侣的一种强烈的专一的感情。如果婚姻双方缺乏应有的婚姻基础，婚后又未建立感情，很容易引起婚姻纠纷。这类婚姻纠纷主要是因包办、买卖婚姻、借婚姻索取财物以及草率结婚等而发生。

2. 由于不正确思想而引起的婚姻纠纷

所谓不正确思想主要是指封建思想和资产阶级思想。我国正处在社会主义初级阶段，封建传统观念和思想对婚姻家庭关系仍有一定的影响，如夫权思想、男尊女卑等。这些观念和思想极易导致以下错误行为的产生，如打骂、虐待女方，限制或干涉女方参加社会活动，因女方不生育、不生男孩或采取节育措施而提出离婚等，从而引起婚姻纠纷。此外，第三者插足、有配偶者与他人同居、因社会地位发生变化而喜新厌旧等错误做法，也是导致婚姻纠纷产生的主要原因。

3. 由于家庭生活中的问题而引起的婚姻纠纷

婚姻纠纷相当复杂，导致婚姻关系纠纷的原因也是多种多样的。其中家庭经济问题、子女抚养问题、赡养老人问题，以及夫妻双方性格不合、志趣不投、感情淡化等，都极易引起夫妻之间的纷争以及亲属之间的矛盾。这些婚姻生活中不能回避的问题，如果解决和处理不好，都可能引起婚姻纠纷。

4. 由于一方的违法行为而引起的婚姻纠纷

这种婚姻纠纷主要表现为，一方由于重婚或犯有其他罪行而导致双方关系不睦，引起婚姻纠纷。

5. 由于一方患病或有生理缺陷而引起的婚姻纠纷

这种婚姻纠纷主要是指一方由于患有精神疾患或其他严重疾病，或者有生理缺陷不能发生性行为，久治不愈，从而导致婚姻纠纷。

婚姻纠纷的表现：

婚姻纠纷特别是最后导致离婚发生的婚姻纠纷，都有一个逐渐演化的过程。一般经历以下几个阶段：

1. 婚姻纠纷期

这是一般夫妻都可能经过的矛盾未得到解决的阶段。这一阶段的夫妻经常因一些生活问题而发生争吵、殴斗、破坏物品等正面冲突，或者赌气、别扭、淡漠等非正面冲突。由于这时的纠纷只是生活、个性方面的枝节相撞，属于习惯性的纠纷，并非根本冲突，不至于发展到隔阂与戒备，所以，大多数的夫妻通过一定时间的调试，能终止这种纠纷，但也有一些夫妻可能终生处于这种纠纷中。极少数夫妻因失调加剧，相撞加深而发展到隔阂与戒备。因此，夫妻要尽量避免矛盾的出现，对出现的矛盾要及时予以遏制，不得任其逐渐发展到戒备期。

2. 婚姻戒备期

纠纷的积累往往容易使夫妻间出现隔阂，进而导致戒备。戒备是婚姻的定时炸弹。戒备是多方面的，有的夫妻在财产收入、支出上相互隐瞒；有的夫妻往往在过去的感情，以及与异性的往来上隐瞒；有的夫妻多在事业上隐瞒自己的奋斗方向和秘密等。这些做法致使夫妻之间同床异梦，各揣隐秘，而这种戒备一旦被对方发现，又会加剧纠纷的程度，使对方也存有戒心。这样，夫妻之间的亲和力就会变得越来越弱。

3. 婚姻犹豫期

当夫妻间的戒备被对方发现时，容易造成更严重的纠纷，加重双方的戒备，形成恶性循环，致使亲和力进一步下降，双方出现裂痕。它通常表现为双方在情绪上的强烈反感，行为上的相互背离，以及信念上的巨大分歧。夫妻感情产生了裂痕，时间一长，双方自然就会产生是否继续维持婚姻关系的犹豫。由于各人的思想修养、文化素质不同，犹豫的表现也不尽相同。有的人经过短时间的考虑就草率决定离婚；而有的人要经过长时间，甚至是几年时间的考虑，对离婚的利弊、方法、手续以及子女的归属、财产的分割等问题都有了了解，有时还在广泛征求亲友的意见后，才作出离婚的决定。然而，即使作出决定，向人民法院起诉离婚后，一些人还会再犹豫，有时还会撤回起诉，或者要求人民法院进行调解和好。还有人离婚是因自己反反复复、犹豫不决引起了人们的非议，最后迫于舆论的压力，硬着头皮而作出决定。在婚姻裂痕期间，如果对方不愿意离婚，采取一些缓和矛盾的方法，对于挽救这一婚姻也是十分必要和有效的。

4. 婚姻破裂期

当夫妻之间裂痕越来越大、越来越深，亲和力趋向于零时，最后就导致了夫妻感情的破裂。夫妻感情彻底破裂，便无法修补，双方见面都很厌烦，无法交流思想、沟通情感。感情破裂的夫妻有三种选择：一是离异，通过法律手段离婚；二是凑合，这对双方都是沉重的心理负担和巨大的心理挫折；三是拖累，拖累的目的各不相同，如一方明知双方感情确已破裂，但是为了折磨对方，使对方陷入痛苦之中，拒不离婚，或者一方为了抬高离婚的价码而拒不离婚。当然，也有一些夫妻虽然感情确已破裂，但是为了孩子、老人或者为了逃避舆论的关注，勉强凑合生活，维持着名存实亡的婚姻。

上述的种种表现只是一般婚姻纠纷的演变过程，也有一些婚姻纠纷经历着特殊的演变过程，并不包含在其中。

预防和减少纠纷：

由于夫妻双方的婚姻纠纷程度不同，所以，处理婚姻纠纷的方法有所不同。夫妻之间产生了婚姻纠纷，如果纠纷和矛盾不深，且夫妻感情尚好的，可以由双方当事人通过自我调解的方式解决纠纷，当然，也可以通过亲属、朋友以及所在单位、社会团体和一些基层组织的劝说和调解，使婚姻纠纷得以解决。如果纠纷和矛盾很深，无法调和，影响到了夫妻感情，致使夫妻感情破裂的，这种婚姻纠纷可以通过离婚的方式来处理。夫妻双方以离婚的方式处理婚姻纠纷的，可以协议离婚或诉讼离婚。当然，在离婚的过程中，夫妻双方还可以接受有关组织和人民法院的调解，也可以自行和解，解决婚姻纠纷。

夫妻共同债务

夫妻共同债务是指为满足夫妻共同生活需要所负的债务。夫妻共同债务主要是基于夫妻的共同生活需要，以及对共同财产的管理、使用、收益和处分而产生的债务。

包括以下几个方面：

1. 婚前一方借款购置的财产已转化为夫妻共同财产，为购置这些财产所负的债务；

2. 夫妻为家庭共同生活所负的债务；

3. 夫妻共同从事生产、经营活动所负的债务，或者一方从事生产经营活动，经营收入用于家庭生活或配偶分享所负的债务；

4. 夫妻一方或者双方治病以及为负有法定义务的人治病所负的债务；

5. 因抚养子女所负的债务；

6. 因赡养负有赡养义务的老人所负的债务；

7. 为支付夫妻一方或双方的教育、培训费用所负的债务；

8. 为支付正当必要的社会交往费用所负的债务；

9. 夫妻协议约定为共同债务的债务；

10. 其他应当认定为夫妻共同债务的债务。

《中华人民共和国婚姻法》第四十一条规定："离婚时，原为夫妻共同生活所负的债务，应当共同偿还。共同财产不足清偿的，或财产归各自所有的，由双方协议清偿；协议不成时，由人民法院判决。"在承担责任的方式上，夫妻共同偿还的责任是连带的清偿责任，不论双方是否已经离婚，均得对共同债务以夫妻共同财产、自己所有的财产清偿。债权人有权向夫妻一方或双方要求清偿债务的部分或全部，它不分夫妻应承担的份额，也不分先后顺序，夫妻任何一方应根据债权人的要求全部或部分承担债务，一方财产不足以清偿时，另一方负有清偿责任。

离婚后的共同债务

夫妻在离婚时，因对夫妻关系存续期间所负的债务未作处理，或者在离婚后产生的因原财产处理、子女抚养所负的债务，形成离婚后的共同债务。

具体情形如：

1. 离婚时双方未对婚姻关系存续期间共同所负债务作出处理，离婚后债权人主张权利的；

2. 夫妻双方的离婚协议或者人民法院的判决书、裁定书、调解书虽已经对夫妻财产分割问题作出处理的，但离婚后债权人就夫妻共同债务向男女双方主张权利的；

3. 离婚后因就分割原夫妻共同财产所必须支付的费用，如共同委托的评估费、鉴定费、过户费等财产处理费；

4. 因抚养子女或行使子女监护权，未成年子女侵犯他人权益所致的债务，最高人民法院关于贯彻执行《中华人民共和国民法通则》若干问题的意见（试行）第一五八条规定："夫妻离婚后，未成年子女侵害他人权益的，同该子女共同生活的一方应当承担民事责任；如果独立承担民事责任确有困难的，可以责令未与该子女共同生活的一方共同承担民事责任。”

夫妻个人财产

所谓夫妻个人财产，是指夫妻双方在婚前各自所有的财产和其他夫妻个人的特有财产。根据《婚姻法》第十八条规定：有下列情形之一的，为夫妻一方的财产，双方另有约定的除外：

1. 一方的婚前财产；
2. 一方因身体受到伤害获得的医疗费、残疾人生活补助费等费用；
3. 遗嘱或赠予合同中确定只归夫或妻一方的财产；
4. 一方专用的生活用品；
5. 其他应当归一方的财产。

其他应当归一方财产的，应包括夫妻一方从事职业、工作和业余学习、兴趣、爱好等专用的财产；一方具有人身性质的补助金、福利财产、人身保险费、医疗费、伤残费、保健费等；一方在社会贡献中所得的荣誉奖品、奖章等；双方约定为个人所有的财产。

离婚时一方尚未取得经济利益的知识产权，归一方所有。在分割夫妻共同财产时，可根据具体情况，对另一方予以适当的照顾。

夫妻共有财产

《婚姻法》第十七条、第十八条、第十九条规定的我国新型的夫妻财产制度，明确规定共同财产包括工资、奖金、经营活动收益、知识产权收益等。个人财产包括一方所有的婚前财产、一方身体受到伤害获得的医疗费、残疾人生活补助费、遗嘱或赠予合同中指明归一方的财产等。夫妻双方的共同财产和个人财产界定更加明晰。其中，新的《婚姻法》的最大突破是：规定了约定优先的原则，鼓励夫妻进行财产约定，由此一来，夫妻关于财产上的划分也就一目了然了。

夫妻共同财产是指在婚姻关系存续期间，夫妻双方或一方所得的财产，除法律另有规定或者夫妻另有约定外，均为夫妻共同所有，夫妻对共同所有的财产。平等地享有占有、使用、收益和处分的权利。

夫妻共同财产制具有以下特征：

1. 夫妻共同财产所有权的主体，只能是具有婚姻关系的夫妻。

2. 夫妻共同财产的范围只限于婚后所得的财产。所谓婚后所得，是指财产权的取得时间是在婚姻关系存续期间。即从婚姻关系发生效力之日起，到配偶一方死亡或离婚生效时止。

3. 并非所有的婚后所得财产均是共同财产。婚后所得的财产依照《婚姻法》第十八条规定或者夫妻约定归一方个人所有的，为一方的个人财产。

夫妻共同财产的范围：

《婚姻法》第十七条规定："夫妻在婚姻关系存续期间所得的下列财产，归夫妻共同所有：（一）工资、奖金；（二）生产、经营的收益；（三）知识产权的收益；（四）继承或赠予所得的财产，但本法第十八条第三项规定的除外；（五）其他应当归共同所有的财产。"在确定夫妻共同财产的范围时，应当注意以下问题：

1. 夫妻共同财产的范围只限于夫妻一方或双方在婚后所得的财产。夫妻一方的婚前财产为夫妻一方所有的个人财产，不因婚姻关系的延续而转化为夫妻共同财产。

2. 所谓婚后所得的财产，是指财产权的取得时间是在婚姻关系存续期间。即从婚姻关系发生效力之日起，到配偶一方死亡或离婚生效时止。

3. 夫妻共同财产与个人财产的关系。对于夫妻一方婚后所得的财产，除了依照《婚姻法》第十八条的规定或者夫妻约定归一方个人所有之外，均属于夫妻共同财产。因此，对于某些婚后所得的财产，夫妻一方主张应为其个人财产的，须承担证明责任。如果不能证明应归其个人所有的，应认定为夫妻共同财产。对于无法确定到底为一方的婚前财产还是婚后所得的财产，也应认定为夫妻共同财产。

婚姻关系存续期间：

婚姻关系存续期间指以夫妻双方登记结婚之日起至婚姻关系终止之日的期间。它既包括结婚之后夫妻双方共同生活期间，也包括登记之后尚未同居期间，夫妻双方婚后分居期间，以及一方向人民法院提起离婚诉讼，人民法院准予离婚的调解或者判决尚未生效期间。婚姻关系存续期间对婚姻效力相关后果有重要意义，因此要注意区分不同情况予以确定婚姻关系存续期间：

1. 合法婚姻从领取结婚证之日起，到配偶一方死亡或离婚生效时止。

2. 1994 年 2 月 1 日《婚姻登记管理条例》施行前，男女双方未办理结婚登记，即以夫妻名义同居，被认定为事实婚姻的，从同居之日起，就是婚姻关系存续期间。

3. 1994 年 2 月 1 日《婚姻登记管理条例》施行后，男女双方未办理结婚登记，即以夫妻名义同居，男女双方根据《婚姻法》第八条规定补办结婚登记的，从双方均符合《婚姻法》所规定的结婚的实质要件时起算。

4. 夫妻分居或离婚判决未生效的期间。

婚后一方因继承所得的财产：

婚后一方接受继承所得的财产，是指依据《继承法》的规定所继承的遗产，遗产包括公民个人的财产所有权、与所有权有关的财产权、债权、知识产权中的财产权等，因此因继承所得的财产也不以所有权为限。此类财产的取得纯粹系基于夫妻一方与被继承人间的亲属关系而依法享有的继承权，与其婚姻关系无关。作为一种财产权的继受取得方式，应当尊重原财产所有人即被继承人的意志，不应一律作为夫妻共同财产。

新《婚姻法》第十七条第四项、第十八条第三项将婚后一方继承所得的财产分为两种情形：如果遗嘱中确定只归夫或妻一方的，即属于夫或妻一方的个人财产；否则，婚后一方继承所得的财产仍属于夫妻共同财产。由此，这类财产是否属于夫妻共同财产，应区分情形，分别对待：

1. 一方婚后通过法定继承方式所继承的财产，因不可能具有《婚姻法》

第十八条第三项所规定的条件，因而全都属于共同财产。

2．一方婚后通过遗嘱继承所得的财产，如果立遗嘱人（被继承人）在遗嘱中明确指明只归夫或妻一方所有，即应属于接受继承的夫或妻一方的个人财产。

3．一方婚后通过遗嘱继承所得的财产，如果立遗嘱人（被继承人）在遗嘱中没有明确指明只归夫或妻一方所有的，夫妻双方又未对此项财产约定归一方所有，则仍然属于夫妻共同财产。

婚后一方接受赠予所得的财产：

接受赠予包括两种情形：

1．基于赠予合同而取得财产

夫妻一方做为受赠人与第三人订立赠予合同，如果赠予物交付的时间系在受赠人婚姻关系存续期间，所得的受赠财产即为婚后因赠予所得的财产。

2．接受遗赠而取得财产

是指公民采用遗嘱方式将个人财产赠予国家、集体或者法定继承人以外的其他公民，并于立遗嘱人死亡时发生效力的单方法律行为。受遗赠人在知道受遗赠后两个月内，明确做出接受遗赠的意思表示，即取得受遗赠的财产。与因继承取得财产一样，接受赠予所得财产也是财产权的继受取得方式，应当尊重原财产所有人即赠予人、立遗嘱人的意志，不应一律做为夫妻共同财产。新《婚姻法》第十七条第四项、第十八条第三项将婚后一方接受赠予所得的财产分为两种情形：如果遗赠或赠予合同中确定只归夫或妻一方的财产，即属于接受赠予的夫或妻一方的个人财产，否则，婚后一方接受赠予或遗赠所得的财产仍属于夫妻共同财产。

分居期间所得的财产：

分居是指在不解除婚姻关系的情况下终止夫妻共同生活。它由两个要素构成：一是夫妻双方完全分开生活；二是夫妻一方或双方在主观上存分居生活的意愿，即在主观上拒绝夫妻共同生活。因而，仅有夫妻分居生活的客观事实，尚不足以构成法律意义上的分居。

夫妻虽然在事实上处于分居生活的状态，但在法律上婚姻关系仍然存续，因而分居期间一方所得财产应认定为夫妻共同财产。最高人民法院《关于人民法院审理离婚案件处理财产分割问题的若干具体意见》第4条规定：“夫妻分居两地分别管理、使用的婚后所得财产，应认定为夫妻共同财产。在分割财产时，各自分别管理、使用的财产归各自所有。双方所分财产相差悬殊的，差额部分，由多得财产的一方以与差额相当的财产抵偿另一方。”

生产、经营的收益：

《婚姻法》第十七条第二款所称的“生产、经营”，是指夫妻一方或者双方依核准登记，以个体工商户名义从事工商业经营；按照承包合同规定，以农村承包经营户的名义从事商品经营；以个人合伙的名义从事合伙经营；依据《独资企业法》或《公司法》等规定依法从事生产经营活动。对于夫妻婚后用夫妻共同财产投资，一方或双方共同经营所得的收益，应属于夫妻共同财产。对于夫妻一方以其个人财产投资、个人经营，或者未经对方同意，擅自以夫妻共同财产投资、个人经营的，因生产、经营所得的收益，依据《婚姻法》第十七条第二项的规定，夫妻在婚姻关系存续期间生产、经营的收益归夫妻共同所有。

知识产权的收益：

《婚姻法》第十七条关于“夫妻在婚姻关系存续期间所得的下列财产，归夫妻共同所有”的规定中，“夫妻共同所有”的只是有形财产权利，不包括知识产权。对于婚后夫妻一方取得的知识产权是否属于夫妻共同财产，应把握以下要点：

1. 知识产权中的人身权只归知识产权人专有，不因婚姻关系而发生共有。

2. 在婚姻关系存续期间，夫妻一方就其知识产品尚未与他人订立使用或转让合同，也未自己使用或实施，该项知识产权的经济利益只是一种期待利益，知识产权中的获得报酬权也只是期待权，该项财产权利不能归夫妻共有，如作为知识产权人的夫妻一方已与他人签订了使用合同，无论知识产权人是否已实际得到报酬，该报酬即为既得利益，应属夫妻共同财产之列，归夫妻共有。所以，《婚姻法》第十七条第三项只规定“知识产权的收益”为夫妻共同财产，知识产权本身仍属于取得知识产权的一方专有。

3. 知识产权的收益是指婚姻关系存续期间实际取得或者已经明确可以取得的财产性收益。

其他应当归共同所有的财产：

《婚姻法》第十七条在具体列举规定了几种一般生活上常见且重要的财产之后，为免挂一漏万，同时采取了概括性规定，即“其他应当归共同所有的财产”。在对这一概括性规定进行解释时，须注意以下问题：首先，所谓财产不等于物，也不限于财产所有权，而是指所有的财产权。因此，应当归夫妻共同所有的财产不仅局限于财产所有权，还包括其他财产权。

其次，夫妻在婚后所得的财产权，除了依其性质（如具有严格人身属性的财产权）或者法律有特别规定应归夫妻一方享有之外，均应解释为夫妻共同财产。凡是《婚姻法》第十八条规定中没有确定归夫妻一方个人所有，而夫妻一方又是在婚姻关系存续期间得到的财产，依法原则上应当全部属于夫妻双方共同共有。

第三，对是个人财产还是夫妻共同财产难以确定的，主张个人财产权的一方有责任举证。当事人举不出有力证据，人民法院又无法查实，按夫妻共同财产处理。

婚姻关系存续期间，下列财产属于《婚姻法》第十七条规定的。其他应当归共同所有的财产：

1. 一方以个人财产投资取得的收益；

2. 男女双方实际取得或者应当取得的住房补贴、住房公积金；

3. 男女双方实际取得或者应当取得的养老保险金、破产安置补偿费；

4. 夫妻一方婚前财产在婚后所生的孳息；

5. 婚后双方对婚前一方所有的房屋进行修缮、装修、原拆原建，末变更产权的，房屋仍归产权人所有，增值部分应为夫妻共有，进行过扩建的，扩建部分的房屋应按夫妻共同财产处理。

夫妻共同财产共有权：

夫妻共同财产归夫妻共同所有，其性质是法定共同共有，因而夫妻双方对全部夫妻共同财产是平等的，不分份额的享有占有、使用、收益和处分的权利。根据《婚姻法》和《民法通则》等相关规定，夫妻对共同财产的权利包括：

1. 夫妻双方对共同财产有平等的占有权。即夫妻二人都有权占有共同财产，这是行使使用权的前提条件；

2. 夫妻对共同财产有平等的使用权。即夫妻任何一方均有权使用共同财产，不受他方的限制或排斥；

3. 夫妻对共同财产享有平等的管理权和处分权。《婚姻法》第十七条关于夫妻对共同所有的财产，有平等的处理权的规定，大体确立了夫妻双方对共同财产的管理权和处分权的行使原则。

夫妻对共同财产的义务：

在夫妻共同财产制下，夫妻双方的权利和义务是相对应的，夫妻一方不得妨碍另一方平等地享有对共同财产的占有、使用、管理、收益、处分权。夫妻对共向财产要共同负担一些义务：

1. 家庭生活费用由共同财产支付，共同财产不足负担时，夫妻各自以个人财产或以提供家务等方式负担；

2. 在婚姻关系存续期间，为夫妻共同生活所负的债务，是夫妻共同债务，双方承担连带责任。对共同债务的偿还，首先用共同财产清偿，在夫妻共同财产不足以清偿时，则各自以其个人的财产负连带责任；

3. 因管理共同财产所花费的费用应当以共同财产支付。

夫妻共同财产制的终止：

夫妻共同财产制因婚姻关系的消灭或双方协议而终止。

1. 因离婚而终止。离婚导致婚姻关系消灭，同时也导致夫妻共同财产制的终止。离婚时，对夫妻共同财产进行分割，成为个人各自所有的财产；

2. 因夫妻一方死亡而终止。因一方死亡而终止夫妻财产制时，夫妻共同财产的分割，依照《继承法》第二十六条规定。这里的死亡包括自然死亡和法律宣告死亡两种情况；

3. 夫妻双方协议终止共同财产制而改行约定财产制。在婚姻关系存续期间，夫妻双方可以约定改行分别财产制或其他形式的夫妻财产制。原共同财产制即因约定而终止，并对共同财产进行分割。

夫妻财产的约定

夫妻双方可以约定婚姻关系存续期间所得的财产以及婚前财产归各自所有、共同所有或部分各自所有、部分共同所有。约定应当采用书面形式。约定的方式可以是夫妻双方直接签署协议，可由律师进行见证，也可到公证处公证。

夫妻对婚姻关系存续期间所得的财产以及婚前财产的约定，对双方具有约束力。

家庭暴力

家庭暴力的概念：

所谓家庭暴力，是指家庭成员中一方对另一方实施暴力的行为。其形式包括殴打、罚跪、捆绑、拘禁等体罚形式，也包括威胁、恐吓、辱骂等精神虐待。家庭暴力直接作用于受害者身体，使受害者身体上或精神上感到痛苦，损害其身体健康和人格尊严。家庭暴力发生于有血缘、婚姻、收养关系生活在一起的家庭成员间，如丈夫对妻子、父母对子女、成年子女对父母等，但妇女受丈夫的暴力侵害是最普遍的，她们受到的身心伤害也最大，家庭暴力尤其指丈夫对妻子施暴。家庭暴力会造成死亡、重伤、轻伤、身体疼痛或精神痛苦，从骇人听闻的高楼抛妻、锁妻会阴案，到暴打致妻子鼻青脸肿、体无完肤，到几拳、几巴掌致妻精神上痛不欲生，都是家庭暴力。家庭暴力正在我们身边不断发生，而遭受暴力的多为女性。联合国大会 1993 年通过的《消除对妇女的暴力行为的宣言》，界定对妇女暴力为“任何基于性别的、对妇女生理上、性或心理上造成，或可能造成伤害的行为，或使妇女遭受痛苦的行为，包括这些行为的威胁、强迫和武断性的剥夺自由，不论发生在公开场合或发生在家庭中，都是对妇女的暴力。”如何预防、遏制已经成为社会关注的一个热点问题。

家庭暴力给受害人造成的危害：

家庭暴力直接损害受害者的身心健康，造成受害者长期精神紧张，忧虑和恐惧。特别是对妇女和未成年人的身心健康伤害更大。家庭暴力给社会带来很大危害，导致犯罪增多，成为社会的不安因素。

1. 家庭暴力摧毁了受暴妇女的自信。长期的受暴生活使她们的自我评价低，暴力使她们失去经济能力，或是丧失了社会交往的资源。在极度的恐惧中，她们会认为，只有杀死对自己施暴的人，才能保住自己和家人的安全。法律和我们，应该如何面对受暴妇女绝望地反抗？在国外，已经有对受虐妇女杀夫现象的理论研究和相应的司法实践，我们是否可以在司法审判中应该充分认识到家庭暴力对引发妇女犯罪的特殊性，对这些因妇女长期受暴导致杀人的案件用一种新的理论去认识。

2. 对儿童造成严重的伤害。在日常生活中我们也可以看到，即使没有受到殴打，而只是经常目睹家庭暴力和虐待，儿童所受的伤害也相当严重。这会导致他们饮食、睡眠失去规律，性情忧郁，变得懦弱或残暴，学习成绩下降，悲观厌世等。这些不良影响会延续到他们成年以后，甚至影响他们一生。另外，有暴力的家庭，孩子长大后大多有家庭暴力行为，违法犯罪的比例也较高。

3. 容易引发妇女犯罪。受暴妇女在长期遭受虐待，又得不到法律帮助和其他有效帮助的情况下，被逼无奈，有可能会发生伤害或是杀死施暴人的事件，人们习惯上称其为“以暴抗暴”，这类案件近些年屡屡发生，不断见诸各种媒体，成为妇女犯罪的一个重要方面。国家对犯罪行为的惩治，是为了维护社会的安定，维持正常的社会秩序，保障人民的安全。而那些因为受暴被迫杀夫的妇女，一般来说对社会不构成威胁，和那些谋财害命的凶犯不一样，她们原本是一些善良、老实、本分的妇女，给她们处以重刑，委实不公。但是这些也折射出我国法律的缺失和无奈。

法律保护：

我国修订后的《婚姻法》第三条规定：禁止家庭暴力，禁止家庭成员之间的虐待和遗弃。第四十三条规定，实施家庭暴力或虐待家庭成员，受害人有权提出要求，居民委员会、村民委员会以及其所在单位应当予以劝阻、调解。对正在施暴的家庭暴力，受害人有权提出要求，居民委员会、村民委员会应当予以劝阻；公安机关应当予以制止。实施家庭暴力或虐待家庭成员，受害人提出要求的，公安机关应当依照治安管理处罚的法律规定予以行政处罚。《刑法》第二六〇条规定虐待家庭成员，情节恶劣的，处二年以下有期徒刑、拘役或者管制。家庭暴力越来越引起我国司法部门和社会的普遍关注。《婚姻法》第四十六条也规定，因家庭暴力而导致离婚的，无过错方有权请求损害赔偿。但是尽管如此，仍然不能根治家庭暴力，对施暴者的处罚轻微，根本不足以威慑到他们。但是法律的惩罚功能不是最终的目的，杜绝或减少家庭暴力还需要整个社会，各系统的共同努力。

第二篇　离　婚

离婚的概念

离婚是配偶在生存期间依法解除婚姻关系的行为。它具有以下特征：

1. 夫妻双方是离婚的平等主体。离婚是夫妻双方的行为，提出离婚的双方必须存在合法的夫妻身份，离婚的态度必须真实反映本人的意志，任何一方不得把自己的意志强加给另一方，无论是双方协议离婚或一方要求离婚，无论是离婚的原告一方或被告一方，法律地位都是平等的。

2. 离婚的法律后果是解除婚姻关系。离婚是消灭婚姻关系的行为，离婚后，夫妻之间的一切权利义务关系都告终止，与对方亲属的姻亲关系也随之消灭，婚姻的对内对外效力均告解除。

3. 离婚必须经过法定的程序。离婚作为一种法律行为，必须由当事人申请，经法律确认和准许后才发生法律效力，当事人之间未经法定程序的任何协议均无法律效力。

离婚的原因

离婚的原因应当是“夫妻感情确已破裂”。从目前情况看，导致“夫妻感情确已破裂”主要有以下一些原因：

一是感情转移。这主要是一方的地位、经济情况发生了变化，如升迁或者降职，入狱或者破产等，从而引起了双方心理上的变化，导致感情发生转移。

二是夫妻感情长期不和。夫妻之间长期不能接纳对方，双方不能在一起交谈，不能沟通感情，随着子女的逐渐长大，维系他们夫妻关系的纽带也就逐渐失去了作用，这就使本来没有多少感情的夫妻关系产生了裂痕，并且逐渐走向离异。

三是缺乏互相理解。有些男人把工作、事业的失意，或者是因为下岗、生意赔本等不如意的事情，错误地归咎于妻子的帮助不利，认为妻子不是自己的好助手，把妻子当成事业失败的替罪羊，从而嫌弃自己的妻子。也有的女人因为自己长期屈从丈夫，得不到重视，没有爱，不被尊重，终日劳累却得不到关心和体贴，因而觉得自己嫁错了郎。遇到这些情况，二人不能及时沟通、交谈，不能互相理解的情况下，再遇不良外因条件，就会导致离婚。

四是没有处理好与对方亲属的关系，产生矛盾，从而影响了夫妻关系的和睦。夫妻生活中不可能不与双方的亲属、亲友发生来往。如果与这些人产生了矛盾，不能及时得到解决，必然会引起夫妻之间的不合。如因婆媳关系不好，或者因姑嫂之间不和睦，最后导致夫妻两人离婚的现象也常有发生。

五是性生活长期不协调。性生活是夫妻生活中的一个重要内容。如果性生活不协调，一方在生理上得不到满足，就会对婚姻生活产生厌倦，进而产生对对方的厌恶，乃至憎恶。性生活得不到满足的人往往希望通过离婚之后的再婚，或者是通过婚外恋来弥补。人民法院审理的离婚案件中，因为性生活不协调而离婚的所占比例很大。

六是夫妻之间不信任。结婚以后，随着年龄的逐渐增大，工作、生活的压力也越来越大。这种状况会使人对对方的感情需求关注不够，忽视或者减少了与对方的交流机会。对妻子来说，如果丈夫因为工作忙而回来晚了，就会怀疑他是不是有外遇。对丈夫来说，看到妻子与其他男人交往，也可能认为她有外心等。在这些不信任，互相猜疑中，就会产生捉奸、盯梢等事情的发生。如遇他人挑拨或者诱惑，极易使夫妻感情破裂。

在实践中，导致夫妻离婚的原因很多，对此夫妻应该注意观察，认真思考，努力避免可能导致夫妻感情破裂的事情的发生，时时注意维护婚姻关系的稳定。

离婚的法律后果

离婚的法律后果又称离婚的法律效力，是指离婚在法律上所发生的作用和产生的相应效力。夫妻离婚使得夫妻间的身份关系、财产关系、对子女的抚养问题等都发生了变化，产生以下法律后果：

1. 解除夫妻间的身份关系

解除夫妻间的身份关系是离婚的直接法律后果。夫妻身份关系因结婚而产生，因离婚而消灭。夫妻身份关系消灭，基于夫妻身份所发生的一切权利和义务，都随着婚姻关系的解除而归于消失。根据我国《婚姻法》的规定，离婚后夫妻关系的解除，具体包括抚养义务解除、继承人资格丧失、姻亲关系消灭、夫妻称谓消除、再婚自由恢复，等等。

2. 终止夫妻间原有的财产关系

离婚不仅解除了夫妻之间的人身关系，而且也终止了夫妻之间原有的财产关系。因此，离婚时必然发生财产的分割问题，有时还发生共同债务的清偿、对生活困难一方的经济帮助、经济补偿等问题。

3. 抚养子女发生变化

我国《婚姻法》规定，父母与子女间的关系，不因父母离婚而消除。离婚后，子女无论由父或母直接抚养，仍然是父母双方的子女。夫妻关系因离婚而解除，但双方与所生子女之间的权利和义务关系仍然存在，父母子女关系不能通过法律程序人为地加以终止。这是由婚姻关系和父母子女关系的不同性质决定的。因此，离婚后必然要解决子女由何方实际抚养与教育、子女抚育费的承担、父母对子女的探望权利等问题。

离婚应慎重：

有些生活阅历的人都知道，夫妻都应当珍惜爱情，维持家庭的和睦，这是获取人生幸福的重要手段。发生婚姻纠纷是不幸的。

尽管婚姻纠纷是导致离婚的主要原因，但是，有了婚姻纠纷不一定就得离婚。天下没有不吵架的夫妻，因此，夫妻之间出现婚姻纠纷也是常有的事，不足为奇。夫妻之间在生活中要尽量避免产生矛盾和纠纷，虽然这些矛盾和纠纷许多可以化解，但问题如果一旦解决不好，就极容易导致更大的纷争。夫妻之间出现了矛盾和纠纷，应当通过各种途径和方式及时化解，不要将矛盾和纠纷沉积下来。离婚不是解决婚姻纠纷的愉快的方法，也不是社会所提倡的，但是，白头偕老毕竟只是人们的良好愿望，而不是婚姻的必然，所以，当矛盾激化到无法解决、夫妻感情确已破裂的情况下，离婚对双方来说也是一种解脱。离婚是人生中的重大问题，在离婚边缘上徘徊的人，应当反复斟酌离婚的利弊，对各方面问题做了周全考虑后，再决定是否离婚也不迟。

一般情况下，离婚有以下有利之处：

第一，可以结束纷争。夫妻感情破裂以后，会产生许多没完没了的纷争，出现说不清道不明的是非恩怨，而且这些又难以解决，双方在纷争、痛苦中生活，没有快乐和幸福。而解除夫妻关系可能会使双方从这种痛苦中解脱出来。

第二，有利于开始新的生活。双方解除夫妻关系使痛苦成为过去，有利于集中精力学习、工作和创业，也可以重新描绘幸福家庭的蓝图。

第三，增加生活经验。经过婚姻的失败，男女双方虽然会感受到挫折，但同时也会增加一些生活经验，吸取一些教训，从而会使自己更加成熟，更有利于处理好再婚的婚姻关系。

由于夫妻离婚所要解决的已不再完全是个人的婚姻自由问题，它还涉及许多社会问题，影响到身边的许多人。所以，利弊相比，在大多数情况下，离婚的弊端在许多方面要远远大于其有利之处。因此也就有了离婚是人生中的一大不幸之说。

离婚的弊端具体表现在以下一些方面：

第一，夫妻离婚子女成为牺牲品。目前一般的家庭中都只有一个孩子。独生子女在家庭中过着无忧无虑的生活。然而，父母一旦离婚，孩子的这种优越生活就会发生彻底的改变，更主要的是，离婚会给孩子带来巨大的打击。没有一位儿童不需要父母之爱，但离婚的事实必然会剥夺儿童享受父母之爱的权利。尽管离婚的父母仍然会疼爱自己的孩子，甚至孩子还会得到继父或者继母的疼爱，但谁也否认不了父母离婚给孩子精神上带来的巨大打击。这些孩子普遍有一种不安、压抑和被抛弃感。一些孩子生活得不到妥善照料，缺乏良好的教育，甚至受继父、继母的虐待。这样的生活环境对幼小儿童身心发育极为不利，易使他们思想变得极端，情绪变坏，健康状况出现问题。人们还不难发现，离婚家庭中的子女违法犯罪、离家出走、流落社会等现象的发生，要比正常家庭中成长的孩子多得多，尤其是未成年人犯罪率明显高于正常家庭中成长的孩子。所以，有些夫妻为了孩子，在破碎的婚姻生活中忍耐、挣扎，这种良苦用心是非常令人同情和理解的。

第二，夫妻离婚对自身身心健康会产生不利影响。单从卫生健康角度来讲，离婚会给人很大的精神刺激，这种刺激作用于躯体，可能产生多种疾病。如多数离婚者有思想混乱、精神不集中、失眠、经常性头痛等情况发生。许多离婚者的精神状态呈抑郁倾向，少数人精神崩溃，发展为精神病。社会学的调查还证实，离婚者患结核病、糖尿病、心脏病、白血病的机会增多，发生工伤事故、车祸等意外事故的机会也大大增加。离婚者的机体免疫能力明显下降，据临床资料统计，患有消化道和呼吸系统肿瘤的危险，比未离婚者高 90% 以上。另外，离婚者的自杀率也明显增加。

第三，夫妻离婚给各自的父母及亲友造成沉重打击和无限的忧虑与牵挂。离婚者的父母大多已过不惑之年，他们的思想观念与当今的年轻人有一定的差异。许多年轻人认为，夫妻关系处理不好就离婚，另建家庭。可是许多中老年人却认为离婚是不光彩的事情，有的人在子女离婚一两年后，对外仍然对此保密或避而不谈。这种心理感受做子女的却很少有人去认真体会和考虑。男女离婚后，其双方的父母都会为自己子女在今后的生活、婚姻等问题上增添无限忧愁，生出许多牵挂，有的还会忧虑成疾，甚至不愈而死。

第四，夫妻离婚容易带来更多不利的社会影响和需要解决的社会问题。有人认为自己脚正不怕鞋歪，身正不怕影斜，只要走得正、行得正，不怕别人说三道四，离婚另娶或者另嫁按照法律规定办，不侵害他人利益，不危害社会，没什么可怕人的。这些话都是有一定道理的，但不容否定的是，尽管目前人们的思想已很开放，但封建意识和观念在许多人的头脑中还占有一定的地位，离婚男女不能脱离社会、生活在真空之中，更不能封闭自我或无视各种社会关系和社会影响，所以离婚会或多或少地给他们带来一些心理上的压力，给生活带来一些不利的影响。同时，离婚、再婚必然会牵涉当事者的一些精力，对工作、学习、创业等影响也是不可忽视的。由于再婚的婚姻状况相当复杂，各种问题不易处理，如与继子女的关系，与前配偶在子女抚养等方面的关系，还有再婚配偶与其前配偶的关系，等等，所以，再婚后的生活也很难保证一定顺利、成功。因此，离婚使得双方不得不慎重地考虑、对待和解决这些由此而出现的问题。

总之，比较离婚的利弊不难看出，在一般情况下其弊要大于利。当然，这并不等于说有了婚姻纠纷也不能以离婚的方式解决，如果夫妻感情确已破裂，无法也没有继续共同生活的必要的，离婚也是双方从痛苦中解脱出来的一种好办法。

离婚的方式

一些人有这样的误解，认为只要离婚就得去法院打官司，其实并非如此。解决离婚纠纷的方式有很多，如诉讼外调解处理离婚纠纷、协议离婚和诉讼离婚。去法院离婚属于诉讼离婚，只是解决离婚纠纷的一种方式。

根据《婚姻法》第三十二条第一款的规定，男女一方要求离婚的，除了可以直接向人民法院起诉离婚外，也可以由法院以外的有关部门调解。这里所讲的有关部门，主要包括当事人所在单位、群众团体、居民委员会或村民委员会、基层调解组织和婚姻登记管理机关等。离婚纠纷的诉讼外调解不是强制性的措施，也不是离婚的必经程序，是否采用这种方式由男女双方自由决定。离婚纠纷的诉讼外调解有以下几种结果：一是双方经过调解和好，继续保持婚姻关系；二是经过有关部门调解，双方达成离婚协议，由原来的一方要求离婚变成双方自愿离婚，当事人按照协议离婚的程序，到婚姻登记机关办理离婚登记即可；三是调解无效，一方仍然坚持离婚，或者对子女抚养和财产分割问题难以达成协议，由坚持离婚的一方向人民法院提起离婚诉讼。

根据《婚姻法》第三十一条规定，男女双方自愿离婚的，准予离婚。双方必须到婚姻登记机关申请离婚。婚姻登记机关查明双方确实是自愿并对子女和财产问题已有适当处理时，办理离婚证。由此看来，离婚不一定必须去法院。如果双方自愿终止合法有效的夫妻关系，并且对婚姻关系终结后的一系列法律问题作出适当处理，双方不存在争议的情况下可以向婚姻登记机关申请离婚。这种离婚方式即为协议离婚。

通过诉讼程序由法院裁判的离婚案件，主要涉及以下两种情况：一是一方要求离婚，另一方不同意，要求法院判决是否解除双方夫妻关系；二是虽然双方对解除婚姻关系无争议，但对婚姻关系解除后产生的一系列问题，如子女抚养、财产分割等无法达成一致，要求法院裁判以解决纷争。

协议离婚

协议离婚的条件：

协议离婚又称双方自愿离婚、登记离婚，是指夫妻双方自愿离异，并且就离婚的后果达成协议，经有关部门认可解除婚姻关系的离婚方式。协议离婚的好处是不仅手续简便，而且使双方能够友好地分手，可以避免在法庭上互相指责，以致造成更深的敌对情绪。用这种方式离婚，不追究离婚的具体理由和婚姻生活的细节，有利于保护个人隐私权，消除双方的对立情绪，因此是一种比较好的离婚方法，并越来越广泛地被离婚者所接受。当然，这种协议离婚也有一定的弊端，即容易导致一些离婚当事人不考虑婚姻所承担的责任和社会利益而草率离婚，以及为逃避债务等问题而虚假离婚。

协议离婚必须符合以下条件：

1. 协议离婚的男女双方必须具有合法的夫妻身份。不具备合法的夫妻关系的当事人自然不存在解除婚姻关系的问题。离婚必须由具有夫妻关系的当事人本人进行，任何第三人不能代替一方或者双方当事人去登记离婚。凡是没有夫妻身份的有效证明，如“结婚证”或者“夫妻关系证明书”的，不能办理离婚手续。

2. 协议离婚的男女双方必须都具有完全民事行为能力，且主观上确实是自愿。一方或者双方当事人为限制民事行为能力或者无民事行为能力的，婚姻登记机关不予受理。双方自愿离婚，强调的是双方各自的离婚意思表示必须真实，离婚决定是自主作出的，而不是受他方或者第三方欺诈、胁迫或者因重大误解而形成的。

3. 协议离婚的男女双方对离婚后的子女抚养和财产等问题已有适当处理，且没有争议。这些问题包括离婚后子女归何方抚养，子女的抚养费和教育费如何负担，其数额是多少，给付方式和期限等，夫妻共同财产如何分割，共同债务如何清偿，以及离婚后一方是否需要对方给予经济帮助等。双方就以上这些问题达成的处理协议，不得违背男女平等、保护妇女和儿童合法权益的原则，以及《婚姻法》的有关规定。

4. 协议离婚，必须合乎国家法律规定，不得危害国家、集体和他人的财产利益，不能以此来逃避法律、逃避债务，从而达到个人目的。

协议离婚的程序：

办理协议离婚要经过以下程序：

1. 申请

凡是内地居民自愿离婚的，男女双方应当共同到一方当事人常住户口所在地的婚姻登记机关办理离婚登记。中国公民同外国人在中国内地自愿离婚的，内地居民同港、澳、台居民或者与华侨在中国内地自愿离婚的，男女双方应当共同到内地居民常住户口所在地的婚姻登记机关办理离婚登记。婚姻登记管理机关，在城市是街道办事处或者市辖区的、不设区的市人民政府的民政部门；在农村是乡、民族乡、镇的人民政府。申请离婚当事人必须到场，不得代理申请离婚。

办理离婚登记的内地居民应当出具下列证件和证明材料：（1）本人的户口簿、身份证；（2）本人的结婚证；（3）双方当事人共同签署的离婚协议书。办理离婚登记的港、澳、台居民或者华侨、外国人，除了应当出具本人的结婚证和双方当事人共同签署的离婚协议书以外，还应当出具本人的有效通行证、身份证，或者是本人的有效护照或者其他有效国际旅行证件。

申请人必须提交离婚申请书，不会书写的可以委托他人代为书写。协议离婚书应当载明双方当事人自愿离婚的意思表示以及对子女抚养、财产及债务处理等事项协商一致的意见。

2. 审查

婚姻登记机关应当对离婚登记当事人出具的证件、证明材料进行审查，并询问相关情况。首先，要查明当事人提供的离婚证件与当事人是否符合；其次，查明当事人的申请是否符合登记离婚的法定条件，申请人对登记机关了解的情况应当如实提供，不得弄虚作假。办理协议离婚的当事人有下列情形之一的，婚姻登记机关不予受理：（1）未达成离婚协议的；（2）属于无民事行为能力人或者限制民事行为能力人的；（3）其结婚登记不是在中国内地办理的。

3. 批准

婚姻登记管理机关对当事人的离婚申请进行审查，自受理申请之日起1个月内，对符合离婚条件的，即当事人确属自愿离婚，并且对子女抚养、财产、债务等问题达成一致处理意见的，应当当场予以登记，发给离婚证，注销结婚证。当事人从取得离婚证起，解除夫妻关系。离婚证和人民法院的离婚判决书、离婚调解书具有同等法律效力。离婚的当事人一方不按照离婚协议履行应尽义务的，另一方可以向人民法院提起民事诉讼。对不符合离婚登记法定条件的，婚姻登记管理机关不予登记，并向当事人作出书面说明。

离婚登记：

我国《婚姻法》规定，男女双方自愿离婚，并就子女的抚养和财产分割达成妥善合理协议的，应到婚姻登记机关办理离婚登记手续。为了保障当事人的利益，防止一方强迫对方离婚，或强迫对方达成不合理协议，法律同时也明文规定，申请离婚当事人有下列情况之一的，婚姻登记机关不予受理：1. 一方要求离婚，而对方不同意的。2. 双方要求离婚，但是对子女抚养、夫妻一方生活困难的经济帮助、财产及债务处理等事项未达成协议的。3. 一方或双方当事人属于限制行为能力或无行为能力的。4. 双方未办理过结婚登记的。上述几种情况要求解除婚姻关系必须通过诉讼程序，向法院起诉离婚。此外，如果一方当事人暂时不在中华人民共和国领域内居住；一方下落不明或被宣告失踪；一方正在被劳动教养和正在被监禁期间，无法亲自去婚姻登记管理机关申请等，这些情况下，只能通过向人民法院提起离婚诉讼解决。另外，由于离婚协议中的义务不能被强制执行，当离婚的当事人一方不按照离婚协议履行应尽义务时，另一方也只能向人民法院提起诉讼。所以，上述情况下，婚姻登记机关也不会受理当事人的离婚申请。

诉讼离婚

什么是诉讼离婚：

所谓诉讼离婚，就是用到法院打官司的方法来离婚，是指夫妻双方对离婚或离婚后子女抚养或者财产分割等问题不能达成协议，由一方向人民法院提起离婚诉讼，由人民法院调解或者判决而解除婚姻关系的法律制度。

诉讼离婚应当符合以下要求：

1．诉讼离婚必须由婚姻当事人一方亲自向法院提出离婚申请，其他任何人不能以诉讼当事人的身份提起离婚诉讼。

2．当事人双方对离婚问题有争议。这种争议包括：一方要求离婚，对方不同意；双方同意离婚，但就离婚后子女抚养归属及抚养费的负担有争议；双方对共同财产的分割有争议；双方对婚姻中债务的性质和清偿有争议；一方要求对方给予经济帮助，另一方不给予帮助或者不按照要求给予帮助而协议不成的，等等。当然，在这些问题中，是否解除婚姻关系是先决条件。只有在这个前提下，才能处理其他问题。

3．诉讼离婚只有人民法院才具有受理和管辖权。当事人起诉离婚必须向被告所在地人民法院提起。人民法院对诉讼离婚独立行使审判权，一方面可以依职权对当事人的争议作出裁决，另一方面应允许充分考虑当事人的意志，引导当事人以协商的方式解决争议。

诉讼离婚的准备：

“打官司”是一项复杂的活动，打离婚“官司”也不例外。诉讼离婚前，当事人应有一定的计划，做好充分的思想准备，这样才能把握事物发展趋势，处变不惊，从而获得成功。当事人应当做好以下几项工作：

1．积极搜集证据材料

证据是指能够证明案件真实情况的事实。审理案件以事实为根据，案件事实也只能够用证据来证明，没有证据便不能胜诉。法律规定，诉讼证据分为七种：物证、书证、当事人陈述、证人证言、鉴定结论、勘验笔录、视听资料。民事诉讼采用“谁主张，谁举证”原则，即当事人对自己提出的主张，有责任提供证据。除特殊情况外，如果当事人对自己的主张不能提供证据或者提供的证据不能证明自己的主张，将不能导致法庭作出对自己有利的裁判。所以，在诉讼之前要根据自己的诉讼请求，积极去收集对自己有利的证据。搜集证据时，要注意以下几点：一是迅速及时，以免时过境迁导致证据灭失；二是要客观真实，收集原物、原件，证人证言尽量由证人自己书写，现场情况和伤痕、痕迹等可以摄像或拍照；三是可以委托律师帮助调查取证；四是不制造假证和伪证。

2. 委托诉讼代理人

诉讼需要大量的时间和精力，也需要大量的法律知识，委托诉讼代理人代理进行诉讼是一种比较好的方法。诉讼代理人，是指受当事人及其法定代理人的委托代为参加诉讼的人。根据《民事诉讼法》的有关规定，委托代理人的范围有以下四种：律师、当事人的近亲属、社会团体或当事人所在单位推荐的人、经法院许可的其他公民。律师是精通法律的专业人员，与其他三种人员相比，具有法律知识精通、诉讼经验丰富的显著优势，因而成为人们的首选。

3. 掌握有关法律规定

当事人应了解离婚的相关法律规定，明确自己的各项权利和义务，否则，当事人的诉讼权利很难变为现实，合法利益也难以受到保护。如夫妻双方中的任何一方，都可以向人民法院提起离婚诉讼，要求法院依法作出判决，这是法律赋予公民的诉讼权利。任何单位或个人，都不能以要求离婚的当事人必须持有单位介绍信等理由进行限制或者阻挠。当然，离婚诉的当事人应当向人民法院提供婚姻关系、工作单位以及其他情况的真实证明。人民法院受理案件以后，认为有些情况不明，需要单位或者基层组织出具证明，例如证明当事人的婚姻状况、住房情况等，可以让当事人出具单位证明，也可以自行调查。现役军人提出离婚的，法律有特别规定，应当按照有关规定来办理。

离婚案件管辖：

根据《民事诉讼法》第十八条规定，一般的离婚案件，由县、区基层人民法院管辖，而县、区人民法院又下设人民法庭，代表着基层人民法院，所作出的裁判，就是基层人民法院作出的裁判。所以，当事人离婚，可以到附近的人民法庭去起诉。附近没有人民法庭的，到当地的县、区人民法院起诉。遇有特殊情况，《民事诉讼法》第十九条第二项和第三十七条第一款有明确规定，即：如果是在本地区有重大影响的案件，要由中级人民法院管辖。有特殊情况，不能由基层人民法院管辖的，当事人在提交答辩状期间，可以提出来。人民法院经过审查认为情况属实，可以由中级人民法院来指定别的基层人民法院审理。当然，中级人民法院也有权审理基层人民法院的案件。由中级人民法院审理或者是由中级人民法院指定的基层人民法院审理，必须有充分的理由。

离婚案件属于普通民事案件，法院适用普通地域管辖，并按照原告就被告的一般原则受案，即原告向被告户籍所在地或者经常居住地的人民法院起诉。如果户籍所在地与经常居住地不一致，就由经常居住地法院管辖。这里所说的经常居住地，是指离开户籍所在地连续居住一年以上的地方。但根据《民事诉讼法》的有关规定，下列离婚诉讼应向原告住所地的法院起诉；原告住所地与经常居住地不一致的，应向原告经常居住地的人民法院起诉：1. 对不在中华人民共和国领域内居住的人提起的离婚诉讼；2. 对下落不明或宣告失踪的人提起的离婚诉讼；3. 对被劳动教养的人提起的离婚诉讼；4. 对被监禁的人（包括已经被逮捕、被拘留的未决犯和正在监狱或者是其他劳动改造场所服刑的）提起的离婚诉讼；5. 非军人对非文职军人提起的离婚诉讼；6. 被告一方被注销城镇户口的离婚诉讼；7. 夫妻一方外流，另一方提起的离婚诉讼。

如果夫妻分居，一方在甲地居住 1 年以上，另一方在乙地居住 1 年以上，根据《民事诉讼法》第二十二条、第二十三条和有关司法解释的规定，要由被告所在地的法院管辖。

如果夫妻常年在外打工、游医、四处飘荡，没有固定的经常居住地，对此，最高人民法院在《关于适用〈中华人民共和国民事诉讼法〉若干问题的意见》第十二条中规定，“夫妻双方离开住所地超过一年，一方起诉离婚的案件，由被告经常居住地人民法院管辖；没有经常居住地的，由原告起诉时居住地人民法院管辖。”

法院受理离婚案件的条件：

起诉，俗称“告状”，就是人们通常所说的到法院“打官司”，即以自己的名义，请求人民法院通过审判程序给予法律保护的诉讼行为。根据《民事诉讼法》的规定，原告向人民法院起诉，必须具备《民事诉讼法》第一〇八条规定的起诉条件，人民法院才能受理。具体为：

1. 原告是与本案有直接利害关系的人。到法院起诉离婚的原告，必须是夫妻双方中的一方，其他人无权到法院为别人起诉离婚，无权要求解除他人的婚姻关系。

2. 要有明确的被告。有明确的被告，是指原告起诉时知道要告谁。被告只能是婚姻关系中的另一方。如果认为夫妻之间的感情破裂是由第三者造成的，要追究第三者的法律责任，只能另案处理，另案追究第三者的重婚罪或者其他法律责任。

3. 要有具体的诉讼请求和事实与理由。具体的诉讼请求，是指原告起诉要求被告履行某种义务，通过人民法院的审判解决什么问题。事实和理由，是指原告的诉讼请求是根据什么提出来的，有哪些证据能够证明原告的诉讼请求是合法合理的。要起诉离婚，那么诉讼请求即为要求离婚，对夫妻共同财产如何分割、孩子应当归哪一方监护抚养，要有明确的意见。在提出具体意见时，要讲明提出这种意见的事实和理由。

4. 属于人民法院受理民事诉讼的范围和受诉人民法院管辖。受理民事诉讼的范围，是指原告起诉要求解决的问题必须是归人民法院主管，也就是说，依照《民事诉讼法》的规定，人民法院有权处理原告的诉讼请求。受诉人民法院管辖，是指原告必须到有管辖权的人民法院起诉。

正确书写离婚起诉状：

到法院起诉离婚，要向法院递交离婚起诉状。所谓离婚起诉状，是指离婚当事人在离婚问题上发生了争执，为了维护自己的民事权益，要求人民法院判决准予离婚，并同时解决有关财产争议时，根据事实和法律，向人民法院提起诉讼时所提出的书面请求。

根据《民事诉讼法》第一一〇条的规定和人民法院的要求，在离婚起诉状中，应当写明以下内容：

1. 首部。写明标题，即“起诉状”或者“离婚起诉状”。分别用两个自然段，写明原告和被告的基本情况，如姓名、性别、年龄、民族、职业、工作单位和住所。为了使人民法院与其联系方便，还可以写明联系电话和通讯地址以及邮政编码。

2. 正文。写明诉讼请求和所依据的事实及法律依据。这一部分要注意简明、扼要、全面，所反映的案件事实要真实客观，有证据，所引用的法律条文要全面。对离婚案件，人民法院是否准许离婚，关键就看夫妻感情是否已经破裂。因此，离婚起诉状，要紧紧围绕着“夫妻感情确已破裂”这个中心来写，与此无关的不必阐述，以防冲淡了主要内容。

3. 证据和证据来源。专设一项，具体写明有关的证据和证据来源，证人姓名和住址。由于起诉状要向人民法院递交一式两份，其中一份法院存卷，另一份由人民法院送达给对方当事人作答辩用。因此，有人有这样的考虑：如果把证人的姓名、住址完全写在起诉状上，对方就会知道，有可能去找证人“做工作”，使问题不好处理。因此，他们在这一项里只写“证据和证据来源，证人姓名和住址”，用括号注明“详细情况附后”，这样在起诉状之外，单独写一份交人民法院，目的是防止法院转给对方当事人。如果受诉法院允许的话，当然也可以。

4. 尾部。在“此致”二字之后，另起一行写明本起诉状致送法院的名称。还要由起诉人签字、盖章，并且写明起诉的年月日。随后写明附项。附项的内容有本起诉状副本的份数；物证的名称和件数；书证的名称和件数等。

为了给人们写离婚起诉状带来方便，列举一篇实例供参考：

起诉状：

原告王某，男，某某年某月某日出生，汉族，某市人，系某市某厂工人，现住某市某区某街某段某号。

被告孔某，女，某某年某月某日出生，汉族，某省某县人，系某市某公司工人，户口在某市某区某街某段某号，经常居住地在某市某区某大街某号（连续居住3年以上）。

诉讼请求：

一、我坚决与被告孔某离婚，请准许；

二、女儿王某某归我监护抚养；

三、依法平均分割夫妻共同财产（财产清单附后），一台照相机应归我所有。

事实与理由：

我与被告孔某于某年某月经人介绍相识。我与她在相处时间不长、了解还不全面时，在我母亲的劝说和催促下，于同年6月草率结婚。婚后生一女儿，取名王某某，今年10岁。从某某年某月份起，因为被告常常夜不归宿，我们开始吵架。她把孩子推给我母亲照看，自己却不尽母亲的责任和义务。当我问她为什么这样想来就来，想走就走时，她说："我有我的自由，你有你的自由，我想什么时候走，这是我的自由，你管不着。"更严重的是，从某某年某月份起，她回娘家居住，至今已有3年。根据《中华人民共和国婚姻法》第三十二条第三款第四项的规定，这属于夫妻感情确已破裂，应当准许离婚。况且在这期间，我曾两次到她娘家接她，均被拒绝。我也想以我的诚意换取她的诚意。最近，我又同我厂两名同志一起去接她，又一次被她拒绝。不仅如此，她还在我不在家时，把凡是属于她用的衣物和被褥，偷偷取走，并拿走了我结婚以前买的一台照相机。这些事实足以说明，我们的夫妻感情已经破裂，夫妻关系名存实亡。维持这样的夫妻关系，双方都痛苦，对双方都没有好处，所以向人民法院起诉，请求人民法院准予我与被告孔某离婚。

证据和证据来源，证人姓名和住址：

我和孔某经常吵架，有我们的邻居宋某、李某能够证实，他们的住址是某市某区某街某段某号。

孔某回娘家居住，与我分居3年，有范某能够证实，他现住址是某市某区某大街某号。

我先后三次去孔某娘家去接孔某回家，她均拒绝，对此有我单位的姜某能够证实，他的住址是某市某区某街某号。

此致某市某区人民法院

起诉人：王某

某某年某月某日

附：1. 起诉状副本一份；

2. 家庭共有财产清单一份。

家庭共有财产清单

沈努西电冰箱一台；

三洋牌彩电一台；

环球牌收录机一个；

落地式电风扇一个；

组合家具一套；

写字台一张；

双人床一张：

自行车两辆；

被褥三套；

白色毛毯一条；

三人各自用的棉衣、单衣总计70件左右。

离婚诉讼可否全权委托他人

离婚诉讼当事人可以委托他人代为诉讼。《民事诉讼法》第五十八条规定："当事人、法定代理人可以委托一至二人作为诉讼代理人。律师、当事人的近亲属、有关的社会团体或者所在单位推荐的人、经人民法院许可的其他公民，都可以委托为诉讼代理人。"另外，最高人民法院《关于适用〈中华人民共和国民事诉讼法〉若干问题的意见》第六十八条规定："除律师、当事人的近亲属、有关的社会团体或者当事人所在单位推荐的人之外，当事人还可以委托其他公民为诉讼代理人。但无民事行为能力人、限制民事行为能力人或者可能损害被代理人利益的人以及人民法院认为不宜作诉讼代理人的人，不能作为诉讼代理人。"所以，离婚诉讼当事人可以委托以下人员作诉讼代理人：律师、自己的近亲属、其他符合条件的公民。由于律师具有较高的法学修养和较强的实践能力以及较多的实践经验，因此，委托律师为诉讼代理人对当事人更加有利。

离婚案件当事人委托诉讼代理人，还应当亲自出庭参加法庭审理。由于离婚案件是夫妻之间在解除现存婚姻关系问题上发生争议，要求人民法院行使审判权处理的有关身份关系的案件，人民法院开庭审理离婚案件的目的，在于解决是否解除婚姻关系的实质性问题，保护离婚双方当事人的离婚自由权利，所以，诉讼代理人代理离婚案件当事人进行诉讼，只能进行一定的诉讼行为，如起诉、应诉、上诉等，对当事人的婚姻实质问题，不能独立表示可否，而这些问题只能由当事人依据个人意志发表意见。所以，根据我国《民事诉讼法》规定，离婚案件一方当事人除了为精神病人的，下落不明的或者有其他特殊情况的以外，应当出庭参加法庭审理，因特殊情况无法出庭的，必须向人民法院提交明确的同意离婚还是不同意离婚的书面意见。

离婚诉讼的举证责任

离婚案件的双方当事人对各自的主张都负有举证责任，应当向人民法院提供以下的证据或者证据来源：

1. 结婚证书以及个人的身份证。

2. 有关婚姻基础状况的证据材料。如双方是否是自由恋爱，恋爱的时间，恋爱期间有无波折，是初婚还是再婚，有无包办、买卖婚姻的情况，等等。

3. 有关婚后感情的证据材料。如通过具体事例说明夫妻婚后感情是好、是坏还是一般，夫妻是否已经分居，何时开始分居，分居原因等。

4. 有关导致离婚的主要原因的证据材料。如一方在夫妻共同生活期间患了精神病，久治不愈的，当事人应当提供专门医院的鉴定结论；如涉及第三者的，当事人应当提供第三者介入事实的说明，是关系暧昧，非法同居，还是重婚等。同时，当事人还应提供对夫妻关系影响情况的证据材料。

5. 有关家庭财产的清单，并附上该财产属于夫妻个人财产或共有财产的证明材料。对有争议的财产，应提供该财产的来源和取得时间的证明材料，如赠予书、购货发票等。

6. 有关双方经济收入情况及生活现状的证据材料。如双方的工资收入，存款的开户姓名、储蓄所名称、账号、开户时间、金额、种类等，如有债务，应提供借据或者证人证言等。

7. 有关住房情况的证明材料。例如，现住房如果是私房，应当提供房屋产权证书；现住房如果是租赁的，应当提供房屋租赁契约；现住房如果是单位自管公房的，还应提供房管单位对安置住房的意见。

8. 提供子女情况的证明材料。例如，子女人数、姓名、性别、年龄、文化程度等；是亲生的，还是收养的或过继的；如果子女已成年，有无独立生活能力；夫妻双方对子女的抚育条件如何；如果夫妻已分居，子女随母还是随父生活等证据材料。

9. 如果双方已经进行过离婚诉讼，则应提供原审法院名称、承办审判员姓名、原案卷号，并提交原判决书、裁定书。

10. 提供与本案有关的其他证据材料。

当事人提供上述证据的形式可以是物证、书证、证人证言、当事人承认、视听资料、所在单位领导的意见等。物证应当提交原物，书证应当提交原件。

提交原物或原件确有困难的，可以提交复制品、照片、副本、节录本。提交外文书证，必须附有中文译本。提交的视听资料必须真实。

当事人一时不能提交证据的，人民法院应当根据具体情况，指定其在合理期限内提交。当事人在合理期限内提交确有困难的，应在指定期限届满之前，向人民法院申请延期。延长的期限，由人民法院决定。

以下事实不需要当事人提出证据：1. 一方当事人对另一方当事人陈述的事；2. 众所周知的事实和自然规律及定理；3. 根据法律规定和已知事实，能推定出的另一实事；4. 已为人民法院发生法律效力的裁判所确认的事实；5. 已为有效的公证书所证明的事实。

判决离婚的标准

对人民法院审理离婚案件，判决准许离婚或者不准许离婚的标准，《婚姻法》第三十二条第二款有明确规定，即：“人民法院审理离婚案件，应当进行调解；如感情确已破裂，调解无效，应准予离婚。”根据这一规定，可以看出，感情确已破裂是判决准予离婚的实质性要件，调解无效是判决准予离婚的程序性要件，二者均为准予离婚的法定条件，前者是主要依据，是主条件，后者则是从条件。

感情破裂是准予离婚的主要依据。感情是夫妻关系存在的基础，感情的有无是婚姻关系存废的前提，感情破裂是夫妻关系破裂，难以继续维持下去的重要标志。夫妻感情破裂可分为一定程度的破裂、严重破裂、完全破裂三种情况。婚姻法所谓“感情确已破裂”是指夫妻感情完全破裂，只有夫妻感情完全破裂才符合离婚的法定条件。

调解无效是准予离婚的程序性条件。调解是诉讼离婚的必经程序，未经调解，不得判决。调解可能有三种结果：一是调解和好；二是调解离婚；三是调解无效，未达成协议。前两种结果均无须判决，只有在调解无效的情况下才作出判决。因而，尽管夫妻感情已完全破裂，但尚未进行调解和调解程序还未结束的案件，不能判决离婚。

调解是确认感情是否破裂的重要方面，一般来说，调解和好说明夫妻感情并未完全破裂，调解离婚证明夫妻感情已经完全破裂。而调解无效，仍然存在两种可能，或是感情破裂、一方坚持不离，以及子女抚养、财产分割问题达不成协议；或是感情尚未完全破裂，一方坚持要求离婚。应当在调解无效的前提下，再根据夫妻感情是否确已破裂，来决定是否判决离婚，而不应当把调解无效作为感情确已破裂的标志。

离婚后的子女抚养问题

子女抚养的原则：

夫妻离婚后的子女抚养是个相当重要的问题。夫妻虽然可以通过离婚的方式，解除婚姻关系，但不能消除父母子女之间的关系。夫妻离婚以后，抚养子女的方式发生了变化，即由过去的父母双方共同抚养子女、与子女共同生活，变成了由父母一方与子女共同生活，承担实际抚养责任，而另一方则以支付抚养费的方式间接抚养子女。我国《婚姻法》第三十六条第二款规定："离婚后，父母对子女仍有抚养和教育的权利和义务。"人民法院在处理子女抚养问题时，要坚持有利于子女身心健康，保障子女的合法权益这个基本原则，只有在这个前提下，再结合父母双方的抚养能力和抚养条件来妥善解决。

1．哺乳期的子女的抚养

《婚姻法》第三十六条第三款明确规定："离婚后，哺乳期内的子女，以随哺乳的母亲抚养为原则。"两周岁以下的子女，一般随母方生活。但有以下几种特殊情况也可以随父方生活：一是母方患有久治不愈的传染性疾病或者是其他严重疾病，子女不宜与其共同生活；二是母亲有抚养条件但不尽抚养义务，而父方要求子女随其生活；三是哺乳期快满，母方坚持不抚养，而父方又积极要求抚养，并且抚养的条件较好；四是在不危害子女身心健康的条件下，双方协议子女随父方生活；五是因为其他原因，子女确实无法随母方生活，如母方的经济能力、生活环境明显对抚养子女不利，母方品行欠佳或者违法犯罪，不利于抚养子女，子女从出生后，一直由父方喂养等。

2. 哺乳期后的子女抚养

《婚姻法》第三十六条第三款明确规定："哺乳期后的子女，如双方因抚养问题发生争执不能达成协议时，由人民法院根据子女的权益和双方的具体情况判决。"对哺乳期后的子女由谁抚养，《婚姻法》采取了协议优先的原则，充分尊重父母的意志，由父母协商，妥当安排，既可以随父方生活，也可以随母方生活。协商不成的，由法院判决。对于两周岁以上的子女，如果父母双方都要求随其生活的，其中一方有如下情形之一的，可予优先考虑：一是已经做过绝育手术或者因为其他原因丧失了生育能力；二是子女随其生活时间较长，改变生活环境对子女健康成长明显不利；三是没有其他子女，而另一方有其他子女；四是子女随其生活，对子女成长有利，而另一方患有久治不愈的传染性疾病或者其他严重疾病，或者有其他不利于子女身心健康的情形，不宜与子女共同生活的；五是父方与母方抚养子女的条件基本相同，双方均要求子女与其共同生活，但子女单独与祖父母或者外祖父母共同生活多年，而且祖父母或者外祖父母要求并且有能力帮助子女照顾孙子女或者外孙子女的，可以作为子女随父方或者母方生活的优先条件予以考虑。

3. 10 周岁以上未成年子女的抚养

10 周岁以上的未成年子女已经有一定的识别能力，由谁抚养有利，他们已经能作出判断，自己可以作出选择。如果父母双方对 10 周岁以上的未成年子女的抚养已经有协议的，则不必征求、考虑子女的意见，直接按照协议处理。如果父母双方对 10 周岁以上的未成年子女的抚养发生争执，不能达成协议的，则应征求并考虑子女的意见，原则上可以尊重子女的选择，并作为优先考虑的情节。如果子女的选择对其成长不利，法院也可以作出与其意见相悖的判决。

4. 协议轮流抚养

除了上述情况以外，在有利于保护子女利益的前提下，父母双方协议轮流抚养子女，也是准许的。协议轮流抚养子女是近些年来新出现的一种抚养子女的方式。协议抚养的前提，是有利于保护子女的利益。

离婚后的子女抚养费：

《婚姻法》第三十七条规定："离婚后，一方抚养的子女，另一方应负担必要的生活费和教育费的一部分或全部，负担费用的多少和期限的长短，由双方协议；协议不成时，由人民法院判决。关于子女生活费和教育费的协议或判决，不妨碍子女在必要时向父母任何一方提出过协议或判决原定数额的合理要求。”

在离婚案件中，涉及子女抚养问题，人们比较关注以下一些内容：

一是子女抚养费的负担。夫妻双方离婚后，父母对子女有相同的抚养责任，当然，是否平等地承担子女抚养费，则由男女双方的社会经济地位来决定。一般情况下，子女由一方抚养时，另一方应当承担必要的生活费和教育费。当然，如果一方能够又愿意承担子女全部的生活费和教育费的，也可以由一方承担，双方可以对此作出协议，协议不成的，由人民法院判决。无论是协议或判决，都应当以子女的实际需要、父母双方的实际负担能力和当地的实际生活水平为依据。

二是子女抚养费的数额。一般而言，非直接抚养一方有固定收入的，抚养费可以按照其每月总收入的20%—30%的比例给付。负担两个以上子女抚育费的，比例可以适当提高，但一般不得超过每月总收入的50%。这里所说的月总收入包括基本工资、工龄工资、奖金以及其他补贴等。完全属于发给职工个人的保健费、洗礼费、卫生费等，不应计算在内。没有固定收入的，抚养费数额应当根据当年总收入或者同行业平均收入，参照上述的比例来确定。有特殊情况的，如双方收入悬殊，一方负担较重，一方或者子女长期患病等，可以适当提高或者降低比例。如果一方没有经济收入或者下落不明，可以用其财物折抵子女抚养费。

三是关于子女抚养费的给付期限。抚养费的给付期限，一般至子女满18周岁为止。16周岁以上不满18周岁的子女，如果以其劳动收入为主要生活来源，并且能够维持当地一般生活水平的，父母可以停止给付抚养费。尚没有独立生活的成年子女有下列情形之一的，父母又有给付能力的，仍然应当负担必要的抚养费：丧失劳动能力或者虽然没有完全丧失劳动能力，但其收入不足以维持生活的；尚在学校读书的；确实没有独立生活能力和条件的。

四是子女抚养费的给付方法。子女抚养费应当定期给付，有条件的也可以一次性给付。在农村，可以按照收益季度或者年度给付。

人民法院在处理离婚案件时，判决男女双方离婚，对子女抚养费的数额、给付的期限以及给付的办法等，均应该明确、具体地在判决书或者调解书中明确写明。

子女的抚养关系：

根据我国《婚姻法》规定，夫妻离婚时，就子女抚养达成的协议或者法院作出的判决具有法律效力。但是在现实生活中，如果发生了需要变更抚养关系的情况，法律也允许变更抚养关系。抚养关系的变更，一般采用父母协商和法院判决两种方式。

1．父母协商

父母双方协议变更子女抚养关系的，一般只需要父母达成变更合意即可。如果没有出现抚养一方不能或不宜继续抚养子女的情形，只要双方愿意变更，并且没有违法事项和对子女成长不利的问题，应当准许并保护变更后的抚养关系。父母协商变更抚养关系的行为，应当符合《民法通则》关于一般民事行为的规定，即行为人具有相应的民事行为能力；意思表示真实；不违反法律或者社会公共利益，尤其是不得损害子女的合法权益。如果子女对变更抚养关系能够表达自己的意见的，还应该征求子女的意见。在子女强烈反对或拒绝变更时，不得强行变更。

2．法院判决

如果一方要求变更子女抚养关系，另一方不同意的，要求变更的一方应向法院另行起诉。提起变更诉讼的既可以是非直接抚养一方，也可以是直接抚养一方。法院受理后，应先行调解，调解达成协议的，应制作调解书，写明抚养关系变更的具体事由、变更后的抚养人等，调解不成的，人民法院应作出是否变更的判决。

根据司法解释和司法实践经验，有下列情形之一的，一方要求变更子女抚养关系的，人民法院就应当予以支持：一是与子女共同生活的一方因患有严重疾病或者因伤残无力继续抚养子女的，而另一方有抚养能力的；二是与子女共同生活的一方应被收监判刑、劳动教养，不能继续抚养子女的；三是与子女共同生活的一方不尽抚养义务或者有虐待子女行为，或者其与子女共同生活对子女身心健康确有不利影响；四是10周岁以上未成年子女，愿随另一方生活，该方有抚养能力的；五是有其他正当理由需要变更的，如抚养方需要出国很长一段时间，子女不能跟随一起出国，要求变更抚养关系的。如果一方有能力抚养子女，即使请求变更方可以提供更好的生活教育条件，除非抚养方同意，否则不应判决变更。未成年子女年满10周岁的，还应该征求子女的意见。

抚养费的变更：

子女生活费和教育费的变更，是指父母协议确定或经判决确定给付子女生活费和教育费不能满足子女生活教育需要，子女在必要时向父母任何一方要求增加抚养费。当然，子女抚养费的变更也包括负担抚养费的一方父母要求减少支付子女的抚养费。父母在协议或法院判决时，一般是根据协议或判决时的子女实际需要、父母负担能力和当地的一般生活水平确定子女生活费和教育费。但是，由于社会生活总是处在不断变化中，原协议或者判决的生活费和教育费很可能无法满足子女必要的生活学习需要。为了保障子女利益，《婚姻法》规定："关于子女生活费和教育费的协议或判决，不得妨碍子女在必要时向父母任何一方提出超过协议或判决原定数额的合理要求。"

实践中，具有下列情形之一的，子女可以要求增加生活费和教育费：一是物价调整，使原定的抚养费数额不足以维持子女的生活需要。二是子女升学，实际需要超过了原定的抚养费数额。三是子女患有疾病，抚养子女的一方无力支付全部医疗费用。四是有给付义务的父方或母方，经济收入增多，子女与其生活水平相差悬殊。五是有其他正当理由应当增加的。遇到上述情况之一的，子女可以向父母一方提出超过原协议或者判决的数额，父母一方应当依照法律规定，自觉增加。要求增加子女抚养费，有识别能力的子女可以直接与父亲或者母亲商量，也可以由离婚的双方协商解决。如果协商不成，抚养子女的一方可以作为子女的法定代理人参加诉讼，向人民法院请求增加子女的抚养费。

对离婚时确定的子女抚养费，除了可以要求增加以外，因为有特殊情况，也可以请求减免抚养费的负担。减少或者免除抚养费是有条件的，一般应该有以下一些情况：

一是有给付义务的父方或者母方，由于长期患病或者丧失劳动能力，失去了经济来源，确实无力按照原协议或者判决确定的数额给付子女抚养费，而抚养子女的一方又能够负担大部分子女生活费用的，经给付一方的请求，可以减少或者免除给付子女抚养费。

二是有给付义务的一方，因为犯罪被投入监狱改造，无力给付抚养费的，可以减少或者免除其给付。

三是抚养子女的一方再婚，其配偶愿意负担其子女的生活费和教育费的一部分或者全部，原来有给付义务的生父或者生母，可以减少或者免除给付子女抚养费。

还有一点需要说明，就是夫妻离婚以后，未成年子女侵害了他人的权益，给他人造成经济损失的，同该子女共同生活的一方应当承担民事赔偿责任。如果独立承担民事责任确有困难，未与子女共同生活的一方也有共同承担民事责任的义务。对此，《最高人民法院关于贯彻执行〈中华人民共和国民法通则〉若干问题的意见（试行）》第一五八条有明确规定。

拒不支付子女抚养费：

夫妻离婚后，子女随一方生活，另一方应当支付抚养费。如果另一方拒不支付抚养费，必定会给子女的生活和教育带来不利影响，因此，对这一问题要视具体情况，按照以下办法处理：

1. 根据《民事诉讼法》第二〇七条第一款规定，发生法律效力的民事判决，由第一审人民法院执行。因此，诉讼离婚的一方当事人可以首先向第一审人民法院反映这一情况，由人民法院对于拒不执行判决的一方进行教育、警告，促使其履行抚养子女的义务。

2. 对方如不听劝告，不接受教育，仍拒不执行判决的，根据《婚姻法》的有关规定，一方当事人可以向第一审人民法院提出申请，要求强制执行。强制执行的方法有提取、扣留被申请人的储蓄存款或者工资和劳动收入；查封、扣押、冻结、变卖被申请人的财产，等等。

3. 为了保障执行工作的顺利进行，又不违反法律规定，应充分注意被申请人履行抚养子女义务的能力。强制执行时，应当保留被执行人及其所抚养家属的生活必需费用。

离婚后的财产处理

分割夫妻共同财产的原则：

夫妻离婚时，分割夫妻共同财产应遵循以下原则：

1. 坚持男女平等原则。在一个家庭中，夫妻双方的收入可能不完全一样。但不能因为一方的收入低，或者是没有收入而减少或者不分给他财产。在农村，女方离婚后，其责任田、口粮田和宅基地等，应当得到保障。

2. 坚持照顾女方和子女利益的原则。在分割夫妻共同财产时，要根据子女的生活和学习的需要，给抚养未成年子女的一方适当多分一些财产，以照顾子女的实际需要。

3. 坚持有利于生产和生活需要的原则。对于不宜分割的生产资料，应当注意保持它的完整性，从而确保它的使用价值。如果该项财产价值较大，应给予对方相应的经济补偿，或者在分割其他共同财产时，使对方适当多分一些。

4. 坚持照顾无过错一方的原则。由于一方有过错而引起离婚的案件，在分割财产时，要照顾无过错一方的利益，多分给一些财产。

5. 坚持不损害国家、集体和他人利益的原则。夫妻离婚时，不能把属于国家、集体和他人所有的财产，当作夫妻共同财产而分掉。在分割共同财产时不得把未成年子女的财产当作夫妻共同财产来分割。

离婚时如何分割家庭中的财产，是夫妻双方十分关注的问题。对此，我国《婚姻法》第三十九条明确规定：“离婚时，夫妻的共同财产由双方协议处理；协议不成时，由人民法院根据财产的具体情况，照顾子女和女方权益的原则判决。夫或妻在家庭土地承包经营中享有的权益等，应依法予以保护。”

所谓夫妻共同财产，根据《婚姻法》第十七条、第十九条等有关规定，如果夫妻之间没有特别的约定，夫妻在婚姻关系存续期间所得的下列财产，属于夫妻共同财产：1．工资、奖金；2．生产、经营的收益；3．知识产权的收益；4．继承或者赠予所得的财产，但有特别约定的除外；5．其他应当归共同所有的财产。如国家和单位发放的住房补贴、住房公积金，属于婚姻关系存续期间应得的部分，应当认定为夫妻共同财产；6．国家或者有关部门发给一方当事人的养老保险金、破产安置补偿费、复转退伍军人安置费等费用，按结婚前、婚姻关系存续期间等时段，能够将数额计算清楚的，属于婚姻关系存续期间应得的部分为夫妻共同财产，除此之外，应当认定为个人财产。

夫妻离婚在分割共同财产时，首先要由双方协商解决，有时双方对同一物品有争执，经过协商不能达成一致意见，这就需要法院用判决的方式来确定。人民法院判决分割财产时，一般考虑以下一些因素：一是考虑物品的经济价值和使用价值。对于不宜分割的财产，要作为一个整体来处理。如果分给一方所有，应该在其他方面给予另一方适当补偿；如果一方实得物品价值高于对方，应该在钱款上比对方少分，没有钱款可分的，也可以作价补偿给对方。二是考虑当事人的学习和工作需要。三是考虑生活的需要。四是适当考虑财产的来源。具体操作为：

1．夫妻双方对财产归属以书面形式约定的，或者以口头形式约定的，双方无争议的，离婚时应按约定处理。但是规避法律或者逃避债务的约定无效。

2．夫妻共同财产原则上均等分割。根据生产、生活的实际需要和财产来源等情况，具体处理时也可以有差别，各人专用的物品归个人所有。

3．夫妻双方婚前财产一般都归个人所有，但如果是在结婚登记以前，双方合资筹办的结婚用品，则视为夫妻按份的共同财产。一方婚前给付对方财物数额较大，结婚后1年内起诉要求离婚的，要综合考虑给付财物方有无过错以及双方其他实际情况等因素，接受财务一方应予以部分或者全部返还。所给付金钱用于购置家庭共同财产的，在财产分割时，可以考虑给付方适当多分。将财物给付对方亲属或者他人的，如果所给付财物未用于结婚或者所给付金钱未用于购置家庭共同财产，给付方与实际占有财物的受益人之间的返还财产纠纷另案处理。婚前个人财产结婚后共同生活中自然毁损、消耗、灭失，离婚时一方要求以夫妻共同财产抵偿的，不予支持。

4．结婚时购置的归一方专用的物品，是否认为是夫妻共同财产，要根据具体情况而定，一般分以下两种情况：一种是价格不高的。如结婚时双方共同购置的、供个人专用的生活用品、图书资料等个人的专用财产，可以视为夫妻个人财产，归其个人所有。二是贵重物品。就是在结婚时购置的为一方专用，离婚时双方争执不下，一方认为是夫妻共同财产，而另一方则认为应当属于个人财产。比如男方用的摩托车、电脑、生产资料等，这些物品虽然属于个人专用，但由于其价格昂贵，如归个人所有，有失公平，因此，应当视为夫妻共同财产而合理加以分割。

5. 大操大办的结婚费用，支出一方不得向另一方追索，另一方也无义务偿还，即使追索，法律也不予支持。

6. 借婚姻关系索取财物，离婚时，如果结婚时间不长，或者索要财产造成对方生活困难的，可以酌情返还。对取得财务的性质是索取还是赠予难以认定的，可以按赠予处理。

7. 已登记结婚尚未共同生活的，一方或双方受赠的礼金、礼物应认定为夫妻共同财产，赠予合同中指明归一方所有的情形除外，具体处理时应考虑来源、数量等情况合理分割。

8. 夫妻两地分居，并在两地分别管理、使用的婚后财产所得，应认定为夫妻共同财产。在分割财产时各自分别管理、使用的财产归各自昕有。如果双方所分财产相差悬殊的，差额部分，由多分得财产的一方以与差额相当的财产抵偿给另一方，或者是折价补偿。

9. 在夫妻关系存续期间，一方从事个体经营或者承包经营的，其收入为夫妻共有财产。对夫妻共同经营的当年无收益的养殖、种植业等，离婚时应从有利于发展生产、有利于经营管理考虑，予以合理分割或折价处理。

10. 夫妻在婚姻关系存续期间，以个人财产出资经营的，出资部分的权益归个人所有。但另一方为该财产的经营管理做出较多贡献的，应当给以适当补偿。属于个人婚前的财产，实物仍然存在的，原则上归个人所有。但是，如果属于个人财产的实物在夫妻共同生活期间消费掉的，也不再补偿。因此在离婚时，原实物所有人无权主张这部分财产的权利。

11. 军人的伤亡保险金、伤残补助金、医药生活补助费属于个人财产。人民法院审理离婚案件，涉及分割发放到军人名下的复员费、自主择业费等一次性费用的，以夫妻婚姻关系存续年限乘以年平均值，所得数额为夫妻共同财产。这里所说的年平均值，是指将发放到军人名下的上述费用总额按具体年限均分得出的数额。其具体年限为人均寿命 70 岁与军人入伍时实际年龄的差额。

12. 夫妻对共同财产有平等的处理权。对财产所有权如果发生争议，双方特别是主张权利的一方负举证责任，应当提供证据。如应当提供婚前购买财物的发票、证明人等。如果举不出证据，法院又收集不到证据，对属于个人财产还是属于夫妻共同财产查不清楚，这样的财产就推定为夫妻共同财产，按夫妻双方共有来处理。

13. 不得把未成年子女的财产当作夫妻共同财产来进行分割。所谓未成年子女的财产，是指不满 18 周岁的公民，依法享有占有、使用、收益和处分的财产。未成年人的财产一般通过以下一些渠道取得：一是通过法定义务人所尽的抚养义务而获得的财产；二是通过受赠而得到的财产；三是通过创作活动对其智力成果所享有的财产权；四是通过自己特殊技能而获得的财产；五是国家政策明确规定给未成年人的财产；六是通过获奖而得到的财产；七是通过继承遗产得到的财产；八是因为人身伤害享有追偿权而获得的财产。这部分财产的所有与管理通常是分离的，一般由未成年人的监护人代为管理。正是由于这样的原因，未成年人的财产常常与父母的财产交织在一起，在处理离婚案件时，有时会忽略了未成年人的财产。人民法院在审理离婚案件时，在确定夫妻感情确已破裂的基础上，应当明确子女跟随哪一方生活，然后由这一方代理未成年人保护其合法财产，从而切实保护未成年人的合法权益。

离婚损害赔偿

损害赔偿的法律依据：

《婚姻法》第四十六条规定有下列情形之一，导致离婚的，无过错方有权请求损害赔偿：

1. 重婚的；

2. 有配偶者与他人同居的；

3. 实施家庭暴力的；

4. 虐待、遗弃家庭成员的。

最高人民法院《关于适用〈中华人民共和国婚姻法〉若干问题的解释(一)》第二十八条规定“婚姻法第四十六条规定的‘损害赔偿’，包括物质损害赔偿和精神损害赔偿。涉及精神损害赔偿的，适用最高人民法院《关于确定民事侵权精神损害赔偿责任若干问题的解释》的有关规定。”

第二十九条规定“承担《婚姻法》第十六条规定的损害赔偿责任的主体，为离婚诉讼当事人中无过错方的配偶。

人民法院判决不准离婚的案件，对于当事人基于《婚姻法》第四十六条提出的损害赔偿请求，不予支持。

在婚姻关系存续期间，当事人不起诉离婚而单独依据该条规定提起损害赔偿请求的，人民法院不予受理。”

《婚姻法》第三十条规定“人民法院受理离婚案件时，应当将《婚姻法》第四十六条等规定中当事人的有关权利义务，书面告知当事人。在适用《婚姻法》第四十六条时，应当区分以下不同情况：

1. 符合《婚姻法》第四十六条规定的无过错方作为原告基于该条规定向人民法院提起损害赔偿请求的，必须在离婚诉讼的同时提出。

2. 符合《婚姻法》第四十六条规定的无过错方作为被告的离婚诉讼案件，如果被告不同意离婚也不基于该条规定提起损害赔偿请求的，可以在离婚后一年内就此单独提起诉讼。

3. 无过错方作为被告的离婚诉讼案件，一审时被告未基于《婚姻法》第四十六条规定提出损害赔偿请求，二审期间提出的，人民法院应当进行调解，调解不成的，告知当事人在离婚后一年内另行起诉。”

最高人民法院《关于适用〈中华人民共和国婚姻法〉若干问题的解释(二)》第二十七条规定“当事人在婚姻登记机关办理离婚登记手续后，以《婚姻法》第四十六条规定为由向人民法院提出损害赔偿请求的，人民法院应当受理。但当事人在协议离婚时已经明确表示放弃该项请求，或者在办理离婚登记手续一年后提出的，不予支持。”

离婚损害赔偿的主体：

1. 权利主体

根据《婚姻法》第四十六条的规定，只有无过错配偶才享有离婚损害赔偿的请求权。但是无过错具体指什么，法律没有明确的规定。多数学者认为，这里的无过错应指，该方配偶没有实施新《婚姻法》第四十六条规定的四种违法行为。

2. 责任主体

最高人民法院《关于适用〈中华人民共和国婚姻法〉若干问题的解释(一)》第二十九条规定：承担《婚姻法》第四十六条规定的损害赔偿责任的主体为离婚诉讼当事人中无过错的配偶一方。即只能是有过错的一方承担赔偿责任。而是否将第三者纳入责任主体的范围一直是长期讨论和争执的焦点。所谓第三者介入家庭是指，明知对方有配偶而与其发生不正当的男女关系，从而故意导致他人夫妻感情破裂，并希望与之成为合法配偶的行为。有学者认为，第三者是这一侵权行为的共同加害人，构成共同侵权行为，有责任赔偿受害人的损失。但也有学者认为第三者产生的原因是复杂各异、多种多样的，有故意介入破坏别人的婚姻，也有夫妻感情早已破裂，难以弥补，夫妻名义名存实亡，但当事人另一方又不同意离婚的，还有第三者根本不知情的，配偶一方隐瞒其已结婚的事实而与之共同生活，在这种情况下，第三者也是受害一方。在不同的情形下应区别对待。对于那些明知对方有配偶而故意介入别人婚姻的第三者，或者是应当知道但故意放任这种结果发生，还有在刚开始时不知道，但后来知道后仍旧与之在一起的第三者应纳入责任主体的范畴。但属于不知情的则不应纳入。同时，在生活实践中，到底要不要求将应承担赔偿责任的第三者纳入赔偿范围决定权应归无过错方。因为在离婚损害赔偿中，受侵害的是无过错方。随着经济的不断发展，物质生活越来越丰富的同时人们开始注重精神生活，第三者不断涌现，破坏了别人的婚姻，给配偶另一方以及家庭成员带来莫大的伤害。家庭是社会的细胞，我们只有安定了小家庭才能稳定大家庭。因此，社会舆论监督、道德谴责、批评教育显然不足以对第三者进行制裁，国家应制定相关的法律法规给予相应的惩罚，让那些轻视、践踏婚姻的一方付出代价让受害方得到一定补偿，并试图通过此种制度增强婚姻的稳固性。

赔偿的情形：

1. 重婚行为

重婚分为法律意义上的重婚和事实上的重婚两种。法律上的重婚是指有配偶者与他人结婚，或明知他人有配偶而与其结婚的行为。事实上的婚姻有广义和狭义之分。广义上的事实婚姻是指男女双方在主观上具有永久共同生活的目的。狭义上的事实婚姻是指没有配偶的男女双方未经结婚登记即以夫妻名义同居生活。新《婚姻法》将其列入损害赔偿的事由，要求过错方因此而承担赔偿责任。法律上的重婚是当事人采取欺骗的手段或方法取得婚姻登记机关的登记，法律予以认可。这种行为严重破坏了一夫一妻制度。《刑法》第二五八条明确规定：有配偶而重婚的，或明知他人有配偶而与之结婚的，处二年以下有期徒刑或拘役。

2. 有配偶者与他人同居

有配偶者与他人同居是指有配偶者与婚外异性不以夫妻名义持续、稳定地共同居住。是否以夫妻名义共同生活是有配偶者与他人同居与重婚的区别。然而在这种情形中，持续、稳定地共同居住到底是指多长时间一起生活才能算是同居，法律没有明确的规定。

3. 实施家庭暴力

实施家庭暴力是指行为人以殴打、捆绑、残害、强行限制人身自由或者其他手段给家庭成员身体、精神方面造成一定伤害后果的行为。家庭暴力是一个世界性的问题，不同国家、不同地区都存在。一句话是这样说的：清官难断家务事，很多人认为家庭暴力是家务事，不好管也管不好，特别是在一些经济欠发达、文化水平相对落后的地区，甚至有人认为丈夫打老婆、家长打孩子是天经地义的事。而在家庭暴力中妇女通常是主要的受害者，然而家庭暴力很多时候发生在家庭内部，比较隐蔽，不易被发觉。在中国，受家丑不可外扬观念的影响，家庭暴力通常不能得到及时解决，久而久之，极易导致婚姻关系破裂。持续性、经常性的家庭暴力则构成虐待。

4．虐待、遗弃家庭成员

虐待是指，以作为或不作为的形式，经常故意地折磨、摧残家庭成员，使其在肉体或精神上造成一定伤害后果的行为。遗弃是指对于年老、年幼、患病或者其他没有独立生活能力的人，负有抚养义务而拒绝抚养。

赔偿额的确定：

此处的“损害赔偿”包括物质损害赔偿和精神损害赔偿。涉及精神损害赔偿的，适用最高人民法院《关于确定民事侵权精神损害赔偿责任若干问题的解释》的有关规定。关于精神损害赔偿的数额，法律及司法解释没有规定限额，但规定确定赔偿数额时应参考以下因素：

1．侵权人的过错程度；

2．侵害的手段、场合、行为方式等具体情节；

3．侵权行为所造成的后果；

4．侵权人的获利情况；

5．侵权人承担责任的经济能力；

6．受诉人民法院所在地平均生活水平。

离婚后的子女抚养费

《婚姻法》第三十七条规定：“离婚后，一方抚养的子女，另一方应负担必要的生活费和教育费的一部分或全部，负担费用的多少和期限的长短，由双方协议；协议不成时，由人民法院判决。关于子女生活费和教育费的协议或判决，不妨碍子女在必要时向父母任何一方提出超过协议或判决原定数额的合理要求。”

在离婚案件中，涉及子女抚养问题，人们比较关注以下一些内容：

一是子女抚养费的负担。夫妻双方离婚后，父母对子女有相同的抚养责任，当然，是否平等地承担子女抚养费，则由男女双方的社会经济地位来决定。一般情况下，子女由一方抚养时，另一方应当承担必要的生活费和教育费。当然，如果一方能够又愿意承担子女全部的生活费和教育费的，也可以由一方承担，双方可以对此作出协议。协议不成的，由人民法院判决。无论是协议或判决，都应当以子女的实际需要、父母双方的实际负担能力和当地的实际生活水平为依据。

二是子女抚养费的数额。一般而言，非直接抚养一方有固定收入的，抚养费可以按照其每月总收入的20%—30%的比例给付。负担两个以上子女抚育费的，比例可以适当提高，但一般不得超过每月总收入的50%。这里所说的月总收入包括基本工资、工龄工资、奖金以及其他补贴等。完全属于发给职工个人的保健费、洗礼费、卫生费等，不应计算在内。没有固定收入的，抚养费数额应当根据当年总收入或者同行业平均收入，参照上述的比例来确定。有特殊情况的，如双方收入悬殊，一方负担较重，一方或者子女长期患病等，可以适当提高或者降低比例。如果一方没有经济收入或者下落不明，可以用其财物折抵子女抚养费。

三是关于子女抚养费的给付期限。抚养费的给付期限，一般至子女满18周岁为止。16周岁以上不满18周岁的子女，如果以其劳动收入为主要生活来源，并且能够维持当地一般生活水平的，父母可以停止给付抚养费。尚没有独立生活的成年子女有下列情形之一的，父母又有给付能力的，仍然应当负担必要的抚养费：丧失劳动能力或者虽然没有完全丧失劳动能力，但其收入不足以维持生活的；尚在学校读书的；确实没有独立生活能力和条件的。

四是子女抚养费的给付方法。子女抚养费应当定期给付，有条件的也可以一次性给付。在农村，可以按照收益季度或者年度给付。

人民法院在处理离婚案件时，判决男女双方离婚，对子女抚养费的数额、给付的期限以及给付的办法等，均应该明确、具体地在判决书或者调解书中明确写明。

子女的抚养关系

根据我国《婚姻法》规定，夫妻离婚时，就子女抚养达成的协议或者法院作出的判决具有法律效力。但是在现实生活中，如果发生了需要变更抚养关系的情况，法律也允许变更抚养关系。抚养关系的变更，一般采用父母协商和法院判决两种方式。

1. 父母协商

父母双方协议变更子女抚养关系的，一般只需要父母达成变更合意即可。如果没有出现抚养一方不能或不宜继续抚养子女的情形，只要双方愿意变更，并且没有违法事项和对子女成长不利的问题，应当准许并保护变更后的抚养关系。父母协商变更抚养关系的行为，应当符合《民法通则》关于一般民事行为的规定，即行为人具有相应的民事行为能力；意思表示真实；不违反法律或者社会公共利益，尤其是不得损害子女的合法权益。如果子女对变更抚养关系能够表达自己的意见的，还应该征求子女的意见。在子女强烈反对或拒绝变更时，不得强行变更。

2. 法院判决

如果一方要求变更子女抚养关系，另一方不同意的，要求变更的一方应向法院另行起诉。提起变更诉讼的既可以是非直接抚养一方，也可以是直接抚养一方。法院受理后，应先行调解，调解达成协议的，应制作调解书，写明抚养关系变更的具体事由、变更后的抚养人等。调解不成的，人民法院应作出是否变更的判决。

根据司法解释和司法实践经验，有下列情形之一的，一方要求变更子女抚养关系的，人民法院就应当予以支持：一是与子女共同生活的一方因患有严重疾病或者因伤残无力继续抚养子女的，而另一方有抚养能力的；二是与子女共同生活的一方应被收监判刑、劳动教养，不能继续抚养子女的；三是与子女共同生活的一方不尽抚养义务或者有虐待子女行为，或者其与子女共同生活对子女身心健康确有不利影响；四是 10 周岁以上未成年子女，愿随另一方生活，该方有抚养能力的；五是有其他正当理由需要变更的，如抚养方需要出国很长一段时间，子女不能跟随一起出国，要求变更抚养关系的。如果一方有能力抚养子女，即使请求变更方可以提供更好的生活教育条件，除非抚养方同意，否则不应判决变更。未成年子女年满 10 周岁的，还应该征求子女的意见。

子女的抚养费的变更

子女生活费和教育费的变更，是指父母协议确定或经判决确定给付子女生活费和教育费不能满足子女生活教育需要，子女在必要时向父母任何一方要求增加抚养费。当然，子女抚养费的变更也包括负担抚养费的一方父母要求减少支付子女的抚养费。父母在协议或法院判决时，一般是根据协议或判决时的子女实际需要、父母负担能力和当地的一般生活水平确定子女生活费和教育费。但是，由于社会生活总是处在不断变化中，原协议或者判决的生活费和教育费很可能无法满足子女必要的生活学习需要。为了保障子女利益，《婚姻法》规定：“关于子女生活费和教育费的协议或判决，不得妨碍子女在必要时向父母任何一方提出超过协议或判决原定数额的合理要求。”

实践中，具有下列情形之一的，子女可以要求增加生活费和教育费：一是物价调整，使原定的抚养费数额不足以维持子女的生活需要。二是子女升学，实际需要超过了原定的抚养费数额。三是子女患有疾病，抚养子女的一方无力支付全部医疗费用。四是有给付义务的父方或母方，经济收入增多，子女与其生活水平相差悬殊。五是有其他正当理由应当增加的。遇到上述情况之一的，子女可以向父母一方提出超过原协议或者判决的数额，父母一方应当依照法律规定，自觉增加。要求增加子女抚养费，有识别能力的子女可以直接与父亲或者母亲商量，也可以由离婚的双方协商解决。如果协商不成，抚养子女的一方可以作为子女的法定代理人参加诉讼，向人民法院请求增加子女的抚养费。

对离婚时确定的子女抚养费，除了可以要求增加以外，因为有特殊情况，也可以请求减免抚养费的负担。减少或者免除抚养费是有条件的，一般应该有以下一些情况：

一是有给付义务的父方或者母方，由于长期患病或者丧失劳动能力，失去了经济来源，确实无力按照原协议或者判决确定的数额给付子女抚养费，而抚养子女的一方又能够负担大部分子女生活费用的，经给付一方的请求，可以减少或者免除给付子女抚养费。

二是有给付义务的一方，因为犯罪被投入监狱改造，无力给付抚养费的，可以减少或者免除其给付。

三是抚养子女的一方再婚，其配偶愿意负担其子女的生活费和教育费的一部分或者全部，原来有给付义务的生父或者生母，可以减少或者免除给付子女抚养费。

还有一点需要说明，就是夫妻离婚以后，未成年子女侵害了他人的权益，给他人造成经济损失的，同该子女共同生活的一方应当承担民事赔偿责任。如果独立承担民事责任确有困难，未与子女共同生活的一方也有共同承担民事责任的义务。对此，《最高人民法院关于贯彻执行〈中华人民共和国民法通则〉若干问题的意见（试行）》第一五八条有明确规定。

拒不支付子女抚养费的如何处理?

夫妻离婚后，子女随一方生活，另一方应当支付抚养费。如果另一方拒不支付抚养费，必定会给子女的生活和教育带来不利影响，因此，对这一问题要视具体情况，按照以下办法处理：

1. 根据《民事诉讼法》第二〇七条第一款规定，发生法律效力的民事判决，由一审人民法院执行。因此，诉讼离婚的一方当事人可以首先向一审人民法院反映这一情况，由人民法院对于拒不执行判决的一方进行教育、警告，促使其履行抚养子女的义务。

2. 对方如不听劝告，不接受教育，仍拒不执行判决的，根据《婚姻法》的有关规定，一方当事人可以向一审人民法院提出申请，要求强制执行。强制执行的方法有提取、扣留被申请人的储蓄存款或者工资和劳动收入；查封、扣押、冻结、变卖被申请人的财产，等等。

3. 为了保障执行工作的顺利进行，又不违反法律规定，应充分注意被申请人履行抚养子女义务的能力。强制执行时，应当保留被执行人及其所抚养家属的生活必需费用。

分割夫妻共同财产的原则

夫妻离婚时，分割夫妻共同财产应遵循以下原则：

1. 坚持男女平等原则。在一个家庭中，夫妻两方的收入可能不完全一样。但不能因为一方的收入低，或者是没有收入而减少或者不分给他财产。在农村，女方离婚后，其责任田、口粮田和宅基地等，应当受到保障。

2. 坚持照顾女方和子女利益的原则。在分割夫妻共同财产时，要根据子女的生活和学习的需要，给抚养未成年子女的一方适当多分一些财产，以照顾子女的实际需要。

3. 坚持有利于生产和生活需要的原则。对于不宜分割的生产资料，应当注意保持它的完整性，从而确保它的使用价值。如果该项财产价值较大，应给予对方相应的经济补偿，或者在分割其他共同财产时，使对方适当多分一些。

4. 坚持照顾无过错一方的原则。由于一方有过错而引起离婚的案件，在分割财产时，要照顾无过错一方的利益，多分给一些财产。

5. 坚持不损害国家、集体和他人利益的原则。夫妻离婚时，不能把属于国家、集体和他人所有的财产，当作夫妻共同财产而分掉。在分割共同财产时不得把未成年子女的财产当作夫妻共同财产来分割。

离婚时房屋的归属

离婚案件中对住房的处理是一项十分复杂的问题，离婚的双方也十分关注。在司法实践中，人民法院对这个问题要根据不同情况，一般是按照以下一些方法进行处理：

1. 对夫妻共有房屋的处理。双方争议的房屋由一方婚前承租、婚后用共同财产取得房屋所有权，产权证办在一方名下的，应当认定为夫妻共同财产。当事人结婚后，父母出资为夫妻双方购置的房屋，应当视为对夫妻双方的赠予，但有证据证明赠予一方的情况除外。离婚时，如果房屋是夫妻共有的财产，则按照夫妻共有财产来分割。对不宜分割使用的，应当根据双方住房的情况，按照照顾子女或者无过错方的原则，分给夫妻中的一方所有。分得房屋的一方对另一方应当给予相当于该房屋一半价值的补偿。如果双方的条件基本相同，应当本着照顾女方的原则来处理。婚姻关系存续期间，当事人根据有关福利政策购买房屋取得所有权，离婚时，双方对房屋价值及归属无法达成协议的，人民法院可以委托鉴定机构对房屋的市价进行评估，由取得房屋一方给予另一方相应补偿。双方均要求取得房屋所有权的，可以在评估基础上，由双方竞价取得。

2. 夫妻个人所有房屋的处理。当事人结婚前，父母出资为双方购置的房屋，应视为对自己子女的个人赠予，但有证据证明房屋为赠予夫妻双方的情况除外。夫妻双方居住的房屋，如果是夫妻当中一方婚前个人财产，或者是婚后约定由一方所有的财产，离婚时，仍然判归该方所有。离婚时的另一方确实没有房屋居住，可以判其暂时居住 2 年，或者是由享有房屋产权的一方给予其住房的一次性经济帮助。

3. 夫妻取得部分产权房屋的处理。夫妻共同出资而取得了部分产权的房屋，在离婚时，分得了房屋部分产权的一方，应当按照所有房屋产权的比例，按照离婚当时当地同类住房的市场价格，给予对方一半价值的补偿。对夫妻双方都争房屋部分产权的，如果双方同意，或者是双方经济、住房条件基本相同，也可以采取竞价的方式来解决。

夫妻的共同债务的分担

所谓夫妻的共同债务，是指夫妻双方为家庭共同生产、共同生活的需要所负担的债务。《婚姻法》第四十一条规定：夫妻离婚时，原来为夫妻共同生活所负的债务，应当共同偿还。共同财产不足清偿的，或者财产归各自所有的，由双方协议清偿；协议不成时，由人民法院判决。

这里所说的夫妻共同债务，包括以下内容：一是夫妻为了共同生活或者是履行抚养、赡养义务所负的债务；二是个体工商户、农村承包经营户夫妻双方共同经营所欠的债务，以及一方从事经营，其收入主要用于家庭共同生活所欠的债务；三是在婚姻关系存续期间，一方因为分家析产所分得的债务；四是夫妻一方受到另一方的虐待，无法共同生活而离家出走，出走方为了日常生活的开支及治疗疾病、抚养子女所欠的债务。

对于这些夫妻共同债务，原则上以离婚时夫妻的共同财产偿还。司法实践中，夫妻离婚时有共同债务的，一般先清偿共同债务，然后再分割夫妻共同财产，如果没有共同财产或者共同财产不足以清偿时，由双方协议分担债务，协议不成时，由人民法院判决解决分担债务的方式和数额。法院判决既要坚持男女平等原则，又要体现保护妇女合法权益，照顾无过错一方利益的精神；不仅要看债务的性质，还要考虑双方的经济能力和生活条件；既不能侵害夫妻任何一方的利益，影响其今后的生活，又要保护债权人的合法利益。

离婚时请求经济补偿的条件

《婚姻法》第四十条规定：夫妻书面约定婚姻关系存续期间所得的财产归各自所有，一方因抚育子女、照料老人、协助另一方工作等付出较多义务的，离婚时有权向另一方请求补偿，另一方应当予以补偿。设立离婚补偿制度，可以使婚姻关系中付出较多义务的一方，在离婚时得到精神上的抚慰与财产上的救济，体现了法律的公正、补偿与保护功能。离婚时适用经济补偿制度，应当符合以下条件：

1. 双方对婚姻关系存续期间的财产的归属作出过各自归有的约定，即婚后财产采取分别财产制度。如果双方对此期间的财产未作约定，适用法定的共同财产制，或虽然约定，但非约定各自所有的，不适用此项制度。

2. 请求补偿的一方应是付出义务较多的一方。所谓付出义务较多是指在家务劳动中付出了较多的时间和精力，如在抚养、教育子女方面、照料老人方面以及协助另一方工作方面付出的义务。

3. 付出义务的一方有权要求对其付出的义务予以补偿。补偿的数额应当与一方所付出劳务的价值相当。具体数额应由双方协议，人民法院根据具体情况。如双方结婚时间的长短，子女的大小，婚姻关系存续期间各自在子女抚养教育方面、对老人的赡养方面的投入情况，一方对另一方的协助情况，以及双方的经济收入等情况进行判决。

4. 请求补偿权不考虑双方的过错情况。无论双方是否有过错，付出较多义务的一方均可以要求补偿，其请求补偿权不以对方的过错为要件。付出较多义务的一方有过错的，也不因其过错剥夺其补偿请求权。

因“第三者”介入而提起的离婚

因第三者介入引起的离婚纠纷，是指婚姻关系以外的第三者，明知他人有配偶，而故意介入他人婚姻，并实施了违反法律和道德的行为，致使他人夫妻感情恶化而引起的离婚纠纷。关于第三者的界定，实践中认为其必须具备以下几个构成要件：第一，第三者必须是婚姻关系以外的人。第二，主观方面必须是故意，即介入婚姻关系的第三者必须明知对方是有妇之夫或有夫之妇而与之发生或继续保持不正当关系。第三，客观上必须具有介入他人婚姻的行为，即第三者与夫妻中的一方在客观上有社会公共生活规则所不允许的越轨行为，并造成了破坏他人婚姻家庭的后果，引起离婚纠纷。第四，第三者介入侵害的客体是合法的婚姻关系。

第三者介入的离婚纠纷涉及面广、社会影响大，矛盾极易激化。有过错一方为达到离婚的目的，常故意制造矛盾，摧残无过错一方；受害一方也易于走极端。因此，处理此类纠纷应当十分慎重。根据有关司法解释的规定，因第三者介入而引起的离婚纠纷，首先要分清是非责任，对有过错的一方和第三者应给予批评教育，或建议有关组织严肃处理。有过错方提出离婚的，如原来夫妻关系融洽，感情尚未破裂，已得到对方谅解，应着重做调解和好的工作，即使调解无效，也可判决不准离婚。如果夫妻感情确已破裂，勉强维持夫妻关系不仅使双方长期痛苦，还可能使矛盾激化的，应会同有关方面，做好思想工作和防范工作，调解离婚无效，应判决离婚。无过错方提出离婚的，经调解和好无效时，一般应准予离婚。在子女抚养费的负担、共同财产的分割、对生活困难一方的帮助等方面，应多照顾无过错一方，并可判决有过错方给予无过错方一定数额的经济补偿。

夫妻分居多长时间可以离婚

人民法院审理案件，准予或不准予离婚以夫妻感情是否确已破裂作为标准。但是，夫妻感情是否破裂是一个原则性的界限，在具体案件中，如何判断夫妻感情是否确已破裂是十分复杂的。将分居达到一定的期限作为判决离婚的法定理由，符合现代婚姻立法趋势，许多国家都把夫妻分居达到一定的期限，作为离婚的重要理由。因为，一定时期的分居，是夫妻感情破裂到无法挽回的地步的较好证明。

我国《婚姻法》第三十二条规定，夫妻因感情不和分居满 2 年提出离婚的，人民法院应当进行调解；如感情确已破裂，调解无效，应准予离婚。由此可见，夫妻因感情不和分居满 2 年的，就可以以此为由向人民法院提起离婚诉讼，经人民法院调解无效的，可准予离婚。这里需要强调的是夫妻分居满 2 年的原因应当是双方感情不和，而不应是因为工作、学习、户口、住房紧张等其他原因。

离婚与复婚

复婚是指合法解除婚姻关系的男女双方自愿恢复夫妻关系，到婚姻登记管理机关办理登记手续，重新确立婚姻关系的一种法律行为。婚姻自由是我国《婚姻法》的一项基本原则。婚姻自由包括结婚自由和离婚自由两个方面，按照这一基本原则，当事人有结婚的自由和离婚的自由，自然也有离婚后自愿恢复婚姻关系的自由。当事人是否结婚离婚以及离婚后自愿恢复婚姻关系，完全由个人自主选择。复婚实际上是一种特殊的结婚行为，复婚自由是婚姻自由中结婚自由的特殊形式。复婚不仅必须具备结婚的一般实质要件，而且还有其特殊条件。

1. 复婚主体曾经具有合法婚姻关系。首先，复婚的目的是恢复夫妻关系，因此，男女双方必须曾经存在合法的夫妻关系。不合法的夫妻关系当事人，在婚姻被撤销或被宣告无效后再缔结婚姻关系的，不属于复婚。其次，曾经存在的合法婚姻关系已经被依法解除。如果该婚姻关系没有经合法解除，则原婚姻关系仍然存在，自然没有恢复的必要。

2. 复婚主体再复婚时没有其他合法婚姻关系。我国《婚姻法》规定的是一夫一妻制，不允许一夫多妻或者一妻多夫。如果一个人具有两个以上的婚姻关系，就会构成重婚，后一个婚姻关系不发生法律效力。如果一方或双方已经具有其他合法的婚姻关系，就不能请求恢复婚姻关系。

3. 复婚必须是男女双方自愿。复婚是一种双方民事法律行为，应该充分尊重男女双方的意志自由。一方或第三方不得以胁迫手段强迫他方同意复婚，因受胁迫而为复婚意思表示的，受胁迫一方可以向婚姻登记管理机关或人民法院请求撤销该婚姻。

4. 复婚的主体必须是婚姻双方当事人。复婚是重新缔结婚姻关系的法律行为，而婚姻关系是一种具有专属性的人身法律关系，必须由当事人亲自决定。复婚男女双方必须亲自到婚姻登记机关，表示愿意恢复婚姻关系的意思，并且履行有关的程序，复婚才能发生法律效力。第三人无权代他人恢复婚姻关系。

5. 复婚主体必须具有完全民事行为能力。复婚以男女双方自愿恢复婚姻关系的合意为基础，男女双方必须具有完全行为能力，可以清楚地认识到自己行为的法律后果，独立作出愿意恢复婚姻关系的意思表示。如果一方没有意思能力，复婚合意就不能形成，复婚行为缺乏事实要件，会议登记管理机关不予受理。

6. 男女双方没有《婚姻法》规定的禁止结婚的法定条件。《婚姻法》第七条规定："有下列情形之一的，禁止结婚：（1）直系血亲和三代以内的旁系血亲；（2）患有医学上认为不应当结婚的疾病。"复婚男女曾经具有合法婚姻关系，自然不是直系血亲和三代以内的旁系血亲，但是双方离婚后，如果一方患有医学上认为不应当结婚的疾病，不能要求恢复婚姻关系。婚姻登记管理机关在受理复婚申请时，如果发现复婚男女患有医学上认为不应当结婚的疾病，则不予进行复婚登记。

由于我国在婚姻管理上采取登记主义，复婚除了男女双方的复婚合意外，还必须履行复婚登记的程序，婚姻关系才得以恢复，受到法律的保护。

办理复婚手续

《婚姻法》第三十五条规定，离婚后，男女双方自愿恢复夫妻关系的，必须到婚姻登记管理机关进行复婚登记。婚姻登记管理机关予以登记。根据《婚姻登记管理办法》的规定，离婚的当事人恢复夫妻关系的，必须双方亲自到一方户口所在地的婚姻登记管理机关申请复婚登记。婚姻登记管理机关对当事人的复婚申请，按照结婚登记的程序办理。

内地居民复婚，男女双方应当共同到一方当事人常住户口所在地的婚姻登记机关办理结婚登记。中国公民同外国人在中国内地复婚的，内地居民同香港居民、澳门居民、台湾地区居民、华侨在中国内地复婚的，男女双方应当共同到内地居民常住户口所在地的婚姻登记机关办理复婚登记。办理复婚登记的内地居民应当出具下列证件和证明材料：本人的户口簿、身份证；本人无配偶以及与对方当事人没有直系血亲和三代以内旁系血亲关系的签字声明。

办理复婚登记的香港居民、澳门居民、台湾地区居民应当出具下列证件和证明材料：本人的有效通行证、身份证；经居住地公证机构公证的本人无配偶以及与对方当事人没有直系血亲和三代以内旁系血亲关系的声明。

办理复婚登记的华侨应当出具下列证件和证明材料：本人的有效护照，居住国公证机构或者有关机关出具的、经中华人民共和国驻该国使（领）馆认证的本人无配偶以及与对方当事人没有直系血亲和三代以内的旁系血亲关系的证明，或者中华人民共和国驻该国使（领）馆出具的本人无配偶以及与对方当事人没有直系血亲和三代以内旁系血亲关系的证明。

办理复婚登记的外国人应当出具下列证件和证明材料：个人的有效护照或者其他有效的国际旅行证件，所在国公证机构或者有权机关出具的、经中华人民共和国驻该国使（领）馆认证或者该国驻华使（领）馆认证的本人无配偶的证明，或者所在国驻华使（领）馆出具的本人无配偶的证明。

办理复婚登记的当事人有下列情形之一的，婚姻登记机关不予登记：非双方自愿复婚的；一方或者双方已有配偶的；属于直系血亲和三代以内旁系血亲的；患有医学上认为不应当结婚的疾病的。

复婚男女双方应当到婚姻登记机关办理登记手续，交出离婚证明或者人民法院关于准许离婚的裁判文书。婚姻登记机关经过审查，如果双方符合结婚的条件，准予登记，并发给结婚证，从而重新确立婚姻关系。未经登记，没有取得结婚证的复婚，是非法婚姻关系，法律不承认，因此也不予保护。

男女双方自愿复婚又不办理复婚手续的，将会产生以下法律后果：

1. 法律上不承认男女双方之间的关系属于合法的婚姻关系，而只是非法同居关系，不受法律的保护；

2. 双方之间没有相互继承遗产的权利和抚养的义务；

3. 非法同居期间所生子女属于非婚生子女；

4. 如果是双方再无法继续生活的，只能通过诉讼由人民法院解除非法同居关系。

第三篇 举案说法

侵犯婚姻自由权案

案例简述：

自诉人（附带民事诉讼原告人）李某菊，女，1987 年 3 月 3 日出生，汉族，初中文化，辽宁省海城市 A 村农民。

被告人王某强，1980 年 5 月 11 日出生，汉族，小学文化，辽宁省海城市 B 村农民，因本案于 2007 年 4 月 30 日被逮捕。

被告人王某强与自诉人李某菊的家是邻村，被告人的父母托媒人黄某到自诉人家为两个孩子说亲。后李某菊的父母经人打听得知王某强家庭富裕，父母为人也不错，于是同意了两个孩子的亲事，为此王某强的父母给李某菊家送去了电动自行车、电视机等礼品。因自诉人不同意与被告人结婚，要求父母退回了礼品。2007 年 4 月 13 日晚，自诉人和同村李某在村边小河旁散步时，被告人及其朋友张柱、王贵等强行将自诉人拖走，自诉人虽极力反抗仍未能脱逃。被告人用摩托车强行把自诉人带到旅馆，不让其出来，强迫自诉人答应与被告人结婚，如不答应就不放她走。自诉人的父母闻讯后向公安机关报案。当月 15 日凌晨，公安人员解救了自诉人，并将被告人抓获。

自诉人李某菊诉称，被告人王某强强迫我同意与其结婚，并非法限制了我的人身自由，被告人的犯罪行为，致使我身心遭受痛苦。请求法院对被告人的犯罪行为依法给予刑事处罚。

被告人王某强辩称：我与自诉人于 2007 年 2 月相识，我们约定结婚后，我的父母给自诉人家送去了彩礼。过了一段时间，自诉人的父母给我们退回了彩礼并说李某菊不同意与我结婚。又过了几天，我听说李菊要与他人结婚，就准备抢婚。我将李菊带走并没有实施不正当的行为，只是劝她与我结婚。我们已经具备结婚的条件，我想办理结婚证与她结婚，对我的行为不应给予刑事处罚。其辩护人提出：被告人实施行为的时间很短，情节轻微，因此不构成犯罪。

法院审判：

辽宁省某县人民法院经审理认为，公民享有婚姻自主权，禁止买卖、包办婚姻和其他干涉婚姻自由的行为。被告人王某强明知自诉人李某菊不同意与其结婚，并退回了礼品，仍伙同他人强行将自诉人带走，强迫自诉人同意与其结婚，其行为构成暴力干涉婚姻自由罪。自诉人的控诉有事实根据和法律依据，本院予以支持。被告人的辩解和辩护人的辩护理由不成立，本院不予采纳。考虑被告人认罪态度较好，酌情从轻处罚。该院依照《中华人民共和国刑法》第二五七条第一款、第六十一条、第三十六条第一款和《中华人民共和国民法通则》第一一九条的规定，判决如下：

1. 被告人王某强犯暴力干涉婚姻自由罪，判处有期徒刑六个月。
2. 在法定期限内，自诉人和被告人均未提出上诉。

评析：

婚姻自由是法律赋予公民的一种权利，任何人不得强制或干涉。

我国《宪法》第四十九条规定“禁止破坏婚姻自由”；现行《婚姻法》第二条规定“实行婚姻自由”，第三条规定“禁止包办、买卖婚姻和其他干涉婚姻自由的行为”，第五条规定“结婚必须男女双方完全自愿”。可见，婚姻自由是由法律所规定并受法律所保护的一种权利。任何人，包括当事人父母，都不得侵犯这种权利，否则就是违法行为。使用暴力，构成犯罪的，要依照《刑法》暴力干涉婚姻自由罪予以制裁。还可能因强迫结婚而导致非法拘禁，强奸，故意伤害甚至故意杀人罪的构成。所以公民应当理性对待婚姻，给他人以自由即是给自己自由。

婚姻自由的行使必须符合法律的规定。

婚姻自由和公民的其他任何权利一样，不是绝对自由，而是相对自由。行使婚姻自由权，必须在法律规定的范围内进行，我国《婚姻法》明确规定了结婚的条件与程序、离婚的条件与程序，这些规定划清了婚姻问题上合法与违法的界限。凡符合法律规定，即为合法行为，受法律保护；不符合法律规定即为违法行为，不受法理保护。因此，婚姻自由的权利，既不允许任何人侵犯，也不允许当事人滥用。

婚姻自由包括结婚自由和离婚自由两个方面。

结婚自由，是指婚姻当事人有依法缔结婚姻关系的自由。当事人是否结婚，与谁结婚，是其本人的权利，任何人无权干涉。自愿是实现婚姻自由的前提，双方意思表示一致是婚姻以互爱为基础的必要条件。但自愿必须不违背法律规定的条件和程序，因为结婚自由决不意味着当事人可以在婚姻问题上为所欲为。在结婚自由问题上，包办强迫或干涉他人婚姻的行为是被反对的，各种轻率行为也是绝不提倡的。目前，在我国少数偏远地区还存在换亲、娃娃亲、父母包办婚姻的情况，更让人难以理解的是在一些发达的城市，父母出于政治原因或是经济目的包办婚姻的情况屡有发生。

离婚自由，是指夫妻有依法解除婚姻关系的自由。既然婚姻的成立和维系都应以爱情为基础，那么双方或社会都把离婚一律看成悲剧是不恰当的。与其说离婚动摇了以前存在的稳定的家庭关系，甚至加速了原来具有约束力的婚姻关系的公开解体，不如说离婚制度为那些无法共同生活的夫妻，那些因为无法解除名存实亡的婚姻而遭受痛苦的人们提供了救济的办法。但离婚是一项重要的法律行为，它关系到家庭的稳定、子女的幸福。正如一些有识之士所言：结婚、离婚、再结婚、再离婚，作为一种个人自由必须与社会利益一起来被权衡利弊得失，因此这种自由是建立在他人利益之上的，这些人通常包括配偶、子女、父母乃至整个社会。

解除婚约，彩礼是否返还

案情简述：

原告马某，男，1978 年 11 月 23 日出生，汉族，河北省丰南县某乡 A 村农民。

被告肖某，女，1980 年 6 月 17 日出生，汉族，河北省丰南县某乡 B 村农民。

2007 年 8 月，原告马某与被告肖某经人介绍相识，11 月两人在父母的主持下订婚。第一次见面时，原告方给付被告方见面礼 1000 元。后经介绍人之手，原告方两次给付被告方彩礼款 5000 元、8000 元，合计 13000 元。订婚后原告又给被告购买三星手机一部，价值 2250 元，衣服五件，价值 1200 元。2008 年元旦，原、被告因购买铂金首饰发生激烈争吵。现原告方以被告方要求过高、无法满足被告的要求为由，请求解除婚约，并要求被告返还彩礼款 14000 元、衣物折款 3450 元。被告拒返。

法院审判：

法院经审理认为，最高人民法院《关于适用〈中华人民共和国婚姻法〉若干问题的解释（二）》第十条第一款规定：“当事人请求返还按照习俗给付的彩礼的，如果查明属于以下情形，人民法院应当支持：1．双方未办理结婚登记手续的。”原告马某与被告肖某订婚后，原告方按照农村风俗两次给付被告彩礼 13000 元，是双方为建立恋爱关系而给予的财物，由于原告与被告未办理结婚登记手续即解除了婚约，因此原告所给的彩礼被告应当返还。原告父母给付被告方见面礼 1000 元属赠予行为，依法不再返还。原告方诉称给被告购买手机、衣物等 3450 元，因无证据证实是原告付款，本院不予支持。被告提交的财物证明，虽能证明被告购买了部分东西，但均是为被告所用，属被告的个人行为，被告以此为由拒绝返还彩礼，理由不能成立。依据最高人民法院《关于适用〈中华人民共和国婚姻法〉若干问题的解释（二）》第十条第一款第（一）项之规定判决如下：

1. 被告肖某返还原告马某彩礼款 13000 元，于判决生效后十日内履行完毕。

2. 驳回原告其他诉讼请求。

评析：

在旧时，婚姻多由父母包办，媒人提亲，父母依照门当户对、属相不克、岁数相仿等条件，合乎心意即许亲。许亲后，媒人持男方彩礼送交女方家中，即为订婚。《中华人民共和国婚姻法》颁布后，包办婚姻废除，多为媒人提亲，男女双方同意后，由媒人将男方彩礼送交女家，即为订婚（亦称定亲）。自由恋爱者，男方择日设宴请女方到家，并赠送礼品予女方，即为正式订婚。

一般情况下彩礼多为男方送给女方的订婚礼品。彩礼多少，一般根据家庭生活条件及当地习俗而定，富家量多质高，贫家量少质次。中华人民共和国成立前，大部分是一套衣料、两双袜子、一个包袱皮、首饰、胭脂等。中华人民共和国成立后，数量逐渐增多，质量逐渐提高，一般是两套衣料、两双袜子、一双皮鞋、外加 101 元钱，意为“百里挑一”。20 世纪 80 年代有送 1001 元、10001 元者，意为“千里挑一”“万里挑一”。近年来，随着人民生活水平的提高，观念的更新，精神文明建设的不断推进，彩礼之风却并没有停止，反而越来越烈。即便是在繁华的大都市，比如首都北京的城中村，依然保持着这种旧的习俗。随着离婚率的不断上升，尤其是“闪婚”的增多，返还彩礼纠纷不断增加。那么在什么情况下应当返还彩礼？对此，我国目前有两个法律依据：

其一，《最高人民法院关于人民法院审理离婚案件处理财产分割问题的若干具体意见》第十九条规定“借婚姻关系索取的财物，离婚时，如结婚时间不长，或者因索要财物造成对方生活困难的，可酌情返还。

对取得财物的性质是索取还是赠予难以认定的，可按赠予处理”。

其二，最高人民法院《关于适用〈中华人民共和国婚姻法〉若干问题的解释（二）》第十条规定：当事人请求返还按照习俗给付的彩礼的，如果查明属于以下情形，人民法院应当予以支持：

1. 双方未办理结婚登记手续的；

2. 双方办理结婚登记手续但确未共同生活的；

3. 婚前给付并导致给付人生活困难的。

结合以上两个法律规定来看，其基本原则是，在一般情况下彩礼不返还，对于几种特殊的法定情形才可以要求返还。

对无效婚姻的处理

案情简述：

原告孙某，女，1981年1月16日出生，汉族，河南省沁阳县某乡人，中专文化。

被告李某，男，1978年10月1日出生，回族，河南省沁阳县人，大学文化。

原告孙某与被告李某系姨表亲即双方之母系同胞姐妹。因两家关系较好，两人从小一起长大，后原告孙某到县城读职业中学，长期在被告家居住。2001年2月起两人开始恋爱，不久便发生了性关系。双方老人觉得此二人的结合是亲上加亲，便十分赞成。2002年2月14日，双方隐瞒了法律上禁止结婚的亲属关系在民政所办理了结婚登记手续。次年3月，生育一男孩，2004年底，双方因家庭琐事发生争吵，被告李某还将孙某打伤。几日后孙某便与好友一起赴深圳打工不归。2007年8月17日，孙某诉诸法院，请求宣告婚姻无效。

法院审判：

法院经审理认为：原告孙某与被告李某系姨表亲，属三代以内的旁系血亲，是《婚姻法》禁止结婚的亲属关系。其双方因隐瞒实情虽办理了结婚登记手续，仍属无效婚姻。根据《中华人民共和国婚姻法》第十条、第十二条之规定，判决如下：

原告孙某与被告李某的婚姻无效。

评析：

《中华人民共和国婚姻法》第七条规定有下列情形之一的，禁止结婚：

1. 直系血亲和三代以内的旁系血亲。

2. 患有医学上认为不应当结婚的疾病。《婚姻法》第十条规定有下列情形之一的，婚姻无效：

（1）重婚的。

指一方有配偶又与他人登记结婚或者与他人以夫妻名义共同生活，以及明知他人有配偶又与之登记结婚，或者以夫妻名义共同生活的行为。重婚包括两种行为方式：一是法律上的重婚，即行为人在婚姻关系存续期间，又与他人结婚的行为。二是事实上的重婚，即有配偶虽然未与他人登记结婚，但确与他人以夫妻关系同居的。

（2）有禁止结婚的亲属关系的。

指禁止直系血亲和三代以内的旁系血亲结婚。

（3）婚前患有医学上认为不应当结婚的疾病，婚后尚未治愈的。

指婚姻当事人婚前患有性病、严重精神病患者未经治愈、先天性痴呆以及某些已被实践证明的、不应结婚的其他传染性疾病、遗传性疾病或其他疾病（1950 年《婚姻法》规定的“有生理缺陷不能发生性行为”的不在禁止之列），在结婚登记时采取欺骗、隐瞒等手段进行登记并取得结婚证，婚后所患病症未治愈的。

（4）未到法定婚龄的。

指《婚姻法》第六条规定的：结婚时男不得早于22 周岁，女不得早于20 周岁表兄妹之间属于三代以内旁系血亲关系，即便骗取了结婚证，这种夫妻关系自始是不成立的，而且将一直无效，不因结婚时间的长短而改变。即使双方在一起生活了十年，甚至二十年，任何一方也可以申请婚姻无效。当然这种血亲关系是永远不会改变的，而有些情况却不同。比如一方原来不到法定婚龄，而过了一年却到了，或者婚前患有医学上认为不应当结婚的疾病，而在婚后不久已经治愈的。这就是最高人民法院《关于适用〈中华人民共和国婚姻法〉若干问题的解释（一）》第八条规定的情形：“当事人依据婚姻法第十条规定向人民法院申请宣告婚姻无效的，申请时法定的无效婚姻情形已经消失的，人民法院不予支持。”

对于无效的婚姻将产生怎样的法律后果，子女和财产又该如何处理呢，我国《婚姻法》第十二条作出了原则性的规定“无效或被撤销的婚姻，自始无效。当事人不具有夫妻的权利和义务。同居期间所得的财产，由当事人协议处理；协议不成时，由人民法院根据照顾无过错方的原则判决。对重婚导致的婚姻无效的财产处理，不得侵害合法婚姻当事人的财产权益。当事人所生的子女，适用本法有关父母子女的规定。”

《最高人民法院关于适用〈中华人民共和国婚姻法〉若干问题的解释（一）》第九条规定“人民法院审理宣告婚姻无效案件，对婚姻效力的审理不适用调解，应当依法作出判决；有关婚姻效力的判决一经作出，即发生法律效力。涉及财产分割和子女抚养的，可以调解。调解达成协议的，另行制作调解书。对财产分割和子女抚养问题的判决不服的，当事人可以上诉。”

而最高人民法院《关于适用〈中华人民共和国婚姻法〉若干问题的解释（二）》对无效婚姻案件的审理更是做出了细致的规定：

第二条规定人民法院受理申请宣告婚姻无效案件后，经审查确属无效婚姻的，应当依法作出宣告婚姻无效的判决。原告申请撤诉的，不予准许。

第三条规定人民法院受理离婚案件后，经审查确属无效婚姻的，应当将婚姻无效的情形告知当事人，并依法作出宣告婚姻无效的判决。

第四条规定人民法院审理无效婚姻案件，涉及财产分割和子女抚养的，应当对婚姻效力的认定和其他纠纷的处理分别制作裁判文书。

第五条规定夫妻一方或者双方死亡后一年内，生存一方或者利害关系人依据《婚姻法》第十条的规定申请宣告婚姻无效的，人民法院应当受理。

第六条规定利害关系人依据《婚姻法》第十条的规定，申请人民法院宣告婚姻无效的，利害关系人为申请人，婚姻关系当事人双方为被申请人。

夫妻一方死亡的，生存一方为被申请人。

夫妻双方均已死亡的，不列被申请人。

第七条规定人民法院就同一婚姻关系分别受理了离婚和申请宣告婚姻无效案件的，对于离婚案件的审理，应当待申请宣告婚姻无效案件作出判决后进行。

前款所指的婚姻关系被宣告无效后，涉及财产分割和子女抚养的，应当继续审理。

公婆是否可以申请撤销婚姻

案情简述：

原告王某，女，1948 年 2 月 28 日出生，汉族，北京市房山区退休工人。

原告张某，男，1945 年 10 月 6 日出生，汉族，北京市房山区退休干部。

被告李某，女，1975 年 4 月 21 日出生，汉族，湖北省汉阳人，现住北京市房山区。

原告系夫妻关系，其子张某某 35 岁，经营一家贸易公司，2006 年 5 月 18 日与被告李某结婚，2007 年 9 月 26 日因交通事故不幸身亡。张某某的突然离世，不仅给家人带来了悲伤，也给家人带来了一场官司。张某某经营公司十余年，资产上千万，这些资产该如何处理呢？被告认为，她是张某某的合法妻子，自然有权继承其遗产，而二原告却提出，当时他儿子本人并没有亲自到婚姻登记部门办理结婚登记手续，是他人代替的。因此二人的婚姻关系是无效的，故请求法院撤销张某某与李某的婚姻关系。

法院审判：

法院经审理查明，张某某与被告李某于 2003 年相识并确立恋爱关系，二人感情甚好。二人相约在 2006 年 5 月 18 日一起去办理婚姻登记，但因张某某接待重要客人一上午也没能脱身。为了不错过好日子，张某某便给在民政局办理婚姻登记的同学打了个电话，让李某下午自己先去填表。等张某某赶到时李某已将所有该签的字都签了，张某某也没有重签。法院认为，在办理婚姻登记的过程中虽存在重大瑕疵，但双方结婚是出于自愿的，登记行为符合结婚双方当事人的意愿，故此不存在撤销的情节，因此判决驳回了原告的诉讼请求。

评析：

我国《婚姻法》第八条规定要求结婚的男女双方必须亲自到婚姻登记机关进行结婚登记。从这条法律规定来讲欲结婚的男女双方当事人没有亲自到民政部门办理结婚登记手续，而民政部门就核发了结婚证，这样的结婚登记行为是不符合法律规定的，但是这种在程序上存在重大瑕疵的行为是不是必然导致婚姻关系无效呢？我国《婚姻法》第十条明确规定有下列情形之一的，婚姻无效：

1. 重婚的；

2. 有禁止结婚的亲属关系的；

3. 婚前患有医学上认为不应当结婚的疾病，婚后尚未治愈的；

4. 未到法定婚龄的。如果结婚一方当事人存在以上四种情况，故意隐瞒而骗取结婚登记的，婚姻关系当事人及利害关系人可以主张宣告婚姻无效。利害关系人包括：

（1）以重婚为由申请宣告婚姻无效的，为当事人的近亲属及基层组织。

（2）以未到法定婚龄为由申请宣告婚姻无效的，为未达法定婚龄者的近亲属。

（3）以有禁止结婚的亲属关系为由申请宣告婚姻无效的，为当事人的近亲属。

（4）以婚前患有医学上认为不应当结婚的疾病，婚后尚未治愈为由申请宣告婚姻无效的，为与患病者共同生活的近亲属。以上法律规定足以说明结婚双方当事人是否亲自到场签字，婚姻不必然无效，当然也不一定就是合法有效的。婚姻有效缔结的重要前提就是双方必须是自愿的，任何代签或者程序不合法的背后可能都隐藏着一种无法告人的秘密，或者是非法的情节，而任何非法侵害他人婚姻自由的行为也将承担相应的法律后果。

就本案公婆申请撤销儿子、儿媳的婚姻，首先他们是没有主体资格的，其次申请撤销的理由是不能成立的。我国《婚姻法》第十一条规定“因胁迫结婚的，受胁迫的一方可以向婚姻登记机关或人民法院请求撤销该婚姻。受胁迫的一方撤销婚姻的请求，应当自结婚登记之日起一年内提出。被非法限制人身自由的当事人请求撤销婚姻的，应当自恢复人身自由之日起一年内提出。”无效的婚姻与被撤销的婚姻自始无效。最高人民法院《关于适用〈中华人民共和国婚姻法〉若干问题的解释（一）》第十条对胁迫做了进一步的规定“《婚姻法》第十一条所称的‘胁迫’，是指行为人以给另一方当事人或者其近亲属的生命、身体健康、名誉、财产等方面造成损害为要挟，迫使另一方当事人违背真实意愿结婚的情况。

因受胁迫而请求撤销婚姻的，只能是受胁迫一方的婚姻关系当事人本人。”

行使撤销权的人只能是受胁迫或被限制人身自由的一方当事人，其它的利害关系人则无权主张。所以，即使是婚姻登记程序存在瑕疵，公婆也是无权请求撤销婚姻的。

那么无效婚姻与可撤销婚姻的共同点和区别在哪里呢：

1．共同点

（1）婚姻被宣告无效或者被撤销，自结婚登记之日起即无效，而且双方当事人不具有夫妻的权利和义务。

（2）同居期间所得的财产，由当事人协议处理；协议不成时，由人民法院根据照顾无过错方的原则判决。对重婚导致的婚姻无效的财产处理，不得侵害合法婚姻当事人的财产权益。当事人所生的子女，适用本法有关父母子女的规定。

2．区别

（1）结婚时欠缺的结婚条件不同。

可撤销婚姻所欠缺的是婚姻当事人违反“结婚必须男女双方完全自愿”。

而无效婚姻是指当事人因违反结婚的禁止性规定，登记结婚时欠缺结婚的实质条件。

（2）时效不同

宣告无效婚姻是绝对无效，只要符合宣告无效婚姻的几种情形即无效，不因时间的经过而消灭。[例外情形：司法实践中主要包括，①因未到法定婚龄而结婚，起诉离婚时双方年龄均已在法定婚龄之内。②有禁止结婚亲属关系的已生有子女或不能生育的。这属于最高人民法院《关于适用〈中华人民共和国婚姻法〉若干问题的解释（一）》第八条规定的情形："当事人依据《婚姻法》第十条规定向人民法院申请宣告婚姻无效的，申请时，法定的无效婚姻情形已经消失的，人民法院不予支持。"]

而可撤销婚姻是相对无效的，它有时间限制，因时间的经过而消灭。受胁迫的一方撤销婚姻的请求，应当自结婚登记之日起一年内提出。被非法限制人身自由的当事人请求撤销婚姻的，应当自恢复人身自由之日起一年内提出。

（3）请求人不同

最高人民法院《关于适用〈中华人民共和国婚姻法〉若干问题的解释（一）》第七条规定：有权依据《婚姻法》第十条规定向人民法院就已办理结婚登记的婚姻申请宣告婚姻无效的主体，包括婚姻当事人及利害关系人。利害关系人包括：①以重婚为由申请宣告婚姻无效的，为当事人的近亲属及基层组织。②以未到法定婚龄为由申请宣告婚姻无效的，为未达法定婚龄者的近亲属。③以有禁止结婚的亲属关系为由申请宣告婚姻无效的，为当事人的近亲属。④以婚前患有医学上认为不应当结婚的疾病，婚后尚未治愈为由申请宣告婚姻无效的，为与患病者共同生活的近亲属。近亲属的认定，应以最高人民法院《关于贯彻执行〈中华人民共和国民法通则〉若干问题的意见》第十二条的规定为依据。

最高人民法院《关于适用〈中华人民共和国婚姻法〉若干问题的解释》（一）第十条第二款规定：因受胁迫而请求撤销婚姻的，只能是受胁迫一方的婚姻关系当事人本人。

3. 对无效和可撤销婚姻中的婚姻关系、财产及子女的处理

（1）婚姻关系。无效婚姻因违反法律强制性规定，可撤销婚姻因当事人欠缺婚姻的合意，均视为婚姻未成立。《婚姻法》对无效婚姻和可撤销婚姻均采取了溯及既往的立法原则，凡是婚姻被确认为无效或者被撤销，男女双方自始不发生夫妻间的权利和义务关系。

（2）财产关系婚姻被确认无效或者被撤销，当事人不具有夫妻的权利和义务。同居前属于个人的财产，归各自所有。同居前一方自愿赠给对方的财物，可按照赠予关系处理。同居期间双方共同创造的财产和经营权，一方未经他方同意擅自处分，另一方提出异议的，该处分行为无效。双方应协议处理同居期间的财产，协议不成的，由人民法院根据照顾无过错方的原则判决。无效婚姻或可撤销婚姻中一方存在过错的应由过错方承担相应的过错责任。分割财产时，应当照顾无过错方。无效婚姻双方当事人都有过错的，应分别承担相应的过错责任。同居期间当事人一方对另一方造成损害的，应当承担损害赔偿责任。同居期间为共同生活所负的债务，应当共同承担清偿责任，适当照顾无过错方。当事人一方或者双方重婚的，对重婚期间所得财产的处理，不得侵害合法婚姻当事人的财产权益。

（3）子女问题。婚姻被确认无效或被撤销后，对当事人所生的子女，享有《婚姻法》规定的关于父母子女的权利。双方当事人均有抚养、教育子女，承担子女的生活费和教育费的义务。一方抚养子女的，另一方享有探望权。

离婚后是否可以分割离婚时隐瞒的财产

案情简述：

原告秦某，女，1969 年 10 月 3 日出生，汉族，内蒙古赤峰市某厂职工，住赤峰市某街道 3 号。

被告陆某，男，1968 年 3 月 26 日出生，蒙古族，个体经营者，住赤峰市某路 67 号。

原告秦某与被告陆某于 2004 年 11 月经法院判决离婚，法院对子女抚养和财产分割均作了判决，双方均未上诉，后双方均再婚。2003 年 8 月，被告与大江山房地产公司签订房屋预售合同，支付房款 189562 元，购买了一个三室二厅的商品房，2004 年 10 月，被告取得该房屋所有权证。2006 年 12 月，陆某向法院起诉，称其刚刚获悉此房屋系秦某与其未离婚时所购买，应属二人婚姻关系存续期间的共同财产，而陆某故意隐瞒实情，请求判决该房所有权的一半归其享有。

法院审判：

法院经审理查明被告陆某于2003年7—8月份几次到大江山房地产公司开发的某楼盘询问购房事宜，后签订了购房协议。2004年11月法院判决秦某与陆某离婚时，关于共同财产分割问题，并未涉及到此房产，被告陆某又不能说出当时未列此房产的正当理由，故认定双方二人离婚时陆某故意隐瞒了该财产，故判决支持了秦某的诉讼请求。

评析：

一方隐匿的财产，离婚后可以重新分割，对被隐匿财产没有分割，不知情的一方也可事后要求重新分割财产。因为对于夫妻共同财产，夫妻双方享有相同的占有、使用、收益、处分的权利，一方隐匿夫妻共同财产的行为实际上是对另一方财产权利的侵害，是一种民事侵权行为。我国《婚姻法》第四十七条规定："离婚时，一方隐藏、转移、变卖、毁损夫妻共同财产，或伪造债务企图侵占另一方财产的，分割夫妻共同财产时，对隐藏、转移、变卖、毁损夫妻共同财产或伪造债务的一方，可以少分或不分。离婚后，另一方发现有上述行为的，可以向人民法院提起诉讼，请求再次分割夫妻共同财产。"

有一个原则就是：随时发现，随时可以要求对隐匿财产分割，或对原夫妻共同财产重新分割。但是仍要注意诉讼时效问题，当事人在发现隐瞒行为后应当在两年内及时提起诉讼，才不会丧失胜诉权，并且请求再次分割也不能超过20年的最长诉讼时效。否则，即使有理，法律也不再保护了。《最高人民法院关于适用〈中华人民共和国婚姻法〉若干问题的解释（一）》第三十一条规定："当事人依据《婚姻法》第四十七条的规定向人民法院提起诉讼，请求再次分割夫妻共同财产的诉讼时效为两年，从当事人发现之次日起计算"。

本案中的被告很明显是在与妻子离婚之前就做好了一切准备，而这些他是没有向妻子透露的。现实中存在很多类似的情况，因为双方平时感情一般，一方就可能给自己想好退路，在两个人还没有谈到离婚这一步时就着手转移财产，这些多发生在看起来是弱者的女性身上。但是对于一些控制着家里的经济大权，为家里提供经济支柱的男性，往往妻子并不知道他的确切收入，很容易在离婚时隐瞒真实的财产情况。而在实务中确实存在一个难题，妻子明知丈夫有很多钱，但是并不知道都存在哪里，即便聘请了律师，也无权调查他的银行账号，而申请法院调取证据，很多时候法院并不认为这种情况符合法律规定的情形。

离婚时分割的共同财产复婚后是否视为共同财产

案情简述：

原告孙某，男，1968 年 5 月 28 日出生，满族，北京市海淀区个体经营者。

被告贾某，女，1971 年 10 月 9 日出生，汉族，北京市门头沟区广播局干部。

原被告双方因感情不和于 2004 年 3 月 2 日经北京市门头沟区人民法院调解离婚，共同财产位于门头沟某小区的 98 平方米楼房归贾某所有，位于北京市海淀区某小区的 65 平方米单元房归孙某所有，平均分割共同存款。离婚后孙某从门头沟搬回海淀，干起水产生意。后因投资较大造成周转资金紧张，于是将海淀区住房出售。但是生意一直没有太大起色，客户拖欠情况严重，造成其最终不能再继续进货。2006 年 3 月孙某回到门头沟做起了五金生意，离贾某单位较近，于是二人便经常见面。2007 年 1 月原被告双方复婚。复婚不到半年，两人因经济问题经常吵架，感情完全破裂再次协商离婚，孙某要求分割位于门头沟的房屋，贾某不同意，于是 2007 年 8 月诉至法院。

法院审判：

法院经审理认为，位于门头沟某小区的住房原系原被告双方的共同财产，但在2004年双方离婚时已分割给被告贾某，此后二人虽办理了复婚手续，但此房产却属于贾某的婚前个人财产，根据我国《婚姻法》第十八条以及最高人民法院《关于适用〈中华人民共和国婚姻法〉若干问题的解释（一）》之规定判决如下：

1. 准予原告孙某与被告贾某离婚。
2. 驳回原告的其他诉讼请求。

评析：

复婚是一次新的婚姻的开始，抑或是前次婚姻的延续？很多人对这个问题都有错误的认识。提到这个问题时复婚者就认为我们虽然办理了离婚手续，可是分开一段时间后我们又办了复婚，孩子还是我们的孩子，房子还是我们的房子，一家人还是一家人呀，和原来有什么区别。当然是有区别的，而且区别大了。我国《婚姻法》第三十六条规定“父母与子女间的关系，不因父母离婚而消除。离婚后，子女无论由父或母直接抚养，仍是父母双方的子女。离婚后，父母对于子女仍有抚养和教育的权利和义务。”这是身份权，这种关系不会因父母的离婚而改变，但是财产关系就不同了，财产权是物权，是可以通过法律行为而改变所有的。夫妻财产因离婚而产生绝对分离的效力，共同财产的一部分将转化为一方的个人财产。复婚实质上是当事人没有改变的新的婚姻的开始，它的办理手续都是按照结婚的程序办理的，所以他的一切财产处理问题是适用《婚姻法》有关结婚的规定的。《中华人民共和国婚姻法》第十八条规定：“有下列情形之一的，为夫妻一方的财产：（一）一方的婚前财产……”最高人民法院《关于适用〈中华人民共和国婚姻法〉若干问题的解释（一）》第十九条规定：“《婚姻法》第十八条规定为夫妻一方所有的财产，不因婚姻关系的延续而转化为夫妻共同财产。但当事人另有约定的除外。”本案中，原被告第一次离婚时分给贾某的房屋成为了她的个人财产，而无论和谁再次结婚时这都是他的婚前财产，不会因时间的变化而转成共同财产，当然也不会因为对象的特定性，也就是和他的前夫再婚就不一样。

妻子伤残后丈夫不尽抚养义务案

案情简述：

原告苏某，女，1962 年 5 月 17 日出生，汉族，陕西省某县农民。

被告刘某，男，1961 年 10 月 31 日出生，汉族，陕西省某县农民。

原被告双方于 1989 年结婚，婚后生有一儿一女，感情尚好。2005 年 6 月刘某在去农田里干活的路上被一辆轿车撞倒，当时因失血过多而晕死过去，后被路过的同村人送往医院才得以生还，但是肇事的司机始终都没有找到。为了给刘某看病花去医疗费总计 86382 元，经法医鉴定刘某为九级伤残。作为一个普通农民家庭来说，近十万元钱的支出已经让他们负债累累，刘某将来又不能再做体力活，更让一个以农业生产为主的家庭难以承受。2006 年初苏某与刘某商量外出打工，能多挣些钱。可是刘某一出去就再也未归。起初每个月还能往村里打个电话，后来几个月也没有音讯。2007 年春节刘某打回电话说春节不放假，就不回来了，等放假再回来，回家一起拿回钱。苏某觉得丈夫说得也有道理，就没在意。可是谁料在 2008 年 3 月同村人王某回来告诉苏某说他在县城看到了刘某。苏某开始有点怀疑，但还是派他的弟弟去县了城。苏某的弟弟在县城果真找到了刘某，但是他并没有一起回来，后来不断有人在县城看到刘某与其他的女性在一起。

法院审判：

法院经审理查明，被告刘某于 2006 年春节过后去广州打工，于 2006 年 6 月返回本县做一些经济方面的贸易服务。直到原告起诉之时被告未回过家，未向家里交过一分钱。作为夫妻有互相抚养的义务，而被告却在原告伤残之后离家不归，将生活的重担全部交给原告。故此根据《婚姻法》第二十条之规定判决如下：

被告向原告给付抚养费 8000 元，于本判决生效后十日内履行。

评析：

《中华人民共和国婚姻法》第二十条规定：夫妻有互相抚养的义务，一方不履行抚养义务时，需要抚养的一方有要求对方付给抚养费的权利。《婚姻法》第四十四条对遗弃家庭成员，受害人有权提出请求，居民委员会、村民委员会以及所在单位应当予以劝阻、调解。

对遗弃家庭成员，受害人提出请求的，人民法院应当依法作出支付抚养费、扶养费、赡养费的判决。这里的抚养特指夫妻相互之间在经济上供养对方和生活上扶助对方，生活上的扶助包括情感上的慰藉、精神上的安慰、家务的代理和分担及生活中的关心和体贴。

夫妻间抚养的特点：

1. 夫妻间的抚养义务是基于夫妻特定的人身关系而产生，始于婚姻缔结之日，终于夫妻离婚或一方死亡时为止。抚养责任的承担，既是婚姻关系得以维持和存续的前提，也是夫妻共同生活的保障。

2. 夫妻间的抚养，既是权利，也是义务。夫妻享有平等的受抚养权，也要平等地履行扶养配偶的义务。

3. 夫妻间的抚养是有条件的。它的履行以一方需要抚养和另一方有能力抚养为限。要求给付抚养费的一方，只有在需要抚养时，才能行使要求对方给付抚养费的请求权。这里的需要是指要求抚养的一方年老、病残、丧失劳动能力又无其他经济来源，生活发生困难的情况。而一方主张抚养权在具备上述条件的同时，还必须具备对方具有抚养能力这个条件，否则不能主张这项权利。因为这种权利义务关系是基于婚姻的效力而产生的，它不同于债权债务关系因一定的事实而产生或消灭，且债权人完全可以不受债务人有无履行能力的条件限制，随时可以通过包括诉讼在内的多种手段主张和实现债权。在婚姻关系中，夫妻一方主张抚养费，只有在己方生活发生困难，而对方又有抚养能力时，才能行使这项权利。

4. 夫妻间的抚养具有法律强制性。当夫妻一方不履行抚养义务时，需要抚养的一方有权要求对方履行抚养义务。当抚养义务人拒绝履行抚养义务时，抚养权利人可请求法律救济，并可强制执行。

抚养的内容、程度和方式：

1．抚养的内容包括夫妻在经济上的相互供养与生活上的相互扶助。

2．抚养程度，即指应给予抚养权利人的抚养水平和标准。抚养程度应按照抚养权利人的需要和抚养义务人的能力等均衡确定。这里所称需要，是以全部生活的正当且必要的需求为限。

3．抚养方式，目前各国关于抚养方式的规定，主要有以下两种情况：一是共同生活抚养，即抚养义务人与抚养权利人同住，在一起共同生活，在共同生活中实现抚养。通常情形下，夫妻相互抚养是在共同生活中实现的。二是定期支付抚养费、探视和提供扶助，不在一起共同生活的抚养义务人还应定期探视抚养权利人，提供体力上的扶助，给予精神上的慰藉等。夫妻相互的抚养理当以第一种抚养方式为主。

夫妻间抚养纠纷的类型：

根据夫妻间抚养的特点和内容，引发抚养纠纷的原因主要体现在以下两个方面：一是经济原因。处于经济拮据状态的当事人，为维持自身的生存，常会要求对方给付抚养费，但由于对方支付能力的欠缺，致使抚养需求不能满足，引发抚养纠纷。二是情感原因。夫妻之间信守婚姻的忠诚，保持情感的专一与持久，既是婚姻道德的要求，也是法律的要求。但当夫妻一方或双方情感出现外倾，导致婚姻障碍时，基于喜新厌旧等多种心理，有抚养能力的一方往往拒绝履行抚养义务，试图通过经济上的控制来达到迫使对方离婚的目的。上述原因的存在使抚养纠纷体现为下列类型：

1．基本抚养费的给付而引发的纠纷

夫妻双方在身体和经济状况正常的情况下，本不需要对方的抚养。但当出现疾病、丧失劳动能力或丧失经济来源时，便会产生要求对方予以抚养的心态。这时，处于经济弱势和地位弱势的一方，便会要求有抚养能力的一方给予物质上的帮助，支付抚养费。

2．基于生活的扶助而引发的纠纷

夫妻间的抚养义务包括两方面：生活上的扶助和经济上的供养。生活上的扶助包括情感上的慰藉、精神上的安慰、家务的代理和分担、生活中的关心和体贴。当抚养义务人不履行扶助义务时，受抚养方有权要求对方履行义务以保障受抚养权的实现。

本案即属于基于抚养费的给付而引发的纠纷。综上所述，法院根据有关法律规定和立法精神作出上述判决是正确的。夫妻间不尽抚养义务严重的还可能触犯刑法，《刑法》第二六一条规定“对于年老、年幼、患病或者其他没有独立生活能力的人，负有抚养义务而拒绝抚养，情节恶劣的，处五年以下有期徒刑、拘役或者管制。”

变更子女抚养权案

案情简述：

上诉人（原审原告）于某，女，汉族，1975年10月5日出生，住河南省郑州市某小区。

被上诉人（原审被告）张某，男，汉族，1973年3月27日出生，住河南省郑州市某花园。

原告于某起诉称，于某与张某于2001年4月16日登记结婚，2002年12月8日生育一子。后因双方感情不和，2005年10月22日双方到法院协议离婚，离婚时，双方协议婚生儿子由被告携带至年满18周岁。2007年4月6日，原告到被告处探视儿子时，发觉儿子生病，经医生诊断为肺炎，后治愈。据此，上诉人认为被告有虐待儿子的情节，无法履行抚养义务，请求法院判令变更婚生儿子的抚养权。

法院审判：

郑州市某区人民法院经审理认为：根据《中华人民共和国婚姻法》的规定，父母对子女有抚养教育的义务。父母离婚后，如双方抚养问题发生争执不能达成协议时，由人民法院根据子女的权益和双方的具体情况判决。本案原、被告双方在2005年10月22日经法院调解离婚时，双方对婚生子女的抚养已经达成一致意见，该协议内容是双方意思的真实表示，调解书已经发生法律效力。现原告未能提供证据证实被告具有子女不宜与其共同生活的情形，其以子女在与被告生活期间生病为由，而认定被告不具备与子女共同生活的理由不成立，因为双方婚生子女尚属年幼，其身体抵抗能力较差，偶尔患病，纯属自然的客观现象，并不能说明被告不具备抚养子女的能力。故此，原告要求变更子女的抚养权的请求，证据不充分，本院不予支持。根据《中华人民共和国民事诉讼法》第六十四条第一款的规定，判决如下：

1. 驳回原告的诉讼请求。

2. 接到判决书后上诉人不服判决，向郑州市中级人民法院提起上诉，经过审理，二审法院驳回上诉了上诉人的上诉，维持原判。

评析：

本案中法院的判决依据是《民事诉讼法》第六十四条，该条规定“当事人对自己提出的主张，有责任提供证据。当事人及其诉讼代理人因客观原因不能自行收集的证据，或者人民法院认为审理案件需要的证据，人民法院应当调查收集。”这是一个民事诉讼举证责任的问题。原告没有提供充分的证据来说明被告已不具备抚养子女的能力，没有证据证明有虐待子女的情节等，因此只能承担举证不能的法律后果。人民法院应当按照法定程序，全面地、客观地审查核实证据。那么有什么理由可以变更抚养权呢，《最高人民法院关于人民法院审理离婚案件处理子女抚养问题的若干具体意见》第十六规定一方要求变更子女抚养关系有下列情形之一的，应予支持：

1. 与子女共同生活的一方因患严重疾病或因伤残无力继续抚养子女的；

2. 与子女共同生活的一方不尽抚养义务或有虐待子女行为，或其与子女共同生活对子女身心健康确有不利影响的；

3. 十周岁以上未成年子女，愿随另一方生活，该方又有抚养能力的；

4. 有其他正当理由需要变更的。

最高人民法院《关于适用〈民法通则〉若干问题的意见》第二十一条规定：“监护人不履行监护职责，或者侵害了被监护人的合法权益，《民法通则》第十六条、第十七条规定的其他有监护资格的人或者单位可以向人民法院起诉，要求监护人承担民事责任或者要求变更监护关系。”第二十二条规定“夫妻离婚后，与子女共同生活的一方无权取消对方对该子女的监护权，但是，未与该子女共同生活的一方，对该子女有犯罪行为、虐待行为或者对该子女明显不利的，人民法院认为可以取消的除外。”

非婚生子女抚养权案

案情简述：

原告黄某，男，1977年6月22日出生，汉族，山东省某县农民。

被告王某，女，1980年10月17日出生，汉族，山东省某县农民。

原被告双方于2001年1月间没有依法领取结婚证便以夫妻名义同居生活，同居后不久，因性格不合产生了矛盾。2003年12月21日，王某生育一女孩。女儿出生后，原被告双方的关系日趋恶化。2004年2月，王某未经黄某同意擅自将女儿带到其姐姐家抚养。黄某多次要求王某将女儿带回家抚养，但王某均予拒绝，黄某与王某于2005年6月分居。2006年原告向法院起诉，要求抚养女儿。

法院审判：

原被告双方虽然没有办理结婚登记手续便同居生活，但其非婚生女依法享有与婚生子女同等的权利，原、被告对女儿均有抚养的权利。经查明，王某的月工资为1000元，根据《最高人民法院关于人民法院审理离婚案件处理子女抚养问题目的若干具体意见》第七条规定，按王某的月收入1000元的25%即250元算为宜。判决如下：

1. 黄某与王某的女儿由黄某负责抚养教育。
2. 王某自2006年起每年给付抚养费3000元，至女儿黄某某18周岁止。

评析：

《婚姻法》第二十五条规定“非婚生子女享有与婚生子女同等的权利，任何人不得加以危害和歧视。

不直接抚养非婚生子女的生父或生母，应当负担子女的生活费和教育费，直至子女能独立生活为止。”

《最高人民法院关于人民法院审理离婚案件处理子女抚养问题目的若干具体意见》第七条规定“子女抚育费的数额，可根据子女的实际需要、父母双方的负担能力和当地的实际生活水平确定。

有固定收入的，抚育费一般可按其月总收入的百分之二十至三十的比例给付。负担两个以上子女抚育费的，比例可适当提高，但一般不得超过月总收入的百分之五十。

无固定收入的，抚育费的数额可依据当年总收入或同行业平均收入，参照上述比例确定。

有特殊情况的，可适当提高或降低上述比例。”

《最高人民法院关于人民法院审理离婚案件处理子女抚养问题目的若干具体意见》第八条规定“抚育费应定期给付，有条件的可一次性给付。”本案当中的非婚生子是两个欲结婚的人或者说他们认为自己已经结婚的人所生，而现实中的非婚生子情况却复杂得多。非婚生子女的出生一般都是处于无奈的，是由不得他们自已来选择的，我们这个社会不应该将那些不公平的惩罚和歧视都统统夹杂在那些无辜的非婚生子女身上，而是应该通过各种立法和交流来保护他们的合法权利和利益。人是社会中最小的个体，而家庭是社会中最小的集体，只有最小的个体和集体稳定了，我们的这个社会大家庭才能够稳定快速的发展。虽然我国现行的立法对非婚生子女的一些权力和利益给了一定的保护，但还是没有跟上社会的发展和经济的发展，只有法律的不断健全，我们这个社会才可以健康的发展，人们的素质才会提高，其自身的跟他人的权利和利益才能得到更好的保护。世界万物都是不断在变化的而唯独法律的庄严和公正、公平是永远不变的。

婚姻共同财产与家庭共同财产之争

案情简述：

原告：张某，男，1945年1月26日出生，汉族，河北省某县农民。

原告：王某，女，1946年10月30日出生，汉族，河北省某县农民。

原告：张某玉，女，1979年5月14日出生，汉族，河北省某县农民，系第一、二原告之女。

被告：李某，女，1971年3月2日出生，汉族，河北省县县农民。

原告张某与王某系夫妻关系，婚后生有一子张某生（已亡），一女张某玉，被告李某系丧偶儿媳。三原告共同诉称，1997年底，张某生以户主的身份在原老屋地基上申请建房，当时在册人口还有原被告双方以及被告的女儿张某杉。经有关部门批准后，在原、被告及张某生的共同出资下，于1999年建成面积为380平方米的四层楼房三间。同年12月，张某生因车祸身亡。后被告将三原告逐出家门，致使原告无家可归。现三原告要求分割原、被告及张某生共同所有的三间四层楼房。

被告辩称，该三间四层楼房系我与丈夫共同出资建造，我丈夫去世后，三原告将我及女儿逐出家门，现请求法院依法确定房产权。

法院审判：

法院经审理查明，原告张某山与王某于1982年建造了二层楼房三间（占地面积为133平方米）。1997年12月30日，张某生以户主的身份在上述老屋拆除后的地基上申请建造占地面积为125平方米的三层半新楼房一幢，当时在册人口有张某生、三原告、被告及其女儿张某杉。1999年5月开始，将原老屋拆除，并有部分材料用于建造新房，至同年年底建成了建筑面积为380平方米的四层楼房三间。上述事实，由原告张某山的土地使用权证书一份、张某生建房用地呈报表一份及原、被告双方在庭审中的陈述等证据所证实。

张某生去世后，原、被告双方为居住问题多次发生争吵，经村委多次调解未成。上述事实，由原告提供的照片及原、被告双方在庭审中的陈述等证据所证实。

原、被告对下列事实有争议：

1. 原告认为诉争房屋系原、被告及张某生共同出资建成。其中，原告张某山、王某共同出资 10 万余元，原告张某玉出资 5000 元。被告认为诉争房屋系被告与丈夫张某生生前共同建造，共出资近 24 万元（其中近 6 万元向他人所借）。并提供张某生与陈某的建房协议一份、村委员会有关原、被告建房出资情况等调解经过说明一份。本院认为，本案诉争房屋认定由三原告和被告及张某生共同出资建造，大部分资金由被告李某及张某生出资，其中三原告在建房中共出资现金 21000 元，原告张某山、王某还将老屋拆下的部分建材用于建造新房。证明该事实的证据由村委员会的有关原、被告建房出资情况等调解经过说明一份，因该证据反映了原告张某山、王某在调解时所作的陈述情况，故本院予以认定。

2. 因建造诉争房屋的负债情况：原告认为，至今尚欠建房工资及材料款 24254 元（其中泥工 3000 元、木工 2500 元、油漆工 1000 元、墙砖 2200 元、塑钢窗料 10130 元、花岗岩 4224 元、泥工装潢料 1200 元）。被告认为，除上述原告认可的 24254 元外，还有欠水电工工资 2500 元，另外还向他人借现金 58000 元（其中刘某 20000 元、邢某 15000 元、林某 8000 元、王某 15000 元），并提供欠工资及材料费清单一份、借据四份。本院认为，因建造诉争房屋的负债除原、被告一致认可部分予以认定外，被告主张的借款 58000 元，因借据系被告在张某生死后补出，不能真实反映当时借款情况，故被告提供的借据四份，本院不予认定。被告主张尚欠水电工工资 2500 元，因原告不认可，被告又未能提供相关证据，故本院不予采信。

本院认为，本案诉争的四层楼房三间以三原告和被告及张某生等人的名义，在原告张某山、王某原所有的老屋拆除后的地基上建造，并将拆除的部分材料用于建造新房，三原告在建房中又出资了部分资金，被告李某和张某生生前出资了大部分资金，故该楼房系原告被告双方及张某生共同所有，因被告与丈夫出资较多，故应多分，因建房而所欠的工资及材料款 24254 元由房屋份额多分者承担，被告主张因建房而所借的现金 58000 元，因借款依据不足，故本院不予采信。据此，依照《中华人民共和国民法通则》第七十八条第一款、第二款之规定，判决如下：

1. 四层楼房三间属原告张某、王某、张某玉和被告李某及张某生共同所有。其中三原告得东首间（一至四楼），被告李某得西首间及卫生间（一至四楼），中堂间（一至四楼）归张某生所有，楼梯归三原告和被告及张某生共同所有。张某生应得部分在遗产分割前由被告李某负责保管。

2. 因建房所欠的工资及材料款 24254 元，由被告李某承担。

评析：

本案诉讼请求并没有提到继承的问题，故人民法院没有进行遗产分割。而关键的问题就是家庭共同财产与夫妻共同财产。

家庭共同财产是指全体家庭成员共同生活期间所创造的，供全体家庭成员生活、生产的财产，该财产具有以下几个特征：

（1）家庭共有财产的发生是以家庭成员共同生活期间的共同劳动创造的财产为前提，不是在共同生活期间共同创造的财富，不发生家庭财产关系。

（2）家庭共有财产来源于全体家庭成员的共同劳动所得和各自劳动所得的财产。

（3）家庭共有财产为共同共有财产，在家庭关系存续期间，共有人不分份额，共同享有所有权。而夫妻共有财产是指在夫妻关系存续期间的“工资、奖金、生产、经营的收益、知识产权的收益，不归夫妻一方的继承或赠予所得的财产和其他应当归于夫妻共同所有的财产。”其基本特征是：

1. 夫妻关系存续期间取得的财产；

2. 夫妻之间在夫妻关系存续期间各自取得的财产；

3. 夫妻之间依《婚姻法》的规定采取书面约定形成规定的财产。

《婚姻法》第十七条规定夫妻在婚姻关系存续期间所得的下列财产，归夫妻共同所有：

1. 工资、奖金；

2. 生产、经营的收益；

3. 知识产权的收益；

4. 继承或赠予所得的财产，但本法第十八条第三项规定的除外；

5. 其他应当归共同所有的财产。

夫妻对共同所有的财产，有平等的处理权。

最高人民法院《关于适用〈中华人民共和国婚姻法〉若干问题的解释（二）》第十一条规定婚姻关系存续期间，下列财产属于《婚姻法》第十七条规定的“其他应当归共同所有的财产”：

1. 一方以个人财产投资取得的收益；

2. 男女双方实际取得或者应当取得的住房补贴、住房公积金；

3. 男女双方实际取得或者应当取得的养老保险金、破产安置补偿费。

《婚姻法》第十四条规定人民法院审理离婚案件，涉及分割发放到军人名下的复员费、自主择业费等一次性费用的，以夫妻婚姻关系存续年限乘以年平均值，所得数额为夫妻共同财产。而《婚姻法》第十三条则明确规定军人的伤亡保险金、伤残补助金、医药生活补助费属于个人财产。

离婚后妻子能否要求前夫赔偿

案情简述：

原告陈某，女，1969年3月4日出生，汉族，吉林省长春市某建材公司职员。

被告任某，男，1967年4月2日出生，汉族，吉林省长春市某公司经理。

原被告双方于1993年结婚，婚后育有一子。2004年起被告经常以工作繁忙为由夜不归宿，2005年8月，原告发现丈夫有了外遇，并在外租房与第三者同居，便与被告大吵了一架，但是被告并不承认，并表示会尽量早些回家。随后几月被告的表现比以前有些好转，但仍会连续几天不回。于是2006年3月原告向长春市某区人民法院提起了离婚诉讼，经过法院调解两人和好。但是被告的行为并没有较前有所收敛，相反连续半月，甚至一个月都不会回一次家，2006 年 11 月原告再次向法院提起离婚诉讼。2007 年 3 月长春市某区人民法院判决准予二人离婚，儿子由原告抚养，被告每月支付 600 元抚养费。2007 年 9 月原告依据《婚姻法》第四十六条之规定向法院提起了损害赔偿之诉。

法院审判：

法院经审理查明原告向法院提起离婚诉讼之时未提起损害赔偿的请求，而法院在当时受理离婚案件时已对其权利进行了书面告知，因为认为原告放弃了损害赔偿的请求。根据最高人民法院《关于适用〈中华人民共和国婚姻法〉若干问题的解释（一）》第三十条的规定驳回了其诉讼请求。

评析：

《中华人民共和国婚姻法》第四十六条规定：有下列情形之一，导致离婚的，无过错方有权请求损害赔偿：

1. 重婚的；
2. 有配偶者与他人同居的；
3. 实施家庭暴力的；
4. 虐待、遗弃家庭成员的。

本案中的被告存在第二项所规定的行为，而作为受害者的原告是可以申请损害赔偿的。但是她作为离婚案件中的原告应当在离婚案件起诉之时提起，而不能在离婚后再行使该权利。那么作为法院在当事人起诉之时是要尽到告知义务的，这是司法解释有明确规定的，而作为法院现在都能做到这一点，都是通过告知书的形式发给当事人的。但是为什么原告当时没有行使该权利呢？有一种可能性是她主动放弃了，再一种可能性就是她根本不知道有这项权利。在我国，法律的普及工作还没有做得很好，而有的原告立案时拿回法院给他的几张纸根本也没有仔细阅读，就等着开庭。所以聘请一位专业的律师还是很有必要的。

那么是不是所有要求过错损害赔偿的请求都得在离婚诉讼之时提出呢？

当然不是，无过错方作为被告时的情形就不一样。如果无过错方作为被告出庭，在离婚诉讼之时没有提起损害赔偿的，离婚后一年还可以单独行使该权利。最高人民法院《关于适用〈中华人民共和国婚姻法〉若干问题的解释(一)》第三十条是这样规定的：

“人民法院受理离婚案件时，应当将《婚姻法》第四十六条等规定中当事人的有关权利义务，书面告知当事人。在适用《婚姻法》第四十六条时，应当区分以下不同情况：

1. 符合《婚姻法》第四十六条规定的无过错方作为原告基于该条规定向人民法院提起损害赔偿请求的，必须在离婚诉讼的同时提出。

2. 符合《婚姻法》第四十六条规定的无过错方作为被告的离婚诉讼案件，如果被告不同意离婚也不基于该条规定提起损害赔偿请求的，可以在离婚后一年内就此单独提起诉讼。

3. 无过错方作为被告的离婚诉讼案件，一审时被告未基于《婚姻法》第四十六条规定提出损害赔偿请求，二审期间提出的，人民法院应当进行调解，调解不成的，告知当事人在离婚后一年内另行起诉。”

最高人民法院《关于适用〈中华人民共和国婚姻法〉若干问题的解释(二)》第二十七条又做了补充规定的：

“当事人在婚姻登记机关办理离婚登记手续后，以《婚姻法》第四十六条规定为由向人民法院提出损害赔偿请求的，人民法院应当受理。但当事人在协议离婚时已经明确表示放弃该项请求，或者在办理离婚登记手续一年后提出的，不予支持。”

本案中的陈女士在离婚案件中如果是被告情况就不一样了，法院就会就实体部分进行审理，但是要特别注意提起诉讼的时效是判决书生效后的一年时间以内。

《婚姻法》第四十六条规定的“损害赔偿”，包括物质损害赔偿和精神损害赔偿。涉及精神损害赔偿的，适用最高人民法院《关于确定民事侵权精神损害赔偿责任若干问题的解释》的有关规定。

最高人民法院《关于适用〈中华人民共和国婚姻法〉若干问题的解释(一)》第二十九条对损害赔偿问题做了其他详细规定：“承担《婚姻法》第

四十六条规定的损害赔偿责任的主体，为离婚诉讼当事人中无过错方的配偶。

人民法院判决不准离婚的案件，对于当事人基于《婚姻法》第四十六条提出的损害赔偿请求，不予支持。

在婚姻关系存续期间，当事人不起诉离婚而单独依据该条规定提起损害赔偿请求的，人民法院不予受理。”

人工授精所生子女抚养案

案情简述：

原告：赵某，女，1971 年 7 月 17 日出生，汉族，广西壮族自治区柳州市某局干部。

被告：孙某，男，1971 年 3 月 24 日出生，汉族，广西壮族自治区柳州市某局干部。

原、被告双方系中学同学，大学时确立恋爱关系，后于 1996 年 11 月登记结婚。婚后双方相敬相爱，日子过得很是美满，但是婚后三年虽未采取任何避孕措施，也未曾怀孕，双方遂到医院检查，结果确认被告死精，无生育能力。为生育后代和维持婚姻关系，双方商量决定让原告到医院进行人工授精。2001 年 10 月，双方到南宁某医院递交了人工授精申请书，其中写明：“我们承认人工授精后出生的子女就是我们的亲生子女。”该医院在与双方签订了人工授精协议后，对原告施行了人工授精术。2002 年 9 月，原告生下一子。孩子出生后双方陷入喜悦中，但是随着孩子的逐渐长大，被告发现孩子长得越来越不像自己，时常也有人这样说笑。于是被告开始出外酗酒，对孩子不管不问，与原告经常吵架。2007 年 3 月，原告以双方感情破裂为由，起诉到柳州市某区人民法院，要求与被告离婚。

被告答辩称其同意离婚，但孩子是原告经施行人工授精所生之子，与其无血缘关系，故不抚养也不负担抚养费。

法院审判：

柳州市某区人民法院经审理认为：原告提出离婚，被告表示同意，应当认定双方夫妻感情确已破裂，应准予离婚。对于子女抚养问题，按双方的意见及本案的具体情况，由原告抚养为宜。对于子女抚养费问题，因人工授精生育系双方共同意愿，并共同签字，所生子应认定为婚生子女，父母子女之间权利义务关系适用《婚姻法》的有关规定，对于财产分割，应按照顾抚养子女一方及保护妇女儿童的合法权益的原则处理。依照《中华人民共和国婚姻法》第三十七条之规定，判决如下：

1. 准予原、被告离婚。

2. 婚生子由原告抚养，被告自 2007 年 8 月起每月付给原告子女抚养费 350 元，至该子独立生活时止。

3. 财产分割（略）。

宣判后，当事人未提出上诉。

评析：

随着全球环境的不断恶化，人们工作和生活压力的增加，不孕不育的情况越来越多，并且逞逐年上升趋势。据统计，全世界每六对夫妻中就有一队面临不孕不育。而科学技术的进步，则给不孕不育者带来了春天，人工授精方式现已得到社会的广泛认同，这项技术不仅给不育症患者的家庭带来福音，为维系和巩固夫妻之间的婚姻关系作出了应有的贡献，而且它在克服人类自身繁衍障碍上也是一种有效的途径。但也应当看到，随着这一医学科学技术手段的逐步推广运用，其中所涉及的婚姻、抚养、赡养、继承等方面的法律问题也逐步显现出来，本案中关于人工授精所生子女的抚养问题就是一例。

最高人民法院 1991 年 7 月 8 日《关于夫妻关系存续期间以人工授精所生子女的法律地位的复函》指出："在夫妻关系存续期间，双方一致同意进行人工授精，所生子女应视为夫妻双方的婚生子女，父母子女之间权利义务关系适用《婚姻法》的有关规定。"在本案中，原告施行人工授精术，是被告签字认可的。在有被告签字认可的人工授精申请书上明确载明："我们承认人工授精后出生的子女就是我们的亲生子女。"此种意思表示是具有行为能力的原、被告的真实意思表示，且不违反法律和社会公共利益，应是合法有效的，自始即具有约束力。原、被告共同申请人工授精的民事行为发生在其夫妻关系存续期间，经人工授精所生子女系婚生子女当属无疑。在传统的婚姻法理论中，婚生的子女与其父母的关系，是归入自然血亲范围的，这对经人工授精所生子女在视为婚生子女情况下，显然是说不通的。因此，相应地应在"自然血亲"的概念基础上推衍设定"准自然血亲"的概念，将夫妻双方在婚姻关系存续期间一致同意人工授精所生（也还有其他技术手段所生）与父方、母方或父母双方无血缘关系的子女与其父母的关系均归入其中，并且将其与拟制血亲关系区别开来，这种父母子女关系具有与生俱来的法律上的权利义务关系，不可解除。

应当认识到，承认夫妻双方在婚姻关系存续期间一致同意经人工授精所生子女具有婚生子女的法律地位，父一方虽然与该子女无血缘关系，仍然应对该子女尽抚养义务，此点在法律上是不难确立的。但对人工授精所生子女而引起的法律问题，我国目前遇到的基本上还仅涉及其在父母离婚后的抚养问题，将来还会遇到什么实际问题，这些实际问题应从理论上如何解释，从立法上如何规定，则是难以预料和在现阶段难以解决的。2001 年《婚姻法》的修订仍然没有特别涉及此问题，我们期待法律的进一步完善。

因此，我们需要注意随时发生的新情况，新问题，并随时予以研究解决，为立法提供丰富的实践经验。

夫妻一方私自处分财产是否有效

案情简述：

原告：钱某，男，1965 年 3 月 17 日出生，汉族，浙江省温州市某皮革制品有限公司经理，住温州市某花园。

被告：李某，男，1971 年 10 月 7 日出生，汉族，温州市某区劳动局干部，住温州市某路。

第三人：程某，女，1973年5月11日生，汉族，温州市某小学教师，住址同上。

被告与第三人系夫妻关系，2000年二人在温州市瓯江畔某小区购房一套，建筑面积为123平方米，后未住出租，分别于2002年8月和2003年5月取得了房屋所有权证及国有土地使用权证。2007年11月原告经中间人于某介绍与被告签订了购房协议，被告将此房以230万元的价格出售给原告，双方约定了付款方式及办理房屋所有权证及土地使用证等变更登记手续的日期及费用的承担，中间人于某也在协议上签了字，但第三人程某未签字，也不在场。协议签订后，原告于2008年1月5日以转账的方式向被告付购房款200万元，但房屋未交付。同年2月13日被告找到原告以其妻不让卖房为由企图解除合同，导致双方发生纠纷，使协议未能继续履行。2008年3月20日，原告诉至法院，要求李某继续履行协议。后李某之妻程某以有独立请求权的第三人身份参加诉讼，要求法院确认该购房协议无效。

法院审判：

法院审理后认为，原、被告及第三人诉争之房屋为被告和第三人共同共有，共同共有人对共有财产享有共同的权利，承担共同的义务。在共同共有关系存续期间，部分共有人擅自处分共有财产的，应为无效。法院遂判决原被告所签订的购房协议无效，被告李某返还原告所付房款200万元及相应利息。

评析：

这是一起典型的单方面处理夫妻共同财产的案件，从原、被告双方提供的证据进行分析，被告将属于夫妻共同财产的房屋出售给原告，虽然双方签订了书面协议，但未有该房屋的共有人程某的签名，而中间人于某出庭作证时也认可程某在签订协议时不在场，后来程某知道实情后不愿卖房。据此可以看出，被告明知所处分的房屋为夫妻共同财产，在未征得共有人同意的情况下擅自处分该房屋，事后也未征得共有人的追认，其处分行为应为无效。原告提出的程某知道李某卖房并同意的理由，无证据证实，法院不予采信。

我国《婚姻法》第十七条规定“夫妻对共同所有的财产，有平等的处理权。”但是这种平等的处理权并不指任何一方有权处理任何财产。最高人民法院《关于适用〈中华人民共和国婚姻法〉若干问题的解释（一）》第十七条规定“《婚姻法》第十七条关于‘夫或妻对夫妻共同所有的财产，有平等的处理权’的规定，应当理解为：

1. 夫或妻在处理夫妻共同财产上的权利是平等的。因日常生活需要而处理夫妻共同财产的，任何一方均有权决定。

2. 夫或妻非因日常生活需要对夫妻共同财产做重要处理决定，夫妻双方应当平等协商，取得一致意见。他人有理由相信其为夫妻双方共同意思表示的，另一方不得以不同意或不知道为由对抗善意第三人。”

夫妻双方为了日常生活买个电视，作为一方不能到商场去主张我不知道，这个行为是无效的，也不能说丈夫把一个旧电脑卖了，妻子主张没有经过我的同意，这种买卖行为不生效。但是像房屋这样高价值的商品，任何一方未经对方同意的处置行为将面临无效的可能性。但是也不能说不知情就不知情，如果他人有充足的证据证实夫妻中的另一方是知情，则不能主张无效。比如夫妻双方同意卖房，妻子向丈夫出示了委托书，但是后来又商定不卖了。几年过去了双方面临离婚，丈夫拿着这个委托书将房子卖掉，而妻子出来向买家主张无效显然是不合适的。

那么对于无效的合同我国《合同法》第五十二条是这样规定的：

有下列情形之一的，合同无效：

1. 一方以欺诈、胁迫的手段订立合同，损害国家利益；

2. 恶意串通，损害国家、集体或者第三人利益；

3. 以合法形式掩盖非法目的；

4. 损害社会公共利益；

5. 违反法律、行政法规的强制性规定。

妻子因婚外情与他人怀孕期间
丈夫可否起诉离婚

案情简述：

原告：尚某，男，1975 年 4 月 27 日出生，汉族，山西省某市某县中学教师。

被告：李某，女，1978 年 2 月 7 日出生，汉族，山西省某市电视台编导。

原被告双方经人介绍于 2003 年 5 月结婚，婚后一直未育。因原告在县里教学，每星期五才能回某市的家中。2005 年 3 月被告与电视台领导李某因婚外情而怀孕，在怀孕期间原告怀疑孩子不是他的，因而以妻子在外通奸致孕为由，要求法院主持进行亲子鉴定，并判决与妻子离婚。被告不承认孩子是她与他人所育，拒绝进行亲子鉴定，并以法律规定在怀孕期间丈夫无权要求离婚为由请求驳回原告的诉讼请求。法院经过审理，依据我国《婚姻法》第三十四条之规定驳回了原告的起诉。

2007 年 5 月原告以感情破裂为由要求离婚，并要求做亲子鉴定，要求被告赔偿其精神损失。

法院审判：

法院在审理过程当中征求被告意见是否做亲子鉴定，被告坚持不做，但同意离婚。而原告不能提供充足的证据证明婚生子系被告与他人通奸所生。经法院调解双方同意离婚，婚生子由被告抚养，原告每月支付抚养费 150 元。

评析：

在原告第一次离婚时法院为什么驳回了原告的诉讼请求呢？

根据我国《婚姻法》第三十四条之规定“女方在怀孕期间、分娩后一年内或中止妊娠后六个月内，男方不得提出离婚。女方提出离婚的，或人民法院认为确有必要受理男方离婚请求的，不在此限。”

这一规定的基本精神，就是保护妇女和胎儿的合法利益。这里保护的妇女，并没有加限定词，不能说有过错的妇女就不在内；这里说的胎儿，也是一切胎儿，既包括合法的婚姻关系所孕育的胎儿，也包括非婚姻关系所孕育的胎儿。如果说胎儿是非婚所育就要把他打下来，避免将来出现麻烦，是不符合立法精神的。

《婚姻法》的这一条在规定前一层意思之外，还规定了女方同意和法院确认这样两种特例。女方同意离婚的，当然不在此限。同时，法律还赋予法院一个权力，就是确认有必要受理男方离婚诉讼请求的，可以受理。怎样才算为确有必要，由法院断定。如果女方对通奸所致怀孕的事实不争执或者查明属实，就是确有必要，就可以受理。而本案中的原告只是一种主观猜测。所以，本案一审时法官无法确认原告主张的事实，被告又不确认原告主张的事实，驳回原告的起诉，没有原则的错误。

现在要说一下婚生子女和非婚生子女的有关问题。首先是婚生子女的推定问题。在婚姻关系存续期间，妻子所生的子女，推定为婚生子女。如果丈夫否认该子女为婚生子女，应当按照婚生子女否认的规定，负担举证责任。这两项制度在国外的亲属法中都规定得很清楚。对此，我们的立法没有规定。

关于亲子鉴定的问题。许多案例与此案不同，常出现女子起诉某男，要求他承认是小孩子的父亲，并负担抚养费用。而依据什么确认父子关系，证据是很难获得的，有时只能借助于亲子鉴定，但是男方作为被告是否必须做亲子鉴定，法律没有强制性规定，所以很多情况下男方坚持不做亲子鉴定，女方最终都会以证据不足而败诉。所以有些人主张这种纠纷，应当适用举证责任倒置，如果你男方认为孩子不是你的，就应当做亲子鉴定。关于这个问题我国《婚姻法》应当完善。

重婚所产生的法律后果

案情简述：

自诉人：徐某，女，1951 年 5 月 7 日出生，汉族，云南省某县人，中专文化程度，该县工商局干部，住该县某街道 78 号院。

被告人：刘某，男，1953 年 11 月 2 日，汉族，河南省某县某村人，小学文化程度，住雷州县某村。

自诉人与被告人于 1990 年相识并开始来往。当时，自诉人已成家生子的事实被告人知晓，被告人的妻子在农村带着两个孩子，自诉人也知晓。1995 年 1 月，自诉人通过协商与丈夫张某离了婚。1996 年 12 月，被告人向自诉人谎称自己也已经与妻子离了婚，同时向朋友和同事等多人宣布自己离婚之事。自诉人误以为被告人确实已与配偶离婚，即从 1996 年年底起在未办理结婚登记的情况下开始与被告人以夫妻名义同居生活。在此期间，徐某、刘某二人还以夫妻名义在家宴请了相关朋友和同事。因被告人做生意收入较好，两人还以 11．8 万元从县城购买一处住房。2002 年 5 月自诉人从他人处获知被告人并未与其妻子离婚，于是到被告人所在的村委会、民政所了解情况，证实被告人与其妻确未离婚。同年 6 月，自诉人将被告人赶出家门，与其解除同居关系。

法院审判：

徐某向雷州县人民法院提起自诉，指控被告人刘某犯重婚罪，要求追究其刑事责任。被告人刘某辩称自己从未与徐某以夫妻名义同居生活，不构成重婚罪。其辩护人提出，刘某与徐某未办理结婚登记，也不是事实婚姻，故徐某无罪。

雷州县人民法院经公开审理后认为，被告人刘某有配偶而与他人以夫妻名义同居生活，形成事实婚姻，其行为已构成重婚罪，自诉人的指控成立，予以支持。被告人及其辩护人的辩解理由不能成立，不予采纳。该院依照《中华人民共和国刑法》第二五八条这规定，判决如下：

1. 被告刘某犯重婚罪，判处有期徒刑一年，缓刑一年。

2. 被告刘某与自诉人徐某的非法婚姻关系予以解除。

宣判后，双方均未提出上诉。

评析：

《中华人民共和国刑法》第二五八条规定“有配偶而重婚的，或者明知他人有配偶而与之结婚的，处二年以下有期徒刑或者拘役。”最高人民法院于1994年12月14日作出的《关于〈婚姻登记管理条例〉施行后发生的以夫妻名义非法同居的重婚案件是否以重婚罪定罪处罚的批复》（以下简称《批复》）中答复说：“新的《婚姻登记管理条例》（1994年1月12日国务院批准，1994年2月1日民政部发布）发布施行后，有配偶的人与他人以夫妻名义同居生活的，或者明知他人有配偶而与之以夫妻名义同居生活的，仍应按重婚罪定罪处罚。”本案被告人刘某有配偶，且未与配偶离婚，即与没有配偶的自诉人徐某以夫妻的名义共同生活了多年，依照《刑法》的规定和最高人民法院上述《批复》的解释，其行为构成了重婚罪。对此，各方面均无异议。但值得探究的问题是：本案的自诉人徐某是事实婚姻关系中的无配偶的一方，她能否作为重婚案件中的自诉人向法院提起自诉？对此则有不同意见。

如何确定自诉案件的被害人的范围，尤其是如何确定重婚罪自诉案件被害人的范围，它应否包括本人无配偶因受有配偶者的欺骗而与其以夫妻名义同居生活的人，现行法律和司法解释均未作出明确的规定。我们认为，重婚罪侵犯的客体是我国的一夫一妻制的婚姻制度和公民合法的婚姻关系，因而重婚罪自诉案件的被害人当然首先应该是与重婚者存在合法婚姻关系的配偶，在本案中就是被告人刘某在原籍的配偶。但除此以外，那些本人无配偶因受有配偶者的欺骗而与之登记结婚或者以夫妻名义同居生活的人，也应属于重婚案件的被害人，因为他们也是重婚犯罪的直接受害者。就本案而言，徐某因受刘某的欺骗而与其以夫妻名义同居生活数年，造成了她未能缔结合法的婚姻关系，身心受到了损害，因此她也属于本案的被害人。徐某作为被害人之一向法院提起自诉，状告刘某重婚，并不违反刑事诉讼法的规定。并且她还可以提起附带民事诉讼，要求被告人赔偿她的损失。但是在刑事案件中，如果请求精神损害赔偿，目前来说是没有法律依据的，法院也不会支持。

本案中的徐某虽然她是被骗的，但是主观上也是有过错的。如果当初他能看一看刘某的离婚证就不会发生后面的事。一般情况下如果是两个二十多岁的人，互相都以为对方没有结婚而进一步恋爱、同居也情有可原。而本案中的徐某明知刘某结了婚，那么说离婚了，是不是就能信呢？所以，是否该追究徐某重婚罪的刑事责任呢，值得考虑。

本案中真正的被害人刘某的妻子，可以《婚姻法》为依据请求与刘某离婚，并要求损害赔偿，法院是要完全支持的。《婚姻法》第四十五条规定“对重婚的，对实施家庭暴力或虐待、遗弃家庭成员构成犯罪的，依法追究刑事责任。受害人可以依照《刑事诉讼法》的有关规定，向人民法院自诉；公安机关应当依法侦查，人民检察院应当依法提起公诉。”《婚姻法》第三十二条规定“男女一方要求离婚的，可由有关部门进行调解或直接向人民法院提出离婚诉讼。

人民法院审理离婚案件，应当进行调解；如感情确已破裂，调解无效，应准予离婚。

有下列情形之一，调解无效的，应准予离婚：

1. 重婚或有配偶者与他人同居的；

2. 实施家庭暴力或虐待、遗弃家庭成员的；

3. 有赌博、吸毒等恶习屡教不改的；

4. 因感情不和分居满二年的；

5. 其他导致夫妻感情破裂的情形。

一方被宣告失踪，另一方提出离婚诉讼的，应准予离婚。”

《婚姻法》第四十六条规定“有下列情形之一，导致离婚的，无过错方有权请求损害赔偿：

1. 重婚的；

2. 有配偶者与他人同居的；

3. 实施家庭暴力的；

4. 虐待、遗弃家庭成员的。”

姓名权之争

案情简述：

原告：许某，男，1975 年 7 月 30 日出生，汉族，河南省某市劳动人事局干部，住许昌市某大街。

被告：纪某，女，1977 年 1 月 8 日出生，汉族，河南省某市艺术学校教师，住某小区。

原被告于 2006 年经法院调解离婚，婚生子许某文随被告共同生活。2007 年 2 月 6 日，许某去幼儿园接儿子时听到有人喊他“纪某文”，询问儿子得知妈妈告诉他得姓纪。许某听后什么生气，找到纪某理论。纪某承认他将孩子改姓的事，并不以为然。2007 年 3 月 10 日许某以被告侵犯其对孩子的命名权为由，请求法院责令被告恢复孩子的原姓名。

法院审判：

法院认为：父母离异后，仍然是其子女的法定监护人。关于姓名权问题，我国《婚姻法》规定：子女可以随父姓，可以随母姓。一般而言，子女出生后，其姓名是经父母双方协商一致后确定的，因此孩子姓名的变更，同样应由双方协商一致。父母离异后，任何一方都不得擅自更改子女的姓名。当然，作为子女，对自己姓名的命名享有自主权，但如欲更改父母已确定的姓名，应当在成年以后。未成年人尚不具有完全民事行为能力，对其姓名的命名，应当尊重父母双方的共同意见。特别是父母离异后，为了使未成年人顺利健康地成长，父或母以及孩子，任何一方不得擅自更改未成年人的姓名。被告未征得原告同意，擅自变更孩子的姓名，其行为是错误的，对孩子的成长极为不利，因此原告要求恢复孩子原姓名的诉讼请求，本院予以支持。

法院依法判令被告纪某于判决生效后十日内，将原、被告所生之子的姓名由“纪某文”恢复为“许某文”。

评析：

本案争议的焦点就是夫妻离异后，单方是否可以更改孩子的姓名。

最高人民法院在《关于人民法院审理离婚案件处理子女抚养问题的若干具体意见》中规定，父或母一方擅自将子女姓氏改为继母或继父姓氏而引起纠纷的，应责令恢复原姓氏。我国《婚姻法》第二十二条规定“子女可以随父姓，可以随母姓。”由此可见，父母均享有子女随其姓的权利，子女出生后，父母经协商后，一旦确定子女随一方姓，该方就实际取得了子女随其姓的权利。本案被告虽未再婚，但擅自单方更改孩子的姓名，从而引发了纠纷，故依据上述法律和司法解释的精神，应当责令被告恢复孩子的原姓名。

本案中的孩子还在上幼儿园，显然还不知道什么是姓名权，但如果他已经是十周岁以上的孩子，法庭是否要征求其意见？我国现行《婚姻法》及相应司法解释并未做出明确的规定。《最高人民法院关于人民法院审理离婚案件处理子女抚养问题的若干具体意见》第五条规定“父母双方对十周岁以上的未成年子女随父或随母生活发生争执的，应考虑该子女的意见。”

也就是十周岁以上的孩子有权选择是和父生活还是和母生活，而姓名权的问题也应参照此条。

而有人则有不同的看法，他们认为未成年人姓名的决定和变更权由其父母行使，是父母亲权的一种表现。公民成年后，完全可以通过正当的程序变更自己的姓名。具有限制民事行为能力的未成年人的确具备了一定表达自己意愿的意思能力，但不能以此认定其已可以行使自己姓名的决定和变更权。未成年人对哪些事物具有了表达自己真实意愿的意思能力，这个“度”在实践中很难掌握，每个未成年人，由于生理、心理发育的不平衡，其对社会的认知会千差万别，认知程度不会在同一水平线上。对问题的决断，未成年人感性上的认识肯定要大于理性上的思维。最高人民法院《关于子女抚养问题的司法解释》，要求法官对孩子的意见予以考虑，但并不是说孩子的意见就是决定性意见，因为不仅孩子的意见很难说不受到与其共同生活的父母一方的影响，而且法官的判决最终要根据对孩子有利的原则进行，孩子的意见仅是对法官作出决断的一项参考，而非确定。现实生活中，夫妻离异后，孩子姓名的变更只要产生纠纷，必然影响孩子与父母另一方的亲情，影响抚育费用的支出，对孩子生理和心理健康发育势必带来负面效应。解决纠纷是法律的终极目的，当所维护的权益发生冲突时，首先维护的应是物质上的权利，其次才是精神利益、人格利益。

我国《民法通则》第九十九条规定："公民享有姓名权，有权决定、使用和依照规定改变自己的姓名，禁止他人干涉、盗用、假冒。"由此可见，所谓姓名权，即是自然人依法享有的决定、变更和使用自己姓名并得排除他人干涉和非法使用的权利。作为具有完全民事行为能力的成年人，毋庸置疑，对自己的姓名享有决定、变更、使用的权利，但是未成年人是否可以决定和变更自己的姓名。对于无民事行为能力的未成年人，学理界和实务界认识一致，均认为此时未成年人不具有表达自己真实意愿的意思能力，因此其姓名权应当由监护人行使或征得监护人同意后自己行使。

婚外同居与婚外性行为

案情简述：

原告：陈某，女，1967年3月31日出生，汉族，四川省某县农业银行职工，住县农业银行宿舍。

被告：甄某，男，1966年11月25日出生，汉族，四川省某县个体经营者，住某小区。

原被告双方于1990年2月结婚，婚后感情尚好，于1992年生有一女。近年来甄某的生意做得越来越大，于是常是早出晚归，但从不在外过夜，陈某从来没有怀疑过什么。2001年8月的一天，陈某在商场里发现了丈夫的身影，旁边还有一个长头发的女子，为了看个究竟她尾随其后，直到他们驱车离开。而甄某却否认他有婚外情，从此两人为此事经常吵架，导致夫妻感情恶化。陈某再也不想和甄某过下去了，于是她想到了离婚。某日陈某因公出差，她告诉丈夫五日后回来，由于事情办得较顺利，两天后陈某就回来了。当她回家开门时发现门打不开，后丈夫出来开门，室内站着上次陈某所见女子。当时陈某非常冷静，并没有大吵大闹，只是要求二人写下证明有不正当男女关系。事后陈某向法院起诉，请求判令其与甄某离婚，并要求甄某赔偿自己因丈夫有外遇所受到的精神损失 2 万元。甄某不同意离婚，称已与王某认识一年多时间，但否认其与王某之间有婚外同居关系。

法院审判：

法院经审理后认为，因被告同意离婚，双方感情确已破裂，准予离婚。原告陈某所提交的甄某、王某所写证明只能证明被告甄某有婚外性行为，而不能说明与他人长期同居，故不能支持其精神损害赔偿的请求。

评析：

本案审理的焦点问题在于婚外性行为与婚外同居的区别。为保护夫妻双方中无过错一方的合法权益，遏止和处罚近年来社会上出现的“包二奶”、养情人等违反一夫一妻制的行为，我国《婚姻法》在 2001 年 4 月 28 日修订时明确规定“禁止有配偶者与他人同居”，第四十六条规定有下列情形之一，导致离婚的，无过错方有权请求损害赔偿：

1. 重婚的；
2. 有配偶者与他人同居的；
3. 实施家庭暴力的；
4. 虐待、遗弃家庭成员的。有配偶者与他人同居的和重婚的情况是一样的，导致夫妻感情破裂的，应准予离婚，同时无过错方可以此为由向过错方请求损害赔偿。这个问题在前而已讲到过，不再赘述。

着重讨论一下重婚、与他人同居和婚外性行为。

对“有配偶者与他人同居”行为的认定，最高人民法院《关于适用〈中华人民共和国婚姻法〉若干问题的解释（一)》第二条进行了界定，规定为“是指有配偶者与婚外异性，不以夫妻名义，持续、稳定地共同居住”的行为。持续、稳定要求这种同居行为在时间上是有持续性的，不是偶然的，在空间上来说不是随意的任何场所，而是指有特定的，相对固定的一个居所，而对象也是特定的。所以一般在某宾馆、某娱乐场所等发生的性行为，只能认为是一般的婚外性行为，他可以作为离婚的一个理由，但不是导致受害者要求损害赔偿的一个理由。因此本案法院没有支持原告的诉讼请求是有法可依的。

但是对于此类案件，受害方举证是非常难的。实践中当事人能否切实拿起法律武器保护自己的合法权益，也就取决于当事人能否向法院提供证明自己主张事实成立的证据。

在现代法治国家里，作为法院定案依据的证据必须具有合法性，即证据要在表现形式、收集程序或提取方法上符合法律的规定。以侵害他人合法权益或者违反法律禁止性规定的方法取得的证据，如故意违反社会公共利益和社会公德侵害他人隐私，或者是使用窃听手段取得的证据，就不具有合法性，不能作为认定案件事实的依据。而隐私权是公民享有的对其个人的、与公共利益无关的个人信息、私人活动和私有领域进行具体支配的具体人格权。公民有权对自己的隐私进行隐瞒、自我利用，不为人所知，维护自己的隐私不受他人的侵犯，有权按照自己的意愿进行支配，如可以公开部分隐私，准许他人利用自己的隐私。

毫无疑问，公民的性生活属于私人活动，是个人隐私的一部分，他人对公民的性生活不得进行刺探、调查、窥视、擅自公布、非法利用等行为，否则构成对公民隐私权的侵犯，属于违法行为，受害人有权要求侵权人承担停止侵害、消除影响、赔礼道歉、赔偿损失等民事责任，依法保护自己的隐私权。

在实践中有些女性请私人侦察取证，闯入宾馆或她人家中捉奸拍照，侵犯第三者的隐私权，最后导致自己又成为另一案的被告。女性在遇到这种情况时应冷静，并用智慧取证，必要时要向公安机关报案，通过公安机关行使行政管理权力来保护自己的合法权益。

限制婚姻自由的协议无效

案情简述：

原告：安某，女，1977 年 11 月 2 日出生，汉族，山东省威海市人才交流中心员工，住威海市某路。

被告：崔某，男，1976 年 3 月 14 日出生，汉族，山东省某旅游公司副经理，住址同上。

原被告双方于 2000 年结婚，婚后育有一女，因性格不合，双方常为家务琐事争吵，为此，原告曾于 2003 年 10 月 9 日诉请离婚，后经慎重考虑撤回了起诉。同年 12 月 31 日，双方就财产及子女抚养问题签订了一份协议，协议约定：今后安某不得再提出离婚，如果安某向崔某先提出离婚，不管是真心离婚，还是以离婚相要挟，所有婚前婚后财产均归崔某所有，婚生女由崔某抚养，安某不得有任何异议。协议签订后，双方的关系并无改善，安某因崔某经常酗酒，不管家务并经常打骂安某，双方感情完全破裂为由于 2005 年 3 月再次诉请离婚。诉讼过程中，原告安某以所签协议是在被胁迫的情况下所签，并非自己的真实意思表示，且协议内容违反法律规定，应属无效为由，要求抚养婚生女并按法律规定分割财产。被告虽表示同意离婚，但坚持按照协议的约定确定财产归属及婚生女的抚养权。

法院审判：

法院经审理认为：虽然夫妻可以对婚姻关系存续期间所得的财产及婚前财产作出约定，但这种约定不得以违法条件为前提。按照《民法通则》的相关规定，附条件的民事行为如果所附条件违背法律规定，则该民事行为无效。本案中双方的协议以安某提出离婚为前提，违背了我国《婚姻法》关于婚姻自由的基本原则。婚姻双方及其他任何人均不得通过对他人人身或财产的限制来干涉他人的婚姻自由，且双方约定离婚时子女一定要由崔某抚养也与法律规定的原则不相符，因此该协议属无效协议。在向双方讲明法律规定和查明双方确无和好可能的基础上，法官对案件进行了调解，安某与崔某达成了合理分割财产的协议。

评析：

原、被告双方在将来安某是否提出离婚尚不确定，仅仅是一种可能性的情况下，按照假定的条件，对离婚后的全部财产权属及婚生女抚养权作出约定，实际上是一种附条件的民事法律行为。所谓附条件的民事法律行为指当事人设定一定条件，以条件的成就与否作为民事法律行为效力发生与否的民事法律行为。

本案中，当事人双方以将来安某提出离婚为条件达成协议，即只要满足安某再次提出离婚的条件，而不管安某是真心离婚，还是以离婚相要挟，所有婚前婚后财产均归崔某所有，婚生女由崔某抚养，安某不得有任何异议。在当事人订立该协议之初，从表面上看似乎是出于双方自愿，以将来发生安某提出离婚为条件，用财产和子女抚养权归属于崔某来限制安某，对安某提出离婚加以限制，实质上是干涉了安某离婚的自由。该协议违背了我国法律关于婚姻自由的基本原则，即婚姻双方及其他任何人均不得通过对他人人身或财产的限制来干涉他人的婚姻自由，该协议应属无效。

法律鼓励当事人意思自治，但意思自治必须是在完全自愿的前提下并且不违反法律强行性、禁止性规定。如果本案中当事人不是以尚未发生的，将来安某提出离婚为条件达成所谓的离婚协议来限制安某的离婚自由，而是确实在女方安某提出离婚之后，双方在完全平等自愿的基础之上，就财产归属和婚生女抚养权达成以上协议，因不违反法律规定，协议应当有效。在司法实务中还存在其他以限制对方婚姻自由权为条件而签订的协议。例如，如果夫妻双方离婚，孩子判给男方抚养，但是双方约定，如果谁再婚，就不能抚养孩子。这也是一种很具有代表性的因限制婚姻自由而无效的情形。很多离婚的母亲都怕孩子将来受后妈的气，所以约定，要是男方再婚就不能再抚养孩子。《婚姻法》确定了婚姻自由的原则，任何人不能以任何理由加以限制。这种条款即便签订了，也是无效的。

基于以上分析，我们可知，附条件的民事法律行为所附的条件必须不违反法律规定，作为条件的事实必须不违反法律、法规，不违反公序良俗。

妻子是否有义务偿还亡夫生前借款

案情简述：

原告：包某，男，1973 年 4 月 15 日出生，汉族，住江苏省某县某小区。

被告：李某，女，1975 年 11 月 27 日出生，汉族，住江苏省某县某路某花园。

原告包某与被告李某之夫张某系中学同学。1999 年 3 月 27 日，张某向原告借现金 8000 元，并写有欠条。2001 年 7 月 12 日张某交通事故而死亡。此后，原告要求被告偿还此款，被告以其不知道此事为理由拒绝偿还。原告即起诉至某县人民法院，请求法院判令被告偿还其丈夫生前欠款。

被告李某答辩称：我丈夫在世时未向我提及此事，我对此丝毫不知，即使借款属实，也仅属我丈夫个人行为，借款没有用于家庭共同生活。我现住两室一厅房屋，是我用个人财产所购买，且房屋产权不是我的。我丈夫死后没留下任何遗产，我不同意偿还此款。

法院审判：

人民法院经审理查明：对原告出具的张某所写欠条，经核对笔迹，确系张某的笔迹。张某在世时其父母已经去世。被告和张某系 1996 年 10 月 26 日登记结婚，婚后双方没有子女，被告是张某唯一的第一顺序继承人。2000 年 5 月份，被告与张某购买了黄某两室一厅房屋，价格为 76000 元，张某付清了购房款。但房屋产权至今没有过户，仍在黄某名下。被告在其夫死亡后没有表示放弃继承张某的遗产，并实际占有了上述所购之房产。

江苏省某县人民法院认为：被告丈夫生前向原告借款，有欠条佐证，借款事实成立。被告和其丈夫共同生活期间购买了房屋，付清了房款，并已经搬进居住。被告已实际继承了其丈夫的遗产，应当负有偿还其丈夫生前欠款的义务。被告辩称所购房屋没有过户，因房屋过户与否不影响其继承遗产事实存在，故其此辩称理由不能成立。原告请求由被告偿还欠款的理由正当，依法予以支持。根据《中华人民共和国民法通则》第八十四条、第一〇八条及最高人民法院《关于贯彻执行〈中华人民共和国继承法〉若干问题的意见》第六十二条之规定，判决如下：

被告偿还原告借款8000元整，在本判决生效15日内付清。

宣判后，当事人双方均未上诉。

评析：

这是一起遗产继承人是否应该偿还被继承人生前所欠债务的案件。确认被告有这种义务，必须查清两个基本事实：一是借款事实是否存在；二是被告是否继承了其丈夫的遗产。对于借款事实，因有经确认是张某之笔迹的欠条，故借款事实是存在和成立的。被告虽辩称不知其夫借款一事，但没有证据证明此欠条不是张某所写。因此，应认定借款事实的存在和成立。

对于第二个事实，因被告是张某唯一的第一顺序继承人，被告在张某死后也没有表示放弃继承遗产，并已实际占有了双方在共同生活期间所购买的房屋，可以认定被告已实际继承了张某的遗产。根据最高人民法院《关于贯彻执行〈中华人民共和国继承法〉若干问题的意见》第六十二条的规定，被告作为法定继承人继承了遗产，即应当用其所得遗产清偿被继承人的债务。况且，其应偿还的债务数额并未超出其所继承的遗产数额。

我国《继承法》第三十三条规定"继承遗产应当清偿被继承人依法应当缴纳的税款和债务，缴纳税款和清偿债务以他的遗产实际价值为限。超过遗产实际价值部分，继承人自愿偿还的不在此限。继承人放弃继承的，对被继承人依法应当缴纳的税款和债务可以不负偿还责任"。被告与其亡夫张某所购房屋是其婚内的共同财产，所以张某的遗产范围只限于其中的一半。

但是本案的判决还是存在不妥之处，即被告称"即使借款属实，也仅属我丈夫个人行为，借款没有用于家庭共同生活。"此辩引发一个张某借款属个人债务还是夫妻共同债务的问题。此定性不同，被告所承担的义务及责任范围也就不同。如定性为个人债务，被告仅以继承的被继承人的遗产实际价值为限向原告承担清偿债务的责任。而如定性为夫妻共同债务，则被告本人就是直接债务人之一，与其夫对外共负连带清偿债务的责任，并以夫妻共同财产为基础，在夫妻共同财产不足以清偿债务情况下，个人仍负有继续清偿的责任。所以在本案中，如果原告所请求的数额不是8000元，而是80000元，是不是只让被告在财产的一半内，也就是38000元的范围内承担清偿责任呢？所以本案的法官并没有很好地把此问题分清。

如果被告主张他人所诉债务是丈夫生前的个人债务，而又无法提供证明的，那只能认定为双方婚姻关系存续期间的共同债务，所以就不是在不在遗产的范围内承担清偿责任的问题，而是要完全承担连带清偿责任的问题了。对此，《最高人民法院关于适用〈中华人民共和国婚姻法〉若干问题的解释》第二十六条做出了明确的规定“夫或妻一方死亡的，生存一方应当对婚姻关系存续期间的共同债务承担连带清偿责任。”

所以，本案的判决结果虽支持了原告的诉讼请求，但存在适用法律不当，定性不准的问题。

曾经的离婚协议是否有效

案情简述：

原告翟某，女，1962年3月19日出生，汉族，北京市某区税务局干部，住北京市三环新城。

被告林某，男，1960年12月15日出生，汉族，北京市某文化传播有限公司经理，住东四环某小区。

原被告原系夫妻关系，后因被告出现第三者而引起夫妻感情破裂，后原告同意离婚，但在分割共同财产之外，原告要求被告再给付她50万元，被告同意。2004年11月5日双方签订离婚协议一份，并且被告另书写欠条一张，写明“兹有林某欠翟某离婚款50万元，于1个月内支付。”后被告未按欠条履行支付义务，故诉请法院判令被告支付离婚款人民币50万元。

被告辩称，原被告双方曾经协议离婚，但是因种种原因终没有协商成，未能到民政局办理离婚证，而是诉讼到法院，通过法院调解的方式解决的。2005 年 7 月 3 日在北京市丰台区人民法院的主持下，原被告双方同意离婚，并对财产和子女抚养达成协议。而且被告放弃了很多共同财产，也是对原告的一种补偿了。原告提供的协议书和欠条，因双方没有依据此协议内容离婚，而是通过法院解决，所以该协议根本没有发生法律效力。故不同意支付所谓的离婚款 50 万元，请求法院驳回原告的诉讼请求。

法院审判：

法院经审理查明：原被告原系夫妻关系。2005 年 7 月 3 日在北京市丰台区人民法院的主持下双方达成调解，同意离婚，并就子女抚养、财产分割达成一致意见，并在协议书上签字。后双方收到丰法（2005）民一初字第 00357 号民事调解书，双方签字后已生效。本院认为，2004 年 11 月 5 日双方签订的离婚协议，虽就子女抚养和财产处理做了约定，但双方并未依此约定采取协议的方式离婚，而是在丰台区人民法院的主持下达成了新的调解协议，并且该调解书已经发生法律效力。故此法院驳回了原告的诉讼请求。

评析：

近几年来，人民法院所受理的“一纸欠条”（借条）的债务纠纷日益增多。在诉讼中，对案件唯一的书证——欠条（借条）的审查显得尤为重要，它是查明案件事实和正确适用法律的前提和保障。债的发生，是指由于一定的法律事实致使当事人之间产生了特定的债权债务关系。法院审理一切债权债务纠纷案件首先应查明债权是否真实存在，只有查明了当事人之间存在债的发生根据，才能正确认定当事人之间存在债权债务关系，进而明确双方当事人的具体权利与义务。在本案的处理过程中，一改过去只注重审查债务是否履行，而不问是否存在债的发生根据，或债的发生根据是否合法有效，只要债务人未提出债务已履行的证据，法院对原告的债权请求就一律予以支持的做法，而是在审理中，首先审查债的形成。作为债权人对证明债的发生负有证明责任，如果仅仅依据一张欠条，只写明欠款额，没有欠款缘由，或者数额超大，原告所述欠款事由不符合常理，又没有其他证据证明的情况下，恐怕就要承担对其不利的法律后果。但是本案并非是普通的欠款纠纷，它所涉及的法律问题并非只限于此。

首先，关于在婚姻关系存续期间对离婚后财产处理的约定效力问题。我国《婚姻法》第十九条规定“夫妻可以约定婚姻关系存续期间所得的财产以及婚前财产归各自所有、共同所有或部分各自所有、部分共同所有。约定应当采用书面形式。没有约定或约定不明确的，适用本法第十七条、第十八条的规定。

夫妻对婚姻关系存续期间所得的财产以及婚前财产的约定，对双方具有约束力。”

这是婚内财产约定，这种约定一般是对婚前财产和婚后财产的约定，但却没有规定可以对离婚后的财产进行约定的问题。我国目前离婚的方式有两种，一种是双方协议离婚，就是两人没有什么争议，直接到民政部门办理一个离婚证。这种方式很简单，拿来结婚证、户口本、介绍信，就可以办，但是还需要有一个离婚协议书。而这个离婚协议，民政部门的人员会要求办理离婚的夫妻双方要把财产和子女处理问题写得清楚、明白，然后双方签字，民政部门也要在这上面印章，这个协议就是唯一成立，有效的离婚协议书。在这种情况下，不管以前写过什么离婚协议都是没有效力的。

还有一种离婚的方式就是到法院去离婚，而到法院去离婚也会有三种情况。第一是一方要求离婚，一方死活不离，但法院最终认定夫妻感情确已破裂，判决离婚的。这时法院会对共同财产和子女的分割做出判决。第二是经法院做工作，双方都同意离婚，在法院的主持下对财产处理和子女抚养达成了一致意见。但是财产的处理完全是对两个人提供的有关共同财产的清单和证据进行审查，是否全面由当事人承担后果。所以就会出现再次请求财产分割案件，也会出现再次起诉要求损害赔偿的案件。但是如果拿出一份以前的离婚协议书，要求法院按这个协议重新分割财产的，法院应当不会认定其效力。法院的判决书、调解书与离婚证具有同样的法律效力，它可以理解为将离婚证与协议书的合而为一。

但是近几年法院有一个简易的离婚程序。就是如果双方协议离婚，但是又不想让单位知道，就不去民政局，而是悄悄地到法院去办理离婚，如果双方没有什么争议，法院就会立即做出民事调解书。这在实施之初做为法院的一个特色，而且是一个大力宣传的便民服务。但是这种方式的确给离婚后留下隐患。很多调解书是这样写的："双方已对子女抚养达成协议，财产无争议，准予离婚"，但是财产处理情况，子女抚养情况并没有附卷，这时就可能会发生像本案的情节，一方持协议书要求履行。如果简易离婚程序调解书中只做笼统概述，而没有明确写明财产处理情况的，双方在办理离婚手续之前的离婚协议是应当认定其效力的，合法的请求应当予以支持的。

因侵害性权利而引起的损害赔偿

案情简述：

原告秦某，男，1973 年 6 月 11 日出生，汉族，云南省某县刘家堡农民。

原告刘某，女，1974 年 3 月 9 日出生，汉族，云南省某县刘家堡农民。

被告孙某，男，1960 年 2 月 20 日出生，汉族，云南省某县个体司机，住云南省某县某小区。

原告秦某与原告刘某系夫妻关系，秦某原在云南省某县邮局工作，二人生活平静而幸福。2003 年 8 月 2 日晚，被告驾驶一辆东风卡车将正常行驶的秦某撞伤，后送往医院治疗，花去医药费等总计 73621 元，被告均予以赔偿。在此后的两年中秦某发现他的性功能逐渐消失，而这些可能与两年前的交通事故有关。经法医鉴定，结果为：因外伤致阴茎勃起功能障碍。2007 年 3 月 16 日秦某起诉至法院，要求被告赔偿医疗费等总计 121238 元，精神损失 2 万元；妻子刘某认为，自己作为秦某的合法妻子，丈夫因车祸丧失性功能，使自己的生理及心理健康受到了严重伤害，于是要求给予 5 万元的精神损害赔偿。

法院审判：

云南省某县人民法院经审理认为，2003 年孙某将秦某撞成重伤，致使秦某性功能障碍，在此次事故中孙某负全部责任，因此对秦某的损害应当承担全部责任。性权利是公民健康权的一个方面，正是由于孙某的侵害，秦某不仅要承受身体上的损害，还要承担精神上的痛苦，因此，该法院支持秦某的请求。但对于妻子刘某的请求因为缺乏法律依据，故不予支持。

评析：

法院之所以没有支持妻子的诉讼请求，基于她不是直接的受害主体，即使是关于侵害配偶权的侵权行为案件，仅仅在《婚姻法》第四十六条中规定了离婚过错损害赔偿制度，第三人侵害婚姻关系（即配偶权）的侵权案件，法律并没有明文规定。因此，对于本案不宜以侵害婚姻关系的性质处理，就是按照侵害健康权的性质认定并确定赔偿责任即可，对于受害人配偶的诉讼请求应当驳回。

而有人则持不同的看法，他们认为，加害人的行为，既造成了受害人的健康损害，又造成了受害人配偶的性权利的损害，构成了两个侵权行为的赔偿法律关系，法律应当保护。因此，应当判决加害人承担侵害健康权的人身损害赔偿，也要承担侵害受害人配偶的性权利的精神损害赔偿。两个损害赔偿的请求权由两个不同的受害人分别行使。

在美国，这种案件被称为间接干扰婚姻关系的侵权案件。《美国侵权行为法重述》明确规定，干扰家庭关系侵权案件包括直接干扰婚姻关系、间接干扰婚姻关系、直接干扰父母子女关系和间接干扰父母子女关系四种。其中，直接干扰婚姻关系的侵权案件，类似于大陆法系的侵害配偶权案件，如离间夫妻感情、导致夫妻一方与他方分居或导致一方拒绝回复与他方共同生活、与夫妻一方有犯罪的性交往行为（通奸），都构成这种侵权责任。如果实施这些行为的原因是因为当事人的父母建议、受害人配偶同意、宽恕，以及有正当的离婚理由的，则不构成该种侵权行为，不承担责任。

《美国侵权行为法重述》第六九三条规定，间接干扰婚姻关系侵权案件，是指受害人因被告的侵权行为导致其受伤害而提起诉讼，被告的这种侵权行为导致受害人患有疾病或遭受其他身体伤害，造成性能力的丧失，则必须对该受伤害者承担责任的被告，对于受害人的另一方配偶因此所遭受的社会地位的丧失及其配偶服务提供的丧失，包括性交能力的损害，对受害人的配偶所应当承担的侵权责任。其责任范围是，受害人的健康损害以及受害人的配偶的婚姻关系的损害。此外，向有吸毒习惯的配偶售药，也是一种间接干扰婚姻关系的侵权行为。对于干扰婚前双方的关系，则不构成侵权责任。

处理这类案件应当注意以下几个问题：

第一，间接侵害婚姻关系的侵权行为是一种依附于主侵权法律关系的侵权法律关系，不是一个独立的侵权行为。这种案件是一种附带在别的案件之中侵权案件，不是独立的侵权案件。这就是说，在这种案件中，存在两个侵权行为法律关系。即加害人在实施一个侵权行为的时候，侵害了两个法律所保护的客体，产生了两个侵权法律关系。其中一个侵权法律关系是主侵权法律关系，侵害的是受害人的健康权，产生的是人身损害赔偿法律关系。另一个侵权行为法律关系是侵害配偶权，产生的是侵害婚姻关系的精神损害赔偿。前一个侵权法律关系是主要的法律关系，后一个侵权法律关系是次要的法律关系，是依附于主要侵权法律关系的侵权法律关系。在这两个侵权行为的法律关系上，是重合的法律关系，而不是竞合的法律关系。因此，主侵权行为的当事人是侵害健康权的双方当事人，而从侵权法律关系的当事人则是健康权受害人的配偶一方和加害人。这两个法律关系的性质的重合关系不能搞错，同时，这两个法律关系的主次关系也不能搞错。

第二，间接侵害婚姻关系侵权案件的责任构成，应当具备违法行为、损害事实、因果关系和主观过错四个要件。违法行为的要件，应当是作为（也包括特殊情况下的不作为）的行为，具备的违法性要件，应当是违背法定义务，直接违反的是不得侵害生命健康权的不作为义务（或者某些情况下的作为义务）。应当注意的是，这种间接侵害婚姻关系的违法行为实际上与侵害直接受害人健康权的行为是一个行为，只是在违法性上，具有双重属性，通俗地说，就是具有两个违法性而已，并不是两个违法行为。

损害事实的要件，侵权行为损害的既是健康权，也是配偶之间的婚姻关系，即配偶相互之间的性利益。在这个要件上，是要注意的，就是间接侵害婚姻关系的损害事实一定是要独立的，是单独的损害事实，而不是像违法行为要件一样，仅仅是一个行为，而一定要是一个独立的损害事实。这个损害事实的表现是，受害人的配偶之间性利益受到的损害。在配偶权当中，相互之间的同居权利和义务是最基本的关系，是男女之间之所以成为夫妻、配偶的基本利益所在。配偶一方因为侵权行为损害健康，致使另一方配偶的这种利益受到损害，就是这种侵权行为所造成的损害事实。

因果关系的要件，则是造成人身伤害的行为与人身伤害之间具有因果关系，以及在与受害人配偶权利义务关系中的性利益的损害事实之间也具有因果关系。必须具备这样两个因果关系，才能构成间接侵害婚姻关系的侵权责任。

最后，主观过错的要件，故意或者过失均可以构成，故意造成人身伤害，构成侵权责任，过失同样构成侵权责任。就在适用无过错责任原则的场合，由于无过错造成的侵权，间接侵害了婚姻关系，也构成这种侵权责任。可以说，过错的考察不在于间接侵害婚姻关系这一部分，而在于侵害健康权行为的部分。这一点是十分重要的。

第三，间接侵害婚姻关系侵权责任适用的归责原则，应当跟随造成人身损害侵权行为责任性质所适用的归责原则而定。如果主侵权行为的性质是过错责任，那么，间接侵害婚姻关系的侵权责任就适用过错责任原则归责。如果主侵权行为的性质是无过错责任，那么，间接侵害婚姻关系侵权行为的侵权责任就适用无过错责任原则归责，在责任构成上，就不再必须具备主观过错的要件。同样如此，如果主侵权行为的性质是推定过错责任，其主观过错的要件适用举证责任倒置，那么，跟随主侵权行为的间接侵害婚姻关系的侵权责任的构成同样实行举证责任倒置，受害人不必举证证明加害人的主观过错，直接推定加害人具有主观过错；如果加害人认为自己没有过错，则自己举证证明其主张，证明成立者，免除自己的责任。本案的案情是被告在倒车的时候造成的人身损害，侵权性质应当是过错责任，法院判决确认适用的是过错责任原则，是正确的。如果损害是在高度危险作业中所致，那就要适用无过错责任原则归责，行为人无过错也要承担侵权责任。

第四，间接侵害婚姻关系侵权行为的责任，是承担精神损害赔偿责任，就是赔偿精神损害抚慰金。侵害健康权构成侵权责任，同时又构成间接侵害婚姻关系责任，就应当判决侵权人在承担侵害健康权的人身损害赔偿责任的同时，再承担侵害婚姻关系的精神损害赔偿责任。确定的赔偿数额要适当，不能过低。

本案中法院的审理人员认为对于这种间接侵害婚姻关系的侵权案件，法律没有明文做出规定，直接驳回了妻子的诉讼请求。而有的法官则认为最高人民法院《关于确定民事侵权精神损害赔偿责任若干问题的解释》第一条第二款规定："违反公共利益、社会公德侵害他人隐私或者其他人格利益，受害人以侵权为由向人民法院起诉请求赔偿精神损害的，人民法院应当予以受理。"侵害配偶权当中的性利益的，由于没有相应的法律规定，可以认定为是其他人格利益受到损害，适用这一规定，受理案件，应当支持妻子的请求。

有的法官则采取了折中的办法，他们认为受害人配偶关于伤害其丈夫的行为侵害了其性权利，是有道理的，尽管性权利不是一个独立的权利，但是这种损害事实是客观存在的。所以法官在确定受害人的赔偿数额中，考虑其配偶的正当请求，增加赔偿数额，以体现对受害人及其配偶的人文关怀。

由此可见，我国立法有必要对此问题做出明确的规定。

解除非法同居关系如何分割财产

案情简述：

原告刘某，男，1985 年 11 月 13 日出生，汉族，河南省南阳市某县 A 村农民。

被告王某，女，1988 年 6 月 26 日出生，汉族，河南省南阳市某县 B 村农民。

原告于 2004 年 10 月因参加好友的同学聚会与被告相识，相识后二人渐渐产生了好感，并于 2005 年 10 月 2 日双方依照农村的习俗办理了婚礼，但因双方均未到法定婚龄，故没办理结婚登记，婚后未生育小孩。婚后二人从被告父亲处借款购买了一辆夏利小汽车进行营运。还购置了一台长虹彩电、一部录像机、一台洗衣机、一台抽油烟机。

婚后原被告双方常为家庭琐事发生争吵，导致夫妻感情不和。原告遂于2007年9月10日以夫妻感情完全破裂为由，依法向人民法院提起诉讼，要求与被告离婚，并依法分割夫妻共同财产。

原告认为，自己与被告结婚后夫妻感情一直不和，常为一些小事发生争吵，现在夫妻感情确已完全破裂，要求与被告离婚。结婚后，开出租车赚了5万元，现要求分得家庭财产的一半。

被告认为，自己与原告结婚以来，一直未建立起真正的夫妻感情，现原告提出离婚诉讼，故同意和原告离婚。至于财产分割问题，结婚后开出租车赚的10万元不属于分割财产的范围。因为购车款是父亲给的，开出租车是自己一人的劳动所得，和原告没有任何关联。另外，父母给原告送了一对金耳环，一枚戒指，现要求其返还。

法院判决：

人民法院经审理查明，原告和被告因未到法定婚龄未办理结婚登记即以夫妻名义在一起居住，起诉时双方也未到法定婚龄，故按解除同居关系案件处理。2006年3月被告之父以自己的名义购买汽车一辆，交由被告进行营运，所得收益归原被告双方支配。汽车的所有权属于被告之父，原告无权分割，所得收益应属被告之父所有。一台长虹彩电、一部录像机、一台洗衣机、一台抽油烟机系二人同居期间所购，属于二人同居期间的共同财产，因不宜分割，应适当折价补偿。被告父母于原被告举行婚礼之时给予原告金耳环一对、金戒指一枚，应当属于合法的赠予行为，故被告要求返回不予以支持。根据《中华人民共和国民事诉讼法》第一五三条第一款第（三）项和最高人民法院《关于人民法院审理离婚案件处理财产分割问题的若干具体意见》第十三条、第二十条及《婚姻登记管理条例》第二十五条之规定，判决如下：

1. 解除刘某与王某的非法同居关系。

2. 长虹彩电、录像机、洗衣机、油烟机归被告所有，被告在判决书送达之日起10日内折补原告现金5000元。

评析：

我国《婚姻法》第十二条规定“无效或被撤销的婚姻，自始无效。当事人不具有夫妻的权利和义务。同居期间所得的财产，由当事人协议处理；协议不成时，由人民法院根据照顾无过错方的原则判决。对重婚导致的婚姻无效的财产处理，不得侵害合法婚姻当事人的财产权益。当事人所生的子女，适用本法有关父母子女的规定。”但是本案不属于《婚姻法》第十条所指的无效婚姻，而是非法同居关系，这种关系，婚姻自始是没有发生的。

最高人民法院《关于适用〈中华人民共和国婚姻法〉若干问题的解释(一)》第五条规定未按《婚姻法》第八条规定办理结婚登记而以夫妻名义共同生活的男女，起诉到人民法院要求离婚的，应当区别对待：

1. 1994年2月1日民政部《婚姻登记管理条例》公布实施以前，男女双方已经符合结婚实质要件的，按事实婚姻处理；

2. 1994年2月1日民政部《婚姻登记管理条例》公布实施以后，男女双方符合结婚实质要件的，人民法院应当告知其在案件受理前补办结婚登记；未补办结婚登记的，按解除同居关系处理。

本案中的原被告双方在起诉之时还未到法定婚龄，故而只能按解除非法同居关系处理。还有一些当事人是符合结婚的实质要件的，但已经在一起生活多年也没有办理结婚登记，人民法院应告知其先补办结婚证，再按照离婚案件处理。而有人就问了，那有什么不同吗？当然不同。《婚姻法》要保护的是合法的夫妻关系，没有经过法律确认的婚姻中的当事人不能得到完全的保护。合法的夫妻关系，共同财产的范围法律是有明确规定的，《婚姻法》第十七条规定夫妻在婚姻关系存续期间所得的下列财产，归夫妻共同所有：

1. 工资、奖金；

2. 生产、经营的收益；

3. 知识产权的收益；

4. 继承或赠予所得的财产，但本法第十八条第三项规定的除外；

5. 其他应当归共同所有的财产。

夫妻对共同所有的财产，有平等的处理权。

而非法同居关系的共同财产则不然。比如在合法的婚姻中一般情况下一方继承或赠予所得的财产是属于共同财产的，而在非法同居生活期间一方因继承、遗赠、赠予等途径所得的合法收入，归其本人所有。本案中被告所用营动车辆，所是其父所购，但如果是在合法的婚姻关系中很有可能会认为是家庭共同财产。

最高人民法院《关于适用〈中华人民共和国婚姻法〉若干问题的解释(二)》第一条规定“当事人起诉请求解除同居关系的，人民法院不予受理。但当事人请求解除的同居关系，属于婚姻法第三条、第三十二条、第四十六条规定的‘有配偶者与他人同居’的，人民法院应当受理并依法予以解除。

当事人因同居期间财产分割或者子女抚养纠纷提起诉讼的，人民法院应当受理。”

由此可见，立法极力保护的是合法的婚姻关系，而对于非法同居则不予保护。

偷着生下的孩子对方是否该支付抚养费

案情简述：

原告黄某，女，1977年3月12日出生，汉族，河北省邯郸市大明县A村农民。

被告李某，男，1977年6月30日出生，汉族，河北省邯郸市大明县A村农民。

1999年5月，原被告经人介绍相识后确定恋爱关系，2001年3月在婚姻登记机关登记结婚，领取了结婚证书。2004年7月2日，原告以与被告婚后感情不和，时常为家庭琐事发生争吵为由，向大明县人民法院提起离婚之诉，要求与被告离婚。起诉时原告已经怀孕4个多月。被告也认为双方无法共同生活，同意离婚。双方还庭外协商同意，由原告到医院去做人工流产手术，由被告承担原告流产的一切费用。2004年8月26日，双方经法院调解自愿离婚，并办理了离婚手续。离婚后，原告对流产协议反悔，在未征得被告同意情况下，于2005年1月5日生育一男孩，取名随原告姓。原告因抚养孩子无法工作，生活陷于困境之中，遂以孩子已出生，并且孩子的父亲有抚养孩子的义务为由，要求被告履行抚养义务，每月支付抚养费400元。被告以双方协商同意做人工流产手术，离婚后原告自作主张，未通知自己即将孩子生出，并随原告姓为由，拒绝给付抚养费。为此，原告向法院提起诉讼，要求被告李某履行抚养义务。

法院判决：

大明县人民法院经审理认为，原告与被告因感情不和、时常为家庭琐事发生争吵提出离婚，原告当时已怀孕4个月，双方虽协商由原告去医院做人工流产，但原告在离婚后生育一男孩，并随其姓，符合法律规定。被告因孩子出生后与原告同姓，不履行抚养义务，是错误的。根据《婚姻法》第三十六条、第三十七条，判决如下：

1. 被告对原告所生之子应尽抚育义务。
2. 被告每月给付子女抚养费350元，至其独立生活时止。

评析：

本案中关键的问题是原告有没有权利私自生下孩子？原被告在离婚时，自行协商由原告做人工流产的协议因限制了女方的生育权，因此不具有法律约束力。《婚姻法》第十六条规定："夫妻双方都有实行计划生育的义务。"在一般情况下，夫妻为履行计划生育的义务和按照优生、优育的原则进行计划生育。夫妻双方虽经过协商，在女方已怀孕的情况下做人工流产，是双方的一种自觉自愿的行为，并不是一方对另一方的强迫行为。因此，夫妻双方自行协商，由怀孕女方做人工流产，虽是一种双方协议行为，但该协议行为对怀孕女方并不具有法律约束力。

同时，《中华人民共和国妇女权益保障法》第四十七条第一款规定："妇女有按照国家有关规定生育子女的权利。也有不生育的自由。"由此可见，怀孕妇女是否生育子女，主要由怀孕妇女自己决定，属于其享有的一种特殊的人身权利。这种人身权利不因其与他人的协商行为而受到限制。本案中的原、被告双方虽然在离婚时协商同意由原告做人工流产，事后（离婚后）原告反悔，生下孩子，其行为并不违反法律的强制性规定，也是其行使生育权的表现。

由此可见，这种限制生育权的协议本身就是不合法的，不管男方认可不认可，孩子与其存在的血缘关系是不能否认的。那么男方就应当承担子女抚育费，并对其子女有抚养教育的义务。而其以没有姓其姓为由拒绝支付抚养费更是没有法律根据的。

我国《婚姻法》第二十一条第一款规定："父母对子女有抚养教育的义务；子女对父母有赡养扶助的义务。"父母对子女的这种抚养教育的义务，其性质是法定义务，而且不因父母离婚而免除父或母一方对子女的这种义务。《婚姻法》第三十六条第二款规定："离婚后，父母对于子女仍有抚养和教育的权利和义务。"《婚姻法》第二十二条规定："子女可以随父姓，可以随母姓。"可见，子女不因随父或随母姓而免除对方的抚养教育义务。因此，在本案中，被告以其子随原告姓而拒绝负担抚育费，是没有法律依据的，不能成立。

无论出于何种情况下，子女的出生，即便父母有错，子女都是无辜的，是受国家法律保护的民事权利主体，依法享有法律规定的权益。因此，父或母对其所生子女，在子女未成年或不能独立生活时，没有任何理由拒绝承担抚养和教育的义务。据此，受案法院判决被告应履行其对原告所生之子义务，并负担一定生活费至其独立生活为止，是正确的。

夫妻离婚后探视权问题

案情简述：

原告孙某，男，1971 年 7 月 12 日出生，汉族，江苏省某市个体经营者，住扬州市某小区。

被告尹某，女，1973年8月9日出生，汉族，江苏省扬州市第二实验小学教师，住某市某路。

原告与被告于2001年8月15日经人民法院调解离婚，婚生子孙某某随母亲生活，原告一次性给付子女生活、教育费10万元。原被告双方离婚后原告从事个体工商经营活动，为生计经常东奔西走，且未再婚。2003年5月，被告将孙某某的姓氏改为其再婚丈夫程某的姓氏，取名程某某。自原、被告离婚后，被告对孩子的活动控制很严，外出（包括上学和放学）进行护送护接，严禁原告接近。由于原告看望儿子受到被告的阻止，为此，双方多次发生纠纷。

2004年2月，原告书面向被告提出，从3月的第一个星期六下午起，每隔一星期，他与儿子共度周末和星期日一次，暑假期间除半个月外，其余时间由他与儿子共同生活。对原告的书面要求，被告不予理睬，继续阻止被告探望儿子，更不让儿子与原告共同生活。

原告认为，被告将儿子视为自己的私有财产，不让探视。请求人民法院依法将婚生子变更为原告抚养，并由原告承担一切生活、教育费。如儿子坚决不愿与原告一起生活，请求法院判令被告将儿子名字恢复为原来的姓名，并依法保护原告探视权利。

法院判决：

法院经审理认为，从有利于孩子健康成长的角度考虑，不宜改变原来的抚养关系。根据《婚姻法》第二十二条规定“子女可以随父姓，可以随母姓。”在现实生活中，子女随父姓或者随母姓由夫妻双方协商，子女有表达能力的应尊重子女的意见。被告将孩子的姓名改为程某某，既无法律依据，又与社会习惯相悖，因此应予纠正。《婚姻法》第三十六条第一、二款规定：“父母与子女间的关系，不因父母离婚而消除。离婚后，子女无论由父或母直接抚养，仍是父母双方的子女。离婚后，父母对于子女仍有抚养和教育的权利和义务。”《婚姻法》第三十八条规定：“离婚后，不直接抚养子女的父或母，有探望子女的权利，另一方有协助的义务。行使探望权利的方式、时间由当事人协议；协议不成时，由人民法院判决。父或母探望子女，不利于子女身心健康的，由人民法院依法中止探望的权利；中止的事由消失后，应当恢复探望的权利。”由此可见，我国法律是承认离婚父母对由一方抚养的子女享有探视权的。因此，原告探视亲生子的诉讼请求，是合法的，应予支持。据此，依照《婚姻法》第三十六条、第三十八条之规定及有关法律的规定，判决如下：

1. 驳回原告要求变更儿子孙某某抚养关系的诉讼请求。

2. 责令被告在本判决生效后一个月内将程某某恢复为原姓名孙某某。

3. 原告可于每月第一、第三个星期日早十点到晚八点探望其子孙某某。但孙某某拒绝接受探视时，原告不得强行探视。

评析：

探望权是《婚姻法》修订后新增加的内容，作为一种亲权，它与直接抚养权相对应，是指夫妻离婚后，不直接抚养子女的一方有探望子女的权利。《婚姻法》第三十八条规定“离婚后，不直接抚养子女的父或母，有探望子女的权利，另一方有协助的义务。”

行使探望权利的方式、时间由当事人协议；协议不成时，由人民法院判决。

父或母探望子女，不利于子女身心健康的，由人民法院依法中止探望的权利；中止的事由消失后，应当恢复探望的权利。

享有探望权一方可以申请人民法院强制执行。《婚姻法》第四十八条规定：“对拒不执行有关抚养费、扶养费、赡养费、财产分割、遗产继承、探望子女等判决或裁定的，由人民法院依法强制执行。”

不直接抚养子女的一方享有探望权，另一方有协助义务，对于义务方无故拒绝另一方探望子女，或是施行阻碍另一方实现探望权的行为，人民法院可依探望权人的申请，要求被申请人排除妨碍，协助申请人实现权利。但是，探望权的执行涉及离婚双方和子女三方，其实现不仅仅在于权利人的作为，义务人的协助，而且还需要被探望对象——子女的配合。作为一个独立的人格主体，被探望子女具有独立意志，享有选择是否接受探望的权利。在子女尚幼，不能独立表达意志的情况下，子女的意志往往可以忽略不计。但在子女可以独立表达意志的情况下，就必须兼顾子女的意志。另外，根据最高人民法院《关于适用〈中华人民共和国民事诉讼法〉若干问题的意见》第二五四条的规定，强制执行的标的只能是财物和行为，不能强制执行人身。因此，法院在执行探望权案件的时候，就不能像执行财产或其他行为案件一样，直接强制被探望对象即子女的人身以实现申请人的探望权。

从民法理论上讲，父母对子女的探视权，是亲权中的一项基本权利。所谓父母对子女的探视权，是指父母离婚后，与子女分居的一方（父或母）享有的探望性探视和逗留性探视其子女的权利。探视权是因父母离婚，对子女监护的变化而发生的。探视的方式有两种：一是探望性探视，这种方式时间短，方式灵活；二是逗留性探视，即一种较长时间的探视，可在约定或判令的探视时间内，由探视人领走并按时送回被探视子女。

既然法律规定父母子女关系不因父母离婚而消除，父母离婚后，仍然有抚养和教育子女的权利和义务，那么，离婚后与子女分居的一方（父或母）如要履行法定的抚养、教育子女的义务，除承担抚养费以外，探视子女就成为基本的、必经的途径。若离婚后与子女分居的父或母享有探视子女这一基本的权利，就难以全面履行抚养、教育子女的法定义务。由此可见，我国法律是承认和保护离婚父母探视子女的权利的，离婚父母享有的探视子女的权利应当受到司法保护。

婚约财产纠纷案

案情简述：

原告吴某，男，1977 年 12 月 15 日出生，汉族，农民，住湖北省长阳土家族自治县。

被告杨某，女，1981 年 9 月 13 日出生，土家族，个体工商户，住湖北省长阳土家族自治县。

原告吴某与被告杨某经人介绍，于 2001 年 5 月 18 日开始恋爱，至 2001 年 11 月 21 日因双方生隙而终止恋爱关系。2001 年 5 月 8 日，被告杨某第一次到原告吴某家时，原告吴某给被告杨某礼金400元、枕巾一对，双方在恋爱期间，被告杨某也曾给原告吴某礼金100元和相应的回赠物品。双方终止恋爱关系后，原告吴某多次找到被告杨某要求退还礼金和礼物，被告杨某拒绝退还。纠纷发生后，双方经当地大堰司法所进行调解，由于双方意见分歧较大，未能达成一致协议，遂引起诉争。

上列事实，有下列证据证明：

1. 原告吴某关于给被告杨某礼金的陈述。

2. 被告杨某对收受礼金400元及一对枕巾的自认。

3. 原告吴某、被告杨某在法庭上陈述。

法院判决：

湖北省长阳土家族自治县人民法院经审理认为：

原告吴某与被告杨某在恋爱期间所给付的礼金和物品是一种赠予行为，且数额不大，礼品也不贵重，依照法律规定一般不予退还，原告吴某所诉礼金700元中有300元没有证据证明，同时，原告吴某在诉讼中也没有提供被告杨某借恋爱索取彩礼的相关证据，故其诉讼请求于法无据，法院不予支持。原告吴某在要求被告杨某返还垫付租房租金500元，亦未提供确凿证据，且属另一法律关系，应另寻求合法途径解决。被告杨某关于男女恋爱期间互赠礼金和礼物是一种赠予行为的辩称理由成立，法院予以采纳。被告杨某在诉讼期间表示自愿退还礼金400元，法院予以维护。据此，依照《中华人民共和国民法通则》《中华人民共和国婚姻法》以及最高人民法院的有关司法解释的规定，判决如下：

1. 被告杨某给原告吴某退还人民币400元，限判决生效后5日内给付。

2. 驳回原告吴某要求被告杨某返还垫付租房租金500元以及返还礼品折价250元的诉讼请求。

3. 本案诉讼费250元，法院决定由原告吴某负担125元，被告杨某负担125元。

一审宣判后，原、被告双方均没有提起上诉，判决发生法律效力。

评析：

1. 关于婚约财产纠纷问题，一直是财产案件处理中很特别的问题，人们对婚约习俗，订婚后的往来都有一种共识，即属于相互间的赠予行为，而赠予行为在法律上一般是合法的，不予退还的。事实上，在人们的正常生活中，相互往来是相当普遍的，它是一种约定俗成的习惯，是一种礼仪，如果人们在这种交往中正确对待相互间的礼节和习惯，一般很少有这种纠纷案件发生。

2. 赠予行为在法律上是指一方当事人将自己的财产无偿地给予另一方当事人的行为，通常是不附条件的，这种赠予行为在婚姻恋爱关系中的表现是互相赠送礼品、礼金，它在这种婚姻习俗中演变成一种民间礼议，谈恋爱后互相见面、过门都要礼节性地送一点礼品或是现金，但这种互相赠送礼品以双方的经济条件为限度。这种互相赠送礼物的行为被称着“打发”或是“见面礼”，而且这种习俗是人们所遵从的，一般都信奉着一旦送出去就不再拿回来了，法律并不禁止这种行为的发生。

3. 赠予行为应当是受法律保护的，但这种赠予行为有一个限度，即不影响其生产、生活为原则，不能借婚姻索取财物。所谓借婚姻索取财物是以谈恋爱为名，虽非买卖婚姻，但以索取财物为结婚条件的行为，这种借婚姻索财物行为的主体一般指一方当事人，通常是指女方，也包括第三者，主要是女方父母。这种恋爱婚姻与买卖婚姻的区别在于它基本上是自愿的，由于附加了金钱条件，即表明并非以感情为基础，而是以追求物质享受为基础，形式上是自愿的，实际上是对婚姻自由权利的滥用。我国《婚姻法》禁止借婚姻索取财物，因为它背离了真正的婚姻自由的原则，不符合社会主义婚姻的本质。应该注意将借婚姻索取财物与一方对另一方家族自愿的、正当的赠予，以及自愿的、正当的物质帮助严加区分，后者并非一方为成婚索要代价，而是法律所允许的。

4. 本案是比较典型的婚约财产纠纷案，原告吴某与被告杨某经人介绍确立恋爱关系后，按习俗要相互往来，双方在这种往来中有相互赠送礼物的行为发生，这本无可非议，双方赠送的礼品、现金也在所能承受的经济能力的范围之内，应认定为男女双方在恋爱期间的相互赠予行为，且原告吴某所起诉的有关请求无相关证据证明，也没有提供证据证明被告杨某借恋爱名义索取财物的证据，没有借婚姻索取财物之嫌，依照法律规定，一般不予退还。但是，被告杨某在诉讼过程中承认接收了原告吴某所赠送的礼品、现金，并表示自愿退还所接收的现金 400 元，法院本着尊重当事人在诉讼过程中的处分原则，判决被告杨某给原告吴某退还人民币 400 元是正确的，即符合法律规定，又充分尊重了当事人在诉讼过程中的处分权利，维护了社会主义的婚姻关系。

如何认定夫妻感情确已破裂

案情简述：

原告吴某某与被告肖某某于 1998 年 5 月经人介绍相识恋爱。1999 年 8 月原告应征入伍服役后，被告肖某某即从原户籍地迁入原告吴某某家居住，双方经常保持通信往来。1999 年 10 月 23 日，双方亲自到婚姻登记机关登记结婚。2000 年 10 月 3 日双方生育一子，取名吴某。双方结婚后，在服兵役期间，原、被告间相互通信往来频繁，被告肖某某曾多次去部队与原告共同生活。

2001 年 1 月，原告退伍后，安排了工作。原、被告从婚后到 2001 年 6 月前，夫妻关系一直较好，在共同生活中一直互相帮助，经常交流沟通，在遇有挫折时，互相鼓励支持，夫妻恩爱、家庭和睦，受到外人羡慕。

2001 年 10 月，原告吴某某在经营 OK 厅的过程中，与在该厅的一服务小姐关系暧昧，引起被告肖某某的怀疑，双方为此时常吵闹，夫妻感情开始受到影响。但被告仍然十分关心原告，要求原告改正错误。

2001 年 11 月 11 日、18 日，原告先后给被告去信说，做了对不起被告的事，并向被告认错。2001 年 12 月 15 日，原告吴某某向人民法院提起离婚之诉，要求与被告肖某某离婚。但原告吴某某在起诉后不久，便到被告肖某某处仍然与被告一起共同生活，在与肖某某共同生活的同时，吴某某还是要求人民法院判决自己和肖某某离婚。

原告吴某某认为，自己和被告肖某某于1998年5月经人介绍相识恋爱，并于1999年10月结婚。婚后夫妻之间的感情一般。自2001年10月开始，被告肖某某无端怀疑其与异性有不正当的两性关系，双方为此事时常吵闹，现夫妻感情已完全破裂，要求与被告肖某某离婚，婚生子吴某由其抚养，抚育费自己承担，夫妻共同财产归被告所有，共同债务3．59万元由原、被告共同负责清偿。

被告肖某某认为，自己与原告吴某某恋爱之后自愿结婚，婚姻基础是良好的。结婚几年来，夫妻感情一直很好。只是原告从2001年10月开始与一异性有不正当的两性关系后，双方之间才产生矛盾。其间，原告曾向其认错，其也愿意谅解原告，愿给原告改正错误的机会。考虑到夫妻感情和孩子的成长，坚决不同意离婚。

法院判决：

人民法院经审理确认上述事实属实。认为，原、被告经人介绍相识后，自由恋爱，相互了解自愿结婚，婚姻基础较好。双方婚后至2001年6月前，夫妻关系一直较好。后由于原告与一异性关系暧昧，双方才开始时常吵闹，影响了夫妻感情，但夫妻感情并未完全破裂。被告对原告的过错表示谅解，要求与原告和好夫妻关系的态度，是善意的、诚恳的，只要双方相互谅解，以诚相待，共同为家庭和孩子着想，夫妻关系是能够和好的。据此，对原告的离婚请求不能支持。根据《中华人民共和国婚姻法》（以下简称《婚姻法》）第三十二条的规定，判决如下：

不准原告吴某某与被告肖某某离婚。

法律问题：

1. 如何认定我国《婚姻法》判决离婚的条件和标准？
2. 如何认定和确定夫妻感情是否确已破裂？

评析：

1. 我国《婚姻法》规定，判决离婚的条件和标准是夫妻感情确已破裂。

我国《婚姻法》第三十二条第一、二款规定："男女一方要求离婚的，可由有关部门进行调解或直接向人民法院提出离婚诉讼。人民法院审理离婚案件，应当进行调解；如感情确已破裂，调解无效，应准予离婚。"可见我国立法采取离婚自由主义的立法主张，离婚是以夫妻感情破裂为标准，这充分体现了双方当事人离婚自由的权利，这也是婚姻自由原则的重要内容。所以在实践中，我们要反对限制离婚自由的做法，对于符合离婚标准的夫妻应当判决离婚，同时又要严格把关，防止草率离婚，保护婚姻关系中的无过错方、老人及子女的利益。

综上所述，夫妻感情是否确已破裂，是界定准予离婚的根本标准。目前我国的婚姻立法在离婚标准的规定上是不完善的，将感情破裂作为离婚标准，而这一规定过于抽象，在实践中不易掌握。

世界上的大多数国家都是以婚姻感情无可挽回作为离婚的理由，这一标准就相对具体。在审判实践中，看感情是否破裂也是一看婚姻基础，二看婚后感情，三看离婚原因，四看有无和好的因素。而在法律中对离婚条件的概括性规定，线条过粗，不能清晰地表明该规定之实质。

我国《婚姻法》第三十二条第三款规定："有下列情况之一，调解无效的，应准予离婚：（一）重婚或有配偶者与他人同居的；（二）实施家庭暴力或虐待、遗弃家庭成员的；（三）有赌博、吸毒等恶习屡教不改的；（四）因感情不和分居满二年的；（五）其他导致夫妻感情破裂的情形。"第四款规定："一方被宣告失踪，另一方提出离婚诉讼的，应准予离婚。"

最高人民法院在《关于人民法院审理离婚案件如何认定夫妻感情确已破裂的若干具体意见》中，列举了14种夫妻感情确已破裂的情况，如有规定中的一种情况，当事人一方坚决要求离婚的，经调解无效，人民法院可依法判决准予离婚：

（1）一方患有法定禁止结婚疾病的，或一方有生理缺陷，或其他原因不能发生性行为，且难以治愈的。

（2）婚前缺乏了解，草率结婚，婚后未建立起夫妻感情，难以共同生活的。

（3）婚前隐瞒了精神病，婚后经治不愈，或者婚前知道对方患有精神病而与其结婚，或一方在夫妻共同生活期间患有精神病，久治不愈的。

（4）一方欺骗对方，或者结婚登记时弄虚作假，骗取《结婚证》的。

（5）双方办理结婚登记，未同居生活，无和好可能的。

（6）包办、买卖婚姻，婚后一方随即提出离婚，或者虽共同生活多年，但没有建立起夫妻感情的。

（7）因感情不和分居已满 3 年，确无和好可能的，或经人民法院判决不准离婚后又分居满 1 年，互不履行夫妻义务的。

（8）一方与他人通奸、非法同居，经教育仍无悔改表现，无过错一方起诉离婚，或者过错方起诉离婚，对方不同意离婚，经批评教育、处分，或在人民法院判决不准离婚后，过错方又起诉离婚，确无和好可能的。

（9）一方重婚，对方提出离婚的。

（10）一方好逸恶劳，有赌博等恶习，不履行家庭义务，屡教不改，夫妻难以共同生活的。

（11）一方被依法判处长期徒刑，或其违法、犯罪行为严重伤害夫妻感情的。

（12）一方下落不明满 2 年，对方起诉离婚，经公告查找确无下落的。

（13）受对方的虐待、遗弃或者受对方亲属虐待，或虐待对方亲属，经教育不改，另一方不谅解的。

（14）因其他原因导致夫妻感情确已破裂的。

2. 本案中原告与被告之间的夫妻感情尚未完全破裂，不应判决离婚。

夫妻感情是否确已破裂，是界定准予离婚的根本标准。夫妻感情是否确已破裂，根据最高人民法院《关于人民法院审理离婚案件如何认定夫妻感情确已破裂的若干具体意见》的规定精神，仍应当从婚姻基础、婚后感情、离婚原因、夫妻关系的现状和有无和好可能等方面综合分析。

首先，从原、被告之间的婚姻基础看，双方系自由恋爱，恋爱期间书信往来频繁，相互了解较深，且双方系自愿登记结婚。由此可见，双方的婚姻基础较好。

其次，婚后双方在共同生活中互相帮助、关心、安慰、经常交流沟通，在遇到挫折时，互相鼓励支持，共渡难关，极少吵闹赌气，夫妻恩爱，家庭和睦，是人人称羡的好夫妻，显然，婚后夫妻感情较好。

第三，原告提出离婚的目的，是为了与卡拉OK厅内一服务小姐保持已有不正当关系而不受被告的约束，遂以夫妻感情破裂为由提出离婚，其离婚原因不正当且理由不充分。

第四，原、被告之间的矛盾，是在原告起诉前两个月内，被告发现原告与异性有暧昧关系后才发生的，被告为阻止原告的错误行为而与原告发生吵闹，属夫妻间的正常情况。同时，在矛盾发生后，被告仍然十分关心原告，教育帮助原告改正错误，原告也承认了自己的错误行为，并两次写信给被告认错，信件内容情真意切，原告在向法院提起离婚诉讼后，仍然回到被告处同居生活。这些事实表明，原、被告夫妻关系现状虽有矛盾，但夫妻感情并未进一步恶化。

第五，原告与该异性之间的关系，仅是建立在贪图一时快乐基础上的，他们之间无任何感情基础。原告与被告之间婚姻基础好，婚后建立起了夫妻感情，夫妻关系现状也并未有较大的裂痕，且被告愿意谅解原告过错，坚决要求与原告重归于好的态度善意而真诚，因而夫妻关系是完全有和好可能的。

此外，根据本案的情况，本案亦不属于上引最高人民法院《意见》第八条所规定的“一方与他人通奸、非法同居，经教育仍无悔改表现，无过错一方起诉离婚，或者过错方起诉离婚，对方不同意离婚，经批评教育、处分，或在人民法院判决不准离婚后，过错方又起诉离婚，确无和好可能的”情况。因此，人民法院判决不准原、被告离婚，是正确的，较好地掌握了判断夫妻感情是否确已破裂这个准予离婚与否的标准。

现役军人离婚案

案情简述：

原告王某是某市一小学女教师，被告姚某在外地，是解放军空军某部指战员。原告王某和被告姚某于1998年5月经人介绍后，开始书信频繁往来，由于双方字迹都写得很漂亮，知识较丰富，双方很快相互产生爱慕之情，经过3个月的相处建立了恋爱关系。

2001年10月1日，双方第一次见面就自愿到婚姻登记机关办理了结婚登记，并在被告姚某所在部队举行了结婚仪式。婚后姚某发现王某清高、古怪、不近人情，性格、为人处世均与自己不同。如王某去部队结婚，姚某热情款待，而王某却拒绝接受款待，居然拿出自己的钱独自去食堂买饭票，各吃各的，保持双方经济绝对分开，以此表明自己在经济上有独立能力，不依赖男人；姚某为新房准备了带花色的床单和窗帘，王某对此非常不满，说被告姚某审美庸俗，不高雅。对于首长和战友的多次探望，王某也感到厌烦，蜜月中双方多次发生口角。

2002年1月份，姚某去东北王某处探亲，因缺乏经验只穿了南方冬天常用的冬装，加之王某住房内取暖设备失修，姚某感到十分寒冷，常常搓手跺脚，王某对此不闻不问，好像没有看到。而且王某说话经常连讽带刺，让姚某觉得很不舒服，姚某的自尊心也特别强，在感情上也不主动培养，不勉强对方。所以，双方关系处于冷漠状态，探亲假都在郁闷、争吵中度过了。

2002年4月20日，原告王某以姚某不懂得生活，不关心自己为由提起离婚诉讼。但被告姚某认为自己是军人，离婚会对自己名声不好，不同意离婚，并表示要努力搞好夫妻关系。法院判决不准离婚。但判决后，双方均不肯主动和好，而且互不探望，书信日益减少，信中互相指责，婚姻关系没有改善。2002年12月，原告王某以夫妻感情完全破裂为由，再次向人民法院提出离婚诉讼。

法院判决：

人民法院受理本案后，对双方进行了详细的调查询问，查明原告王某与被告姚某系草率结婚，婚姻感情基础不好，婚后由于性格和处事态度等诸多不同，缺乏共同语言，因而没有建立起夫妻感情。被告姚某现是中国人民解放军空军某部指战员，是现役军人。根据《婚姻法》第三十三条规定："现役军人的配偶要求离婚，须得军人同意。"这是保护军婚的一项特别规定。但是现役军人的配偶要求离婚，须得军人同意，不意味着只要现役军人不同意离婚，即使感情确已破裂，也一律不准离婚。在本案中王某和姚某婚姻基础差，婚后虽在一起时间较少，但经常发生争吵，现彼此之间互不探望，说明夫妻感情已经完全破裂。法院在被告姚某所在部队政治处的配合下，多次对被告姚某作思想工作，使他认识到离与不离的利弊，终于得到被告姚某的同意。在这种情况下，人民法院依法判决准予了原告王某与被告姚某离婚。

法律问题：

1. 如何认识和理解我国《婚姻法》对现役军人离婚的特殊规定？

2. 现役军人的配偶要求离婚，现役军人不同意，人民法院是否可以判决离婚？

评析：

1. 我国《婚姻法》对现役军人离婚的特殊规定。

本案是有关军人离婚的案件，是现役军人的配偶提出的离婚诉讼。根据我国《婚姻法》第三十三条的规定："现役军人的配偶要求离婚，须得军人同意，但军人一方有重大过错的除外。"这是我国保护现役军人婚姻关系的特别规定。本条规定中所指的现役军人，是指参加人民解放军，取得军籍的人。在中国人民解放军所属单位工作或生产，但没有取得军籍的人，不算现役军人。已经复员或转业的军人，因为已经脱离军籍，也不算是现役军人。

我国《婚姻法》之所以对军人婚姻加以特别保护，这是因为，中国人民解放军担负着保卫祖国，保卫社会主义现代化建设，保卫人民在和平的劳动生活中生活、工作、学习，巩固国防，防止和抵御外来侵略的神圣使命。为了祖国和人民的利益，他们远离自己的亲人，日夜坚守着岗位。为了切实保护好现役军人的婚姻家庭，使他们没有后顾之忧，更安心地服役，特别在《婚姻法》上作出了此项特别规定。这不仅关系到军人本人的切身利益，而且还关系到加强人民军队的建设，提高部队的战斗力，保卫我国社会主义祖国，巩固国防建设的大事。

《婚姻法》第三十三条的规定，仅限于非军人的一方向军人一方提出的离婚诉讼，对于双方都是现役军人，军人一方向军人另一方提出的离婚诉讼，或者军人一方向非军人一方提出的离婚诉讼，不适用我国《婚姻法》第三十三条的规定。本案即属于非军人的一方小学教师王某向军人一方中国人民解放军空军某部指战员姚某提出的离婚诉讼，应当适用《婚姻法》第三十三条的规定。所以作为非军人一方的王某在向军人一方的姚某提出离婚诉讼时，由于姚某不同意，人民法院判决不准王某与姚某离婚。2002 年 12 月王某再次提起离婚诉讼，在得到姚某的同意之前，人民法院还是没有判决王某与姚某离婚。那么，是否只要是作为军人一方的姚某不同意，王某和姚某之间的婚姻关系就得维持呢?

回答这一问题，必须对我国《婚姻法》第三十三条有一个全面正确的理解，同时还必须搞清楚本条规定与我国《婚姻法》第三十二条第二款规定的关系。我国《婚姻法》第三十二条第二款规定：“人民法院审理离婚案件应当进行调解，如感情确已破裂，调解无效，应准予离婚。”这是我国《婚姻法》规定的离婚的标准。人民法院处理任何离婚案件，都应按照这一条款的规定来进行处理。感情是否确已破裂是判决准予或者不准予离婚的界限。这是一条普遍适用的一般性规定，对于军人离婚的纠纷，也必须按照这一规定来处理。这和我国《婚姻法》第三十三条的“现役军人的配偶要求离婚，须得军人的同意”的规定并不矛盾。因为现役军人的配偶要求离婚，须得军人同意并不意味着只要现役军人不同意离婚，即使感情确已破裂，也一律不准离婚。我国《婚姻法》是以夫妻感情是否确已破裂作为准予离婚的依据。

在我国，夫妻感情是婚姻的基础，如果军人与他（她）的配偶感情确已破裂，必然使双方无法正常生活和工作，影响对对方、家庭、子女履行义务，如果继续保持这种名存实亡的婚姻关系，对现役军人的家庭和他本人都是十分不利的。根据《最高人民法院关于贯彻执行民事政策法律若干问题的意见》第九条规定："军人不同意离婚时，应教育原告珍惜与军人的夫妻关系，尽量调解和好和判决不准离婚。如果感情确已破裂，经过做和好工作无效，不能继续维持夫妻关系的，应通过军人所在部队团以上的政治机关，做好军人的思想工作后，也可准予离婚。"但在实际处理时，应严格掌握，慎重对待。

2. 在本案中，原告王某和姚某之间的感情确已破裂，应准予离婚。

本案中，原告王某和姚某之间的感情是否确已破裂，应从以下几个方面来分析：

首先，从婚姻基础上看，双方虽不是包办强迫、而是自由恋爱，但双方仅是通过书信往来，是由于双方字迹都比较漂亮，双方知识又都比较丰富，由此而导致双方产生爱慕之情，而且在第一次见面时即登记结了婚。由此可见，虽双方是自由恋爱，但在婚前双方仍对对方情况基本上不了解，只是一种微妙的好感来使双方在第一次见面时即结婚，属于草率结婚，其婚前基础并不牢固。

第二，从婚后感情来看。婚姻基础只是给双方的婚姻生活提供了一种可能性和趋势，有的夫妻，婚前基础非常好，但婚后，由于种种原因，婚后感情并不一定好。王某和姚某在结婚当时，双方性格的不合即暴露出来。姚某热情款待王某，而王某却拒绝姚某的款待，并在姚某的部队食堂用自己的钱买饭票，坚持各吃各的，使姚某觉得夫妻关系不是非常和谐。而且王某还对姚某精心布置的新房用嘲弄和不屑一顾的神态来表示不满等。对首长和战友对王某的看望，王某也表示厌烦，这些都使姚某觉得面子上非常不好看，并对王某的这些处事方法表示无法接受，这是双方在蜜月中的情况。特别是姚某去东北王某处探亲，由于没有经验，只穿着姚某在南方冬天常穿的棉衣，加之王某房间内取暖设备失修，冻得姚某不停地搓手跺脚。对于这些，作为妻子的王某，对远道而来探亲的丈夫竟然不闻不问，夫妻之间的感情可想而知。但由于双方性格方面的原因，再加上姚某的自尊心也特别强，也不主动向对方和好，不去培养双方的感情，致使双方之间关系一直处于冷漠状态，探亲假都在郁闷、争吵中度过。而且王某第一次向法院提出离婚诉讼，法院判决不准离婚后，双方之间关系并未有任何改善。双方后来发展到互不往来，书信也逐渐减少，还经常在信中互相指责对方。由此可见，王某和姚某的婚后感情也是非常差的，准确地说，双方之间根本就没有培养起夫妻感情来。

第三，从离婚的原因来看。王某首次向人民法院提起离婚诉讼，理由是姚某缺乏生活情趣，不关心自己。由于姚某是军人，认为离婚是件丢人的事，遂由人民法院判决不准离婚。王某再次向人民法院提出离婚请求，理由是夫妻感情破裂。从王某所提出的理由来看，双方由于性格、为人处世等各方面相互看不惯，而且达到了难以共同生活的地步。

最后，我们再来看一下双方有无和好的可能性。原告王某和被告姚某从蜜月中即不断争吵，而且双方之间的争吵是由于王某清高，在许多方面对姚某不甚满意。而王某的许多行为，又使姚某的自尊心受到伤害，致使双方的蜜月，感情在不是很深的情况下又出现了裂缝。王某向人民法院提出离婚诉讼，姚某顾及面子，认为离婚丢人，故坚决不同意，姚某表示要努力改善夫妻关系。人民法院鉴于此，并且从保护现役军人的婚姻关系出发，在调解无效的情况下，判决不准王某、姚某离婚。但在人民法院判决后，王某与姚某之间的夫妻关系不但没有得到改善，反而双方发展到互不往来，书信也逐渐减少，并且在信中还经常互相指责，夫妻关系更进一步恶化，双方之间的夫妻关系已经名存实亡。于是王某再次向人民法院以夫妻感情破裂为由提出离婚诉讼，由上述情况可见，双方已没有了和好的可能性。

综上所述，鉴于以上四方面的分析，可以认定王某与姚某之间的婚姻关系已名存实亡，夫妻感情确已破裂，依法应准予王某与姚某离婚。在开始姚某不同意的情况下，人民法院根据《最高人民法院关于贯彻执行民事法律政策的若干问题的意见》第九条规定："军人不同意离婚时，应教育原告珍惜与军人的夫妻关系，尽量调解和好或者判决不准离婚。如果感情确已破裂，经过做和好工作无效，不能继续维持夫妻关系的，应通过军人所在部队团以上的政治机关，做好军人的思想工作后，也可准予离婚。"人民法院配合姚某所在部队团以上政治机关对姚某做了多次思想工作，分析离与不离的得失利弊，最后姚某终于同意，人民法院依法判决了准予当事人王某和姚某离婚。人民法院这样的处理是符合我国有关军婚保护的法律规定的。

离婚时，如何确定夫妻财产

案情简述：

原告赵某和被告许某从小相识，1990年1月，双方经人介绍建立恋爱关系，1990年10月双方自愿在婚姻登记机关登记结婚，婚后夫妻感情一直都很好，并生育有三个子女：长女1991年1月出生；次女1993年6月出生；幼子1995年11月出生。结婚后，双方同心同德，勤俭持家，家境慢慢变好。

1998年，原告赵某与他人合伙办起了“聚宝修配厂”，经营机械修理业务，被告许某一人基本上承担了全部家务和农活，有时抽空到厂里干活挣钱，致富步子大大加快。2000年2月，赵某和许某拆掉了老房修建二层楼房一栋，价值约8万元。

2001年5月，原告赵某与他人的合伙关系因经营管理不善解散，赵某和许某夫妻二人单独办起了“聚宝机械厂”，陆续贷款添置机器设备。2001年11月，利用现有资金和贷款另建二层楼房一栋，价值约12万元，并陆续投资扩大再生产。

2001年12月起，原告赵某与某个体女业主发生不正当关系，被告许某对此不满，与原告赵某发生口角，夫妻关系出现裂痕。

2002年4月，原告赵某又结识了另一位妇女，往来密切，继而勾搭成奸，赵某因此经常深更半夜才回家。被告许某获悉后非常生气，公开责骂赵某和该妇女。原告赵某不仅没有悔改之意，反而与该妇女有成婚之念，拒绝与许某同居，且公开宣称该妇女是其“爱人”。

2002年5月29日，原告赵某第一次向人民法院提起诉讼，要求与被告许某离婚。人民法院查明事实后于2002年6月23日进行调解，双方达成了和好协议。但是，此后夫妻关系并未明显改善，仍然分居，原告赵某与第三者仍有通奸行为，并被许某抓获，以致原、被告夫妻之间吵骂扭打不断。当地乡村领导对原告进行多次教育，但无济于事。2002年12月26日，原告赵某第二次向人民法院起诉，要求与许某离婚，并请求人民法院依法分割夫妻共同财产。

原告赵某诉称，自与被告许某结婚以来，由于性格不合，感情一直不好，尤其是被告封建思想严重，自办厂以来，不许自己在外接触其他女性，并说自己在外行为不轨，败坏其名誉，被告还经常借故吵闹打架，闹得家庭不安定。2002 年 5 月 29 日自己曾起诉与被告离婚，法院于同年 6 月 23 日调解和好，但此后夫妻感情不仅未得到缓和，反而越闹越厉害，致使夫妻感情完全破裂，为此特请求：1. 判令原告与被告离婚；2. 婚生三个子女由原告或者被告抚养；3. 共同财产价值约 28 万元，由原、被告平均分割，共同债务约 32 万元平均负担。

被告许某辩称，原告所诉不是事实，原告之所以起诉离婚，是因为第三者插足。原告赵某与自己夫妻感情一直都很好，近几年来夫妻关系有所恶化是事实，但并非自己有封建思想，看不惯原告与女性接触，而是原告确实道德败坏，与某妇女通奸，并企图苟合成婚。所以，原告才要求与自己离婚，自己坚决不同意离婚，请求法院判决不准原、被告离婚。

法院判决：

人民法院受理后严厉训诫了原告赵某和第三者，责令其具结悔过，并劝告原告不要离婚。原告虽一度收敛了与第三者的不正当往来，但仍坚决要求离婚。法院另查明其夫妻共同财产有：二层楼房一栋，计 180 平方米，折合人民币约 8 万元；三层楼房一栋，计 450 平方米，折合人民币约 12 万元；微型汽车一辆，折人民币 10.2 万元；厂房一栋，折合人民币 20 万元；现金 5300 元，彩电、冰箱和其他家具等折合人民币 6300 元；债权 10 万元，共计 34.16 万元。共同债务有：银行贷款本息共 316386 元。债权债务相抵后，其夫妻共同财产净值为 25214 元。三个子女均向人民法院表示，若父母离婚，愿意随父生活。对于离婚，被告表示尽量和好，如不可能和好，离婚也可以，如果对共同财产（包括共同债务）处理达不到要求，则坚决不同意离婚。其要求为：1. 分 1 栋楼房给自己；2. 分一套木质家具和彩电、冰箱、洗衣机各一件；3. 依法分割夫妻剩余财产；4. 给予自己经济补助 3 万元。

人民法院经审理认为：

1．原、被告夫妻感情确已完全破裂，可以调解或者判决离婚。原、被告虽然婚姻基础好，且婚后较长一段时间感情都较好，但后来经常吵闹打骂，已达多年，分居时间较长，原告要求离婚态度坚决，被告亦认为“和好恐怕不可能”了，其二人夫妻感情确已破裂，可以调解或者判决离婚。

2．处理共同财产（含共同债务）应适当照顾被告。这是因为一方有过错引起的离婚案件，原告因与他人通奸而具有过错，被告为女方，以这两点考虑，在处理共同财产时应适当照顾被告。

3．处理子女抚养应征询子女本人的意见。原、被告的三个婚生子女，处理其三人的抚养问题时应征询并充分考虑子女本人的意见。

根据以上事实和理由，人民法院根据《婚姻法》第三十二条第二款，《最高人民法院关于贯彻执行民事政策法律若干问题的意见》第三条、第十九条，《中华人民共和国民事诉讼法》第五条、第八十六条第一款的规定，进行调解，双方自愿达成了如下协议：

1．原告赵某与被告许某自愿离婚。

2．婚生长女、次女、幼子由赵某抚养，直到能独立生活为止。夫妻共同财产：二层楼房一栋，高低床、衣柜、食品柜、电视柜、书柜和彩电各一件，书桌和电扇各两件，现金5300元归许某所有；三层楼房一栋、旧汽车一辆和机械设备价值10.2万元，厂房折旧后2.8万元，债权10万元以及冰箱、洗衣机、收录机各一件，旧家具一套归赵某所有。

3．共同债务：所欠银行贷款本息共计316386元，由原告赵某偿还。

法律问题：

1．原告多次和其他女性有不正当关系，并起诉要求与自己的妻子离婚，人民法院是否支持原告的诉讼请求？

2．本案中，原告与被告的三个子女全部由原告赵某抚养是否合适？

3．离婚时，如何确定夫妻共同财产和夫妻个人财产的范围？

评析：

1. 在本案中，原告赵某虽然多次和其他女性有不正当关系，本身具有过错，但原告和被告之间的夫妻感情已经完全破裂，人民法院应当支持原告赵某的诉讼请求。

根据我国《婚姻法》第三十二条第二款规定：“人民法院审理离婚案件，应当进行调解；如感情确已破裂，调解无效，应准予离婚。”人民法院审理离婚案件，准予或者不准予离婚的法定界限，是夫妻感情是否确已破裂。如果感情确已破裂，调解无效，应准予离婚。本案经人民法院调解，双方达成了和好协议。但是，此后夫妻关系并未改善，仍然分居，原告赵某与第三者仍有通奸行为，并被许某抓获，以致原、被告夫妻之间吵骂扭打不断。当地乡村领导对于原告多次进行教育，但无济于事。2002 年 12 月 26 日，原告第二次再向人民法院起诉离婚。此时，原告与被告之间的感情是否完全破裂呢？

回答这一问题，可以从其婚姻基础、婚后感情、离婚原因和有无和好可能等四个方面因素来判断分析。但是，这四个条件也不是绝对一成不变的。婚姻基础只能说明过去，由于任何事物都无时不在发生变化，基础好的婚姻不一定都能善始善终地好下去，基础差的婚姻在矛盾运动中也不一定全部都向着差的方向发展。就婚后感情而言，也不能简单地以婚后感情好的时间长短来衡量，对有些案件，要看其发展趋势。是继续朝着好的方向发展，还是由好而转向坏的方向发展。

就本案情况而言，原、被告双方是自主婚姻，从小相识，婚姻基础牢固，而且双方自结婚到 2001 年 12 月前，感情都很好，但从 2001 年 12 月起开始就向坏的方面起变化，且愈演愈烈。从离婚原因来看，原告近几年首先是道德败坏，与第三者通奸并企图与其结婚，对其行为应批评教育或者酌情依法制裁。但是从审判实践看，这类思想性原因离婚案件，多数难以恢复和好。从夫妻关系现状来看，双方分居时间较长，原告和第三者虽然经当时领导批评教育和人民法院的训诫和具结悔过，但原告仍然坚决要求离婚。在第一次调解达成和好协议后，原告仍拒绝与被告同居，被告虽有愿意和好的口头表述，但也没有实际行动，双方关系不仅没有改善，而且继续恶化，被告本人也承认恐怕“没有和好的可能性”了。

从上述情况可以确认，原、被告虽然婚姻基础较好，婚后感情在相当长的一段时间内也比较好，但由于双方感情发展变化，以及后来各种恶化感情的事件，还由于原、被告双方都没有采用行动改善双方之间的夫妻关系，以致长时间的分居与积恨，使原、被告夫妻感情确已破裂，勉强维持其夫妻关系不仅使原、被告双方痛苦，还有可能使矛盾激化，而且对其子女也有不良影响。因此，应准予赵某和许某离婚，不能以不准离婚作为对原告过错行为的惩罚。人民法院在调解和好无效的情况下，做被告离婚工作，进而调解，使双方达成离婚协议，这样处理是正确的。

2. 本案中，原告和被告的三个子女全部由原告赵某抚养是适当的。

我国《婚姻法》第三十六条第二款规定：“离婚后，父母对于子女仍有抚养和教育的权利和义务。”父母不能借口离婚而不履行对子女的抚养教育的义务，子女也不能借口父母离婚而不履行赡养扶助的义务。其他的权利和义务，如父母子女间的遗产继承权等，同样也不受父母离婚的影响。

本案中的问题是父母离婚后子女由何方实际抚养的问题。我国《婚姻法》第三十六条第三款的规定：“离婚后，哺乳期内的子女，以随哺乳的母亲抚养为原则。哺乳期后的子女，如双方因抚养问题发生争执不能达成协议时，由人民法院根据子女的权益和双方的具体情况判决。”离婚后，子女随父方还是随母方生活，直接关系到子女的切身利益，也是双方容易发生争执的问题。

本案中，双方对子女的抚养问题倒没有多大争议，由子女自主选择跟随哪方生活是可行的。但在当前独生子女日益增多的情况下，争相抚养子女的情况是常见的。处理这种争执时，必须以有利于子女健康成长的原则出发，把维护子女利益放在首位，结合父母双方的实际情况妥善解决。具体情况如下：

第一，哺乳期内的子女，原则上由哺乳的母亲抚养，这是完全符合子女的利益的。在特殊情况下也可由父亲抚养，如母亲患有严重的或传染性的疾病，以及出现职业等原因不宜或者不能抚养等。哺乳期内的子女随哺乳的母亲抚养，既是权利也是义务，母亲不得推卸抚养婴儿的责任，同时，母亲不宜或者不能抚养婴儿时，父亲也不能推卸责任。

第二，哺乳期后的子女随何方抚养的问题，首先应由父母协商，在双方自愿的基础上达成协议，父母最了解子女以随何方生活为宜，取得一致意见对执行也是有利的。协议不成时，可由人民法院以判决的方式确定抚养关系。不论是协议还是判决，都应当考虑父母双方的思想品质、抚养能力、生活环境、与子女的感情联系等多方面的因素。在子女已有识别能力的情况下，应当征求子女本人的意见。

在本案中，原告赵某和被告许某的三个婚生子女，其中长女、次女由于在上学，仍然需要父母抚养；幼子是限制民事行为能力的未成年人，他们都已有了一定的识别能力，他们自愿选择随其父赵某生活是可以的，而且赵某和许某对子女的选择以协议的方式表示了同意。但本案的人民法院在调解协议时存在明显的疏漏，即未写明被告许某负担抚养费的问题。在实践中此类案件的处理问题上，经常因一方有过错而免除了无过错方的抚养费负担，这是十分错误的。父母子女关系独立于夫妻关系，一方在夫妻生活中的过错，不能成为对方免除在父母子女关系下责任的借口。

3. 夫妻共同财产和夫妻个人财产的区别和确定范围。

夫妻离婚时，要对夫妻共同财产作出正确处理，就必须分清家庭财产、夫妻共同财产和个人财产的界限。家庭财产是指家庭全体成员共同所有和各自所有财产的总和。包括：夫妻婚前各自所得的财产；婚后至离婚前夫妻关系存续期间双方所得财产和子女及其他家庭成员各自所得财产。在尚未分家析产的家庭中的成员，对家庭财产都有一定的所有权。例如，家庭成员共同投资建造的房屋，前辈遗留的房屋，家庭经营的工商业、农副业所得的收益或以共同收益所购买的财产均属此类。

夫妻共同财产是指夫妻双方在婚姻关系存续期间所得的财产之和。所谓的婚姻关系存续期间，是从双方领取结婚证开始到婚姻关系终止为止的这段时期内。在此期间，无论双方是否同居生活，各方购置的财产都属于夫妻共有的财产。我国《婚姻法》第十七条规定："夫妻在婚姻关系存续期间所得的下列财产，归夫妻共同所有：（一）工资、奖金；（二）生产、经营的收益；（三）知识产权的收益；（四）继承或赠予所得的财产，但本法第十八条第三项规定的除外；（五）其他应当归共同所有的财产。夫妻对共同所有的财产，有平等的处理权。”具体来说，夫妻共同财产包括：夫妻双方在共同生活期间所得的财产；两地分居的夫妻分别管理使用的婚后所得的财产；已登记结婚，尚未共同生活，一方或者双方受赠的礼金应视为夫妻共同财产；夫妻关系存续期间，一方以夫妻共同财产与他人合伙经营的，其投入入伙的财产为共同财产；对夫妻共同经营的当年收益的养殖、种植业等，离婚时应从有利于发展生产，有利于经营管理考虑，予以处理分割或折价处理；一方婚前个人所有的财产，婚后由双方共同使用、经营、管理的，房屋和其他价值较大的生产资料经过8年，贵重的生活资料经过4年，可视为夫妻共同的财产；夫妻结婚8年内，对婚前一方所有的房屋进行过修缮、装修、原拆原建，离婚时未变更产权的，房屋仍归产权人所有，增值部分属于另一方应得的份额，由房屋所有权人折价补偿另一方；夫妻结婚8年内，对婚前一方所有的房屋进行过扩建的，扩建部分的房屋应按夫妻共同财产处理。离婚时，双方或一方主张某些财产是个人财产，主张权利的一方负有举证责任，当事人举不出有力证据，人民法院又无法查清的，按夫妻共同财产对待。

夫妻个人财产是指夫妻双方在婚前各自所有的财产和约定的财产。我国《婚姻法》第十八条规定：“有下列情形之一的，为夫妻一方的财产：（一）一方的婚前财产；（二）一方因身体受到伤害获得的医疗费、残疾人生活补助费等费用；（三）遗嘱或赠予合同中确定只归夫或妻一方的财产；（四）一方专用的生活用品；（五）其他应当归一方的财产。”夫妻个人财产具体包括：夫妻婚前以个人合法收入所购置的用品，如床上用品、家具等；婚前亲友赠予一方的结婚礼品；已经登记结婚，尚未共同生活，各自出资购置，各自使用的财物，原则上归各自所有；结婚前，复员转业军人所得的复员费、转业费，或在婚姻关系存续期间，复员军人从部队带回的医疗费和回乡生产补助费，男女各自所有的衣服；双方约定一方所有的财产，约定一般应以书面形式为妥。

在本案中，人民法院确认的夫妻共同财产的范围是正确的，因为两栋楼房、汽车及其他家具，一般都是赵某、许某在婚姻关系存续期间双方购置的，而且赵某、许某对上述确认也无异议。确认为夫妻共同财产的范围之后，下一步就是对夫妻共同财产进行具体的分割。

我国《婚姻法》第三十九条规定："离婚时，夫妻的共同财产由双方协议处理；协议不成时，由人民法院根据财产的具体情况，照顾子女和女方权益的原则判决。"《婚姻法》第四十一条规定："离婚时，原为夫妻共同生活所负的债务，应当共同偿还。共同财产不足以清偿的，或财产归各自所有的，由双方协议清偿；协议不成时，由人民法院判决。"最高人民法院《关于贯彻执行民事政策法律若干问题的意见》第十九条规定："因第三者介入或者喜新厌旧而离婚的，处理财物时，要注意照顾无过错的一方和子女的利益。"

因此，在本案中，赵某是聚宝机械厂业主，厂房、汽车和机械设备对其来说，是生产资料，而且共同债务是国家贷款，本息数额巨大，从有利于发展生产，增加人民群众收入，确保国家信贷回收，维护国家利益出发，将厂房、汽车、设备、三层楼房等分给赵某，二层楼房处理给许某对全面解决原告及三个子女和被告的居住问题，比较合适。共同财产抵消共同债务之后，净值两万多元，由于本案是原告赵某一方过错而引起的离婚案件，被告许某一方无过错，又是妇女，应当予以适当照顾，离婚后的劳动收入将比原告少得多，所以应当适当多分一些共同财产。但由于三个子女均属于接受教育时期，尚未自食其力，均由赵某承担抚养义务，所以对许某的照顾应当适可而止，不宜过多。因此，本案从夫妻共同财产中分给许某的财产和资金，是比较适当的，也是符合我国《婚姻法》及最高人民法院有关司法解释对夫妻共同财产的分割等有关规定的。

子女的抚育费案

案情简述：

原告许某静的母亲马某与被告许某结婚后，生有二女，长女许某宁，次女许某静，是一对孪生姐妹。2001 年 2 月，被告许某与马某经人民法院调解离婚，双方协议：许某静随被告许某生活，许某宁随马某生活。原告许某静自随被告许某生活后，被告对原告的生活、学习是很关心的。

2002 年 7 月，被告许某再婚。为了处理好家庭关系，使许某静安心读书，许某决定将许某静送到南京随祖父母一起生活，并在南京读书。许某静不愿去南京，认为和姐姐是双胞胎，不能分开，并且去了南京，见不到母亲，会想念母亲。被告坚持一定要将许某静送到南京读书，许某静遂向法院起诉要求改变抚育关系，要求将自己判随母亲一起生活。

法院判决：

人民法院审理认为，原告父母离婚时，双方协议，原告随父亲许某生活。原告许某静作为被告许某和马某的女儿，有要求随父或随母一起生活的权利。现在原告已年满 11 岁，能够表达随父或随母生活的意愿，法院经征询许某静的意见，她明白无误地表示要求变更抚育关系，同母亲一起生活。为了有利于原告的健康成长，保护未成年人的合法权益，对原告的诉讼请求应予支持。人民法院依照《婚姻法》第三十六条、第三十七条第一款、《中华人民共和国民事诉讼法》第一二八条之规定，判决如下：

准予原告许某静随马某生活，许某从 2002 年 9 月起每月负担许某静抚育费 200 元整，至许某静独立生活时止。抚育费由许某单位从许某工资中扣除，由马某按月前往领取。

一审法院判决后，原告许某静不服，提出上诉诉称，对原审法院依法变更上诉人随母亲生活，同时判令被上诉人每月支付生活费 200 元没有意见。但原审法院在判决时忽视了被上诉人还应当支付的教育费，因而，提出上诉，请求二审法院判令被上诉人增加教育费。

被上诉人许某辩称，原审法院判决每月付给许某静 200 元抚育费，被上诉人认为是偏高的。这 200 元抚育费已包括了教育费在内。被上诉人现在已借债八万余元，经济条件不宽裕，不同意再增加教育费。

中级人民法院审理认为，上诉人许某静已年满 11 岁，属于限制行为能力的人，应尊重其本人选择随父或随母生活的权利。一审法院从尊重上诉人的意愿出发，为了有利于上诉人的健康成长，判决改变上诉人与被上诉人的抚育关系，判决许某静随其母一起生活是正确的。上诉人许某静要求被上诉人适当增加教育费，以利于上诉人与姐姐的健康成长，上诉理由应当支持。市中级人民法院依照《婚姻法》第三十七条、《中华人民共和国民事诉讼法》

第一五三条第一款第（二）项的规定，判决如下：

1. 撤销人民法院（2002）某民初字第35号民事判决。

2. 准予许某静随马某生活。许某从本判决生效之日起每月负担许静抚育费300元整，至许某静独立生活时为止（每月由许某所在单位从其工资中扣除，由马某按月领取）。

法律问题：

1. 在本案中，一、二审法院对许某静要求变更抚育关系的诉讼请求予以支持，均判决予以变更，即许某静改随其母生活，是否正确？

2. 我国《婚姻法》对子女抚育费的数额是如何确定的？

评析：

1. 在本案中，一、二审法院对许某静要求变更抚育关系的诉讼请求予以支持，均判决予以变更。即许某静改随其母生活，是正确的。

父母在抚养子女问题上既要强调保护子女的利益，也要考虑父母的合理要求。子女抚养关系确定以后，如果父母的抚养条件发生了重大的变化，或者子女要求改变抚养归属，可由双方协议变更抚养关系；协议不成时，人民法院可根据子女利益和女方的具体情况判决。在该子女已有识别能力的情况下，应当征求子女本人的意见。子女由一方抚养，双方仍应本着对子女负责的态度，在抚养和教育问题上互相协商，共同履行应尽的责任。

在本案中，一、二审法院对许某静要求变更抚育关系的诉讼请求予以支持，均判决予以变更，即许某静改随其母生活，是正确的。其理由具体为：

首先，许某静在提起诉讼时已11岁，根据最高人民法院《关于人民法院审理离婚案件处理子女抚养问题的若干具体意见》第五条规定："父母双方对10周岁以上的未成年子女随父或随母生活发生争执的，应考虑该子女的意见。"第十六条规定："一方要求变更子女抚养关系有下列情形之一的，应予支持：……（三）10周岁以上未成年子女，愿随另一方生活，该方又有抚养能力的；……"因此，一、二审法院判决予以变更是符合法律规定的。

其次，许某静与许某宁为双胞胎姐妹，又在同校上学，同随其母生活更有利于她们的成长和教育，有利于保护未成年人的合法权益。

再次，根据《婚姻法》第三十六条第二款“离婚后，父母对于子女仍有抚养和教育的权利和义务”的规定，马某作为许某静的母亲有抚育许某静的权利和义务。

2. 子女抚育费的数额，可根据子女的实际需要、父母双方的负担能力和当地的实际生活水平确定。有固定收入的。抚育费一般可按其月总收入的20%—30%的比例给付。

抚育费主要包括生活费和教育费两个部分。由于离婚后父母都有抚养教育子女的权利和义务，这些费用原则上应由双方共同承担。与子女共同生活的一方自不必说，不与子女共同生活的一方也应依法负担上述费用。我国《婚姻法》第三十七条规定：“离婚后，一方抚养的子女，另一方应负担必要的生活费和教育费的一部分或全部，负担费用的多少和期限的长短，由双方协议；协议不成时，由人民法院判决。关于子女生活费和教育费的协议或判决，不妨碍子女在必要时向父母任何一方提出超过协议或判决原定数额的合理要求。”贯彻执行本条的规定，应注意以下几个问题：

第一，离婚后，父母有负担子女抚育费的平等义务。子女由女方抚养时，男方应负担必要的生活费用和教育费用；子女由男方抚养时，女方也应负担必要的生活费用和教育费用。但是，处理具体问题时一定要从实际情况出发，如果女方的经济条件不如男方，仍应在费用负担问题上予以照顾。如果抚养子女的一方（不论是男方还是女方）既有负担能力，也愿独自承担费用，也可不要另一方分担。

第二，子女抚育费的数额、期限和给付办法。这些问题应由父母双方协议；协议不成时，由人民法院判决。在确定抚育费数额时，应当兼顾必要和可能两个方面，既要满足子女的实际需要，又要考虑父母的负担能力以及当地的生活水平。关于给付抚育费的期限，一般情况下应自夫妻离婚时起，到子女能够独立生活时为止。关于给付抚育费的方法，应视给付者的具体情况而定。一般可给付现金，有时也可给付实物。凡有工资收入协议不成时由人民法院依法判决。抚育费的给付不同于一般债务的履行，不仅在一定条件下可以增加，而且在一定条件下也可以减少或免除。首先，抚养子女的一方再婚，继父或继母愿意负担子女的生活费和教育费的一部分或全部时，另一方的负担可酌情减少或免除。其次，如果负有给付义务的一方确有实际困难，亦可通过协议或判决，酌情减免。上述两种情况只是在一定条件下减少或免除了给付义务，并没有终止父母对子女的抚育义务。因此，在减、免的事实根据消失时（如继父或继母不愿或无力负担该项费用；负有给付义务一方经济状况有了显著改善等），应当恢复给付，以保护子女的合法权益。

综上所述，在本案中，根据《婚姻法》第三十七条第一款“离婚后，一方抚养的子女，另一方应负担必要的生活费和教育费的一部分或全部，负担费用的多少和期限的长短，由双方协议；协议不成时，由人民法院判决”的规定，许某静要求其父许某负担抚育费，应予支持。一审法院判决许某负担200元抚育费，在二审期间许某的工资调整到每月1200元。根据最高人民法院《关于人民法院审理离婚案件处理子女抚养问题的若干具体意见》第七条“子女抚育费的数额，可根据子女的实际需要、父母双方的负担能力和当地的实际生活水平确定。有固定收入的，抚育费一般可按其月总收入的20%—30%的比例给付……”的规定，故二审法院据此按照25%的比例确定许某负担300元是正确的，改判也是符合规定的。

拒付抚育费案

案情简述：

1997年11月，原告苏某某（女方）和被告张某某（男方）经人介绍相识后确定恋爱关系，1998年8月在婚姻登记机关登记结婚，领取了结婚证书。

2002年11月26日，原告苏某某以与被告张某某婚后感情不和，时常为家庭琐事发生争吵为由，向人民法院提起离婚之诉，要求与被告张某某离婚。起诉时原告苏某某已经怀孕5个多月。被告张某某也认为双方无法共同生活，同意离婚。双方还庭外协商同意，由原告苏某某到医院去做人工流产手术，由被告张某某承担原告苏某某流产的一切费用。

2003年1月13日，双方经法院调解自愿离婚，并办理了离婚手续，离婚后，原告苏某某对流产协议反悔，在未征得被告同意情况下，于2003年2月23日生育一男孩，取名随原告姓。原告苏某某因抚养孩子无法工作，生活陷于困境之中。原告遂以孩子已出生，并且孩子的父亲张某某有抚养孩子的义务为由，要求被告张某某履行抚养义务，每月付子女抚养费460元。被告张某某以双方协商同意做人工流产手术，离婚后原告自作主张，未通知自己即将孩子生出，并随原告姓为由，拒绝给付抚养费。为此，原告苏某某向法院提起诉讼，要求被告张某某履行抚养义务。

法院判决：

人民法院经审理认为，原告苏某某与被告张某某因感情不和、时常为家庭琐事发生争吵提出离婚，原告当时已怀孕5个月，双方虽协商由原告去医院做人工流产，但原告在离婚后生育一男孩，并随其姓，符合法律规定。被告张某某因孩子出生后与原告同姓，不履行抚养义务，是错误的。根据《婚姻法》第三十六条、第三十七条，判决如下：

1．被告张某某对原告苏某某所生之子应尽抚育义务。

2．被告张某某每月给付子女抚养费350元，至其独立生活时止。判决生效之日起执行。

法律问题：

1．原、被告在离婚时，自行协商由原告做人工流产的协议是否具有法律约束力？

2．离婚后女方生下的子女，男方是否可以拒付抚育费？

评析：

1．原、被告在离婚时，自行协商由原告做人工流产的协议不符合法律的有关规定，因此协议对双方当事人不具有法律约束力。

《婚姻法》第十六条规定："夫妻双方都有实行计划生育的义务。"在一般情况下，夫妻为履行计划生育的义务和按照优生、优育的原则进行计划生育。夫妻双方虽经过协商，在女方已怀孕的情况下做人工流产，是双方的一种自觉自愿的行为，并不是一方对另一方的强迫行为，也不是执行协商的内容行为。因此，夫妻双方自行协商，由怀孕女方做人工流产，虽是一种双方协议行为，但该协议行为对怀孕女方并不具有法律约束力。

同时，《中华人民共和国妇女权益保障法》第四十七条第一款规定："妇女有按照国家有关规定生育子女的权利。也有不生育的自由。"由此可见，怀孕妇女是否生育子女，主要由怀孕妇女自己决定，属于其享有的一种特殊的人身权利。这种人身权利不因其与他人的协商行为而受到限制。

综上所述，本案中的原、被告双方虽然在离婚时协商同意由原告做人工流产，事后（离婚后）原告反悔，生下孩子，其行为并不违法，是行使生育权的表现。遗憾的是，受案法院在判决中未适用上引《妇女权益保障法》之规定来说明此问题，是判决中的不足之处。

2. 关于离婚后女方所生子女，男方应当承担子女抚育费，并对其子女有抚养教育的义务。

我国《婚姻法》第二十一条第一款规定："父母对子女有抚养教育的义务；子女对父母有赡养扶助的义务。"父母对子女的这种抚养教育的义务，其性质是法定义务，而且不因父母离婚而免除父或母一方对子女的这种义务。第三十六条第二款规定："离婚后，父母对于子女仍有抚养和教育的权利和义务。"第二十二条规定："子女可以随父姓，可以随母姓。"可见，子女也不因随父或随母姓而免除对方的抚养教育义务。因此，在本案中，被告以其子随原告姓而拒绝负担抚育费，是没有法律依据的，不能成立。同时，在任何情况下出生的子女，即便父母有错，子女都是无辜的，是受国家法律保护的民事权利主体，依法享有法律规定的权益。因此，父或母对其所生子女，在子女未成年或不能独立生活时，没有任何理由拒绝承担抚养和教育的义务。据此，受案法院判决被告应履行其对原告所生之子的义务，并负担一定生活费至其独立生活为止，是正确的。

解除收养关系之诉

案情简述：

原告张某、李某夫妇于1979年5月结婚，婚后生有一女。但不幸在1983年2月12日因车祸死亡，而李某由于生病丧失了生育能力。张某和李某担心老来无靠，便有抱养一男孩的想法。

1983年，张某邻居童姓一家，丈夫去世，母亲改嫁，剩下一个6岁男孩童某，和一个六十多岁已部分丧失劳动力的跛脚爷爷。张某夫妇见其可怜，又由于自己没有儿女，于是张某和李某夫妇二人商定，决定收养童某为养子。于是，被告童某就搬到张某、李某家里，和张某、李某生活在一起。童某就称呼张某、李某为爸、妈，彼此之间的关系非常融洽。被告童某到了上学的年龄，原告张某和李某将其送到学校念书。在被告童某读书期间，原告完全履行了抚养义务。

被告童某高考落榜后，在一家工厂上班。1999年10月，原告张某、李某夫妇与养子童某三人共建瓦房五间。2001年6月，原告张某、李某夫妇为童某娶妻并办理婚事。原告张某夫妇与被告童某夫妇在同一座房屋居住。

自从被告童某娶妻后，双方经常为生活细节问题发生争吵，造成双方关系处于紧张状态。原告张某、李某夫妇认为，被告童某六岁时，父亲死亡，母亲改嫁，自己见其可怜，收为养子，尽了抚养义务；2001年6月为被告童某娶妻，并办理了婚事，但自从童某娶妻后，童某对自己不但不照顾，反而用下流语言辱骂自己和老伴，并叫其妻用扁担打伤自己的头部及手部，在生活上对自己百般刁难。现在，被告童某经常咒骂自己和老伴，动不动喊打喊杀，令自己惶恐不安，顾虑重重。现自己和老伴已无法和被告童某生活在一起。原告张某、李某夫妇遂于2002年6月向人民法院提起诉讼，要求法院判决准予自己与被告童某解除收养关系，并判令被告童某夫妇一家搬出自己所建新房，以使自己和老伴安度晚年。

被告童某认为，自己6岁那年，本来可跟爷爷一块生活，但被原告张某夫妇强行领来收养，致使爷爷一人孤独郁闷而死。但尽管如此，本人还是念张某、李某夫妇的养育之恩。现在自己与养父母之间的矛盾都是由于自己妻子与养母之间的矛盾所引起的。而且张某、李某夫妇建新房时，自己出资了6300元并付出了大量的劳动力，该房屋应有自己的一份，现不同意搬出该房屋。自己会让妻子和养母建立好关系，何况自己和原告张某、李某夫妇之间的抚养关系并没有破裂，不同意与张某夫妇解除收养关系。

法院判决：

人民法院审理认为，原告张某夫妇收养被告童某为养子，虽然未办理收养登记手续，但原告张某夫妇将被告童某抚养长大，尽了抚养义务，双方均以养父母子女关系相称，已形成了事实上的收养关系。

双方因家庭枝节问题发生争吵，引起纠纷，被告童某对张某夫妇有辱骂、殴打行为，这是不对的。责令被告童某改正错误，并向原告张某夫妇认错。根据我国《婚姻法》第二十六条规定："国家保护合法的收养关系。"据此，人民法院判决：

1. 不准予原告张某、李某夫妇与被告童某解除收养关系。
2. 案件受理费人民币50元，由原告张某、李某夫妇负担。

一审判决后，原告张某、李某夫妇不服一审判决，以一审认定事实错误，童某不念养育之情，不尽赡养义务，经常辱骂、虐待、殴打我们夫妻俩，致使收养关系恶化已无法维持为由，向中级人民法院提出上诉，要求解除与童某的收养关系。

二审法院受案后补充查明，一审判决后，童某并未积极主动改正错误，反而为家庭问题而继续辱骂，甚至殴打张某夫妇，致使双方收养关系更加恶化。

中级人民法院审理认为，童某自小由张某、李某夫妇收养，抚养长大成人，并为其娶妻办理婚事。但童某不念养育之恩，不但没有照顾张某、李某夫妇，反而经常辱骂，甚至殴打张某、李某，这是错误的。为了保护老年人的权益，使两位老人能安度晚年，张某、李某夫妇要求解除与童某的收养关系，应予支持。张某、李某夫妇建房时，童某出资6300元，现张某、李某夫妇愿意偿还童某，应予以允许。张某、李某夫妇上诉有理，应予采纳。根据《中华人民共和国民事诉讼法》第一五三条第一款第（二）项“原判决适用法律是错误的，依法改判，”于是中级人民法院作出以下判决：

1. 撤销一审人民法院的判决。

2. 准予解除原告张某、李某夫妇与被告童某的收养关系。

3. 原告张某、李某夫妇在判决生效后一个月内付给被告童某6300元，限被告童某在判决生效后一个月内搬出原告张某、李某夫妇所建房屋。

法律问题：

1. 未办理收养登记手续，养父母与养子女之间的抚养关系是否有效？

2. 养父母与其抚养成人的养子女关系恶化，一方坚决要求解除收养关系的，人民法院是否应当准予解除？

评析：

未办理收养登记手续，养父母与养子女之间的抚养关系的效力。视具体情况而定。本案中，原告与童某之间形成了事实上的收养关系，故原告和童某之间的抚养关系是有效的。

所谓事实收养，是指双方以父母子女的关系相待，共同生活多年，亲友、群众也认为其为父母子女，但未办理公证或其他合法手续的收养，也就是说仅有客观存在的收养事实，而未办理一定的法律手续的收养。最高人民法院在《关于贯彻执行民事政策若干问题的意见》第二十八条指出：“亲友、群众公认，或有关组织证明确以养父母与养子女关系长期共同生活的，虽未办理合法手续，也应按收养关系对待。”由此可见，构成事实收养必须同时具备以下三个条件：

1. 当事人之间必须以父母子女关系相待。

是否以父母子女相待，是构成事实收养的重要条件。所谓以父母子女相待，是指相互使用父母子女的称谓，或子女的姓氏随父母，或履行了父母子女的权利义务，或有收养文书、人事档案、户口簿册以及其他材料，能够证明当事人之间已经形成了父母子女的关系。根据具体情况，有的根据上述证明之一即可确认，有的则需要将几方面的证明综合起来才能确认。

在本案中，被告童某与原告张某夫妇之间，是以父母子女关系相待的，并且原告张某夫妇不但把被告送到学校念书，还将被告童某抚养成人，为他娶妻办理婚事，可见，原告张某夫妇已经尽了父母对子女的义务。

2. 必须有共同生活的事实。

共同生活是确认事实收养存在的一个客观标志。如当事人未共同生活又无其他有力证据时，很难确认事实收养关系的存在。但是，共同生活有一个期限问题，一般应是“共同生活多年”为确认事实收养的依据。所谓“多年”，至少应在3年以上。需要指出的是，共同生活只是一种现象，寄养也可以共同生活多年，所以，是否是事实收养，也必须结合其他因素来分析认定。

在本案中，被告童某和原告张某夫妇共同生活多年，直到诉讼提起的前夕，双方还在一起吃饭，只是到后来关系恶化到无法在一口锅里吃饭时，双方才开始分开吃饭，但双方仍同住一座房子，直到人民法院判决解除收养关系时还是住一所房子，可见原告张某夫妇与被告童某共同生活的事实是不言而明的，是显而易见的。

3. 须群众和亲友公认。

群众和亲友公认，对确认是否构成事实收养是十分必要的。因为群众和亲友最了解当事人之间的真实情况，他们的一致看法对确定其关系的性质具有重要的证据作用。本案中，原告张某夫妇与被告童某之间的收养关系也是得到当地群众和张某夫妇亲友的一致公认的。

综上所述，本案中原告张某、李某夫妇与被告童某之间是以父母子女关系相待，且张某夫妇已履行了父母对子女的应尽义务，抚养被告童某长大成人，并为他娶妻办理婚事。而且童某自6岁时便一直随同张某夫妇共同生活，周围群众和他们的亲友都确认他们之间是父母子女关系。所以说，张某夫妇与童某之间是存在收养事实的，只是未办理一定的法律手续，但他们之间的收养关系是有效的，应当受到法律的保护和支持。因此，一、二审法院认定他们之间存在事实收养关系是正确的。

养父母与其抚养成人的养子女关系恶化，再继续共同生活对双方的正常生活不利。一方坚决要求解除收养关系的，一般可准予解除。

收养关系可以依法成立，也可以依法解除，根据当事人对解除收养所持的一致的或者不同的态度，解除收养的方式也有两种：

一是依当事人的协议而解除。协议解除收养的条件是，须当事人同意。就收养方而言，须得养父母同意。就被收养方而言，养子女已经成年，经养子女同意即可；养子女尚未成年时，须得养子女的生父母或者原送养的监护人同意，养子女已有识别能力的，还须征得其本人的意见。协议解除收养可按公证或登记程序办理。

二是依当事人一方的要求而解除。即指一方要求解除收养关系而另一方不同意的，或者双方同意解除收养关系但在财产和生活问题上发生争议的。一般由有关部门进行调解，亦可经诉讼程序由人民法院处理。人民法院审理收养案件时，首先应对当事人进行调解，帮助当事人达成协议。调解无效时，依法判决。本案即属于作为收养一方的养父母要求解除收养关系，而作为被收养一方的养子女不同意，从而诉诸到人民法院的情况。

如果养父母或生父母反悔，要求解除收养关系的，人民法院应当查明情况、听取被收养人的意见，根据有利于子女健康成长的原则来处理；如果养父母不尽抚养义务，影响子女的健康成长，生父母要求解除收养关系的，应当予以解除；养父母发现养子女有生理缺陷或者其他疾病，要求解除收养关系的，一般不予解除；但生父母送养时有意隐瞒的，可准予解除。如果养父母与成年养子女关系恶化，再继续共同生活对双方均为不利，一方坚决要求解除收养关系的，一般可准予解除。本案即属于这种情况。

在这种情况下，准予解除收养关系与否，应以双方关系恶化程度而定。根据最高人民法院《关于贯彻执行民事政策法律若干问题的意见》第三十一条规定："养父母与其抚养成人的养子女关系恶化，再继续共同生活对双方的正常生活确实不利，一方坚决要求解除收养关系的，一般可准予解除。"一审人民法院以原、被告双方因家庭细节问题争吵，双方均有过错，只要双方克服各自过错，是可以搞好家庭关系并和睦相处的，由此判决双方当事人维持他们之间的收养关系。应当指出，如果双方争议确实不大，尚未恶化到无法维持的程度，应尽量调解和好。因为养父母已经尽了抚育义务，此时的养父母已经到了年老阶段，应当得到养子女的赡养扶助，安度晚年。因此，审理时应尽量找出发生纠纷的原因，尽量排除纠纷的不利因素，采取说服教育帮助双方和好的方法。如果双方争议较大，关系确已破裂，经过调解无效的案件，那就应当判决解除抚养关系。

在本案中，原告张某夫妇收养了被告童某，尽了抚养义务。按照权利义务一致的原则，原告张某夫妇到了晚年，被告童某应当尽赡养扶助义务，使张某夫妇安度晚年，但童某不念养育之恩，不但对张某夫妇不照顾，反而用下流语言辱骂甚至殴打张某夫妇，造成收养关系无法维持，迫使张某夫妇主动提出解除收养关系。由此可见，双方的收养关系确已恶化到无法维持的地步。二审人民法院根据双方收养关系确已破裂的事实，为保护老年人的合法权益依法及时地解除双方的收养关系是正确的。

但在解除收养关系时，必须合理处理抚养费与共同财产的问题。因为收养关系解除后，会产生一定的法律后果，即养父母与养子女间的法律拟制关系终止，生父母子女的自然血亲和权利义务关系恢复。根据《收养法》第二十九条规定："收养关系解除时，经养父母抚养的成年养子女，对缺乏劳动能力又缺乏生活来源的养父母，应当给付生活费。"也就是说，养子女已经成年并能独立生活，而养父母却年老丧失劳动能力而又没有生活来源的，首先要考虑老人的赡养费。养子女已成年，无论谁主动提出解除收养关系，都应从保护老年人的合法利益出发，责令解除收养关系的养子女承担养父母的生活费用。

在本案中，原告张某夫妇有一定的劳动能力，且张某夫妇自己提出不要童某的抚养费，人民法院不予处理也是可以的。关于养父母与养子女共同生活期间形成的共同财产的分割问题，无论解除原因如何，都应当依法进行分割。本案中，张某夫妇与养子童某共同生活期间建造的新房，是三人共同生活期间建造的，但该房是在张某、李某夫妇原来的宅基地上建造的，而且该房从设计、买料找人建房，都是张某、李某夫妇二人张罗的。童某到邻村工厂干临时工，经常在家吃饭，但没向张某夫妇交过一分钱，在建房时也只出资 6300 元钱，并帮助干了点杂活。据此，人民法院认定，该房虽在三方共同生活期间所建，但张某、李某对该房的建房有着重大贡献，童某对该房建造只付了6300元和几天劳动，且童某也在该房居住了几年，张某夫妇又愿付给他这6300元，判令该房归张某夫妇所有，由张某夫妇付给童某6300元钱是合理的。

综上所述，本案中，由于养子童某的恶劣品行，致使张某、李某夫妇与童某之间的收养关系已经恶化到无法维持的地步。二审人民法院依法及时地准予张某、李某夫妇解除与童某的收养关系，并对共同财产作了适当处理，保护了张某夫妇的合法权益，这样的处理决定是正确的。

女方在怀孕期间提出离婚之诉

案情简述：

原告于某（系女方）为某商场前台经理，被告丛某为现役军人。在1998年12月26日，原告于某经他人介绍和被告丛某相识。2001年6月24日二人在婚姻登记机关自愿登记结婚。婚后半年，原告于某得知被告丛某在调到本市部队前曾与某商店营业员结婚，并生有一女，现已3岁，后二人因感情不和而离婚，孩子随女方生活。而被告丛某一直未将此事告诉原告于某。原告于某从朋友处听说这件事后十分气愤，马上向被告丛某所在单位领导反映，要求处分被告丛某，同时向被告丛某提出要求离婚，被告丛某所在单位领导对此事非常重视，对被告丛某的欺骗行为进行了严肃的批评教育，并会同原告于某单位领导共同做双方和好的调解工作。被告丛某辩解说，之所以没有把已婚的事实告诉原告于某，是因为二人感情很深，恐怕原告于某知道这一事实后无法接受，影响二人的感情。而自己同于某相识时已离婚一年多，孩子也已归女方抚养，对婚后生活影响不大，因此决定婚后再找机会告诉原告于某。被告丛某承认了错误，请求原告于某谅解。原告于某表示自己对这一事实无法接受，双方的感情是建立在相互信任基础上的，被告丛某连离婚并生有子女这样重大的事实都对自己保密，还有什么真实的感情可言。原告于某拒绝调解，坚决要求离婚，并于2002年2月向所在地法院起诉，要求与被告丛某离婚。此时，原告于某已怀孕3个月。在法院调解期间原告于某做了引产手术，双方没有达成调解协议。

2002年4月，法院根据《中华人民共和国婚姻法》第三十三条关于“现役军人的配偶要求离婚，须得军人同意”的规定，判决驳回原告于某的离婚诉讼请求。原告于某在接到法院判决后将自己的生活用品带走，到父母家中居住，被告丛某几次去接原告于某回家，于某均避而不见。2002年12月，原告于某又向法院提起离婚诉讼，法院审查后认为符合起诉条件，再次受理了原告于某的起诉。

法院判决：

法院受理了此案，并依法进行调解，被告丛某认为自己已经承认了错误，而原告于某由于心胸狭窄，不予谅解，双方矛盾只有这一点，感情尚未完全破裂，原告于某想通后会重归于好，不同意离婚。而原告于某为表示自己离婚的决心，在法院调解期间又做了引产手术，双方没有达成调解协议。2002年4月，法院根据《中华人民共和国婚姻法》第三十三条关于“现役军人的配偶要求离婚，须得军人同意”的规定，判决驳回原告于某的离婚诉讼请求。原告于某在接到法院判决后将自己的生活用品带走，到父母家中居住，被告丛某几次去接原告于某回家，原告于某均避而不见。2002年12月，原告于某又向法院提起离婚诉讼，法院审查后认为符合起诉条件，再次受理了原告于某的起诉。经合议庭合议，认为原告于某与被告丛某的感情确已完全破裂，应当判决准予离婚。人民法院同时做被告丛某的思想工作。经审判人员和武警支队领导耐心细致的思想工作，被告丛某终于认识到自己和原告于某之间的感情已经破裂的事实，已无法挽回，勉强维持婚姻关系反而会造成双方长期的感情痛苦，同意离婚，与原告于某终于达成了离婚协议。

法律问题：

1. 我国《婚姻法》在离婚问题上对军人离婚有哪些特殊保护？
2. 在本案中，原告于某在怀孕期间提出离婚，人民法院是否应当受理？

评析：

1. 我国《婚姻法》在离婚问题上对军人的特殊保护。

《中华人民共和国婚姻法》第三十三条规定："现役军人的配偶要求离婚，须得军人同意。"现役军人担负着保卫国家，维护祖国统一和安全的神圣使命，为履行自己的职责，他们不得不牺牲家庭的幸福。因此，在离婚问题上对现役军人进行必要的特殊保护，是完全必要的。根据司法实践中处理此类案件的经验，适用《中华人民共和国婚姻法》第三十三条应注意这样几个问题：

第一，现役军人的范围，系指参加中国人民解放军，取得军籍而正在服役的军人，包括武装警察部队的干部战士。已经转业、复员、退伍或者虽在部队工作但没有军籍的，均不是现役军人。

第二，现役军人的配偶必须是非军人，如果军人一方向非军人一方提出离婚，或者双方都是现役军人的离婚纠纷，则不适用本条规定。

第三，在处理案件的过程中既要贯彻执行对现役军人特殊保护的规定，同时也要根据具体情况保护现役军人配偶的合法权益。如果现役军人不同意离婚，则应根据案件的具体情况予以处理。对婚姻基础和婚后感情都较好，非军人一方不是出于重大原因而提出离婚的，应通过调解使其和好，也可以驳回原告的离婚请求。如果感情确已破裂，可通过军人单位做好军人的工作，征得军人同意，判决或调解离婚。

本案系一起非军人对现役军人提起离婚诉讼的案件，应适用《中华人民共和国婚姻法》第三十三条的规定。

在本案中，虽然原告于某和被告丛某的婚姻基础和婚后感情都较好，但由于被告丛某隐瞒婚史，导致夫妻感情发生重大变化，原告于某坚决要求离婚，调解和好已不可能，作为军人的丛某有重大过错。但即使是在这种情况下，也不应轻率地判决离婚。通过被告丛某的所在单位做好丛某的工作，征得丛某同意，调解离婚，是十分正确的。只有在军人一方对非军人的配偶有伤害、虐待等违法犯罪行为或有其他情况，夫妻感情已经破裂，确有离婚必要，而军人一方又不同意离婚的，才可考虑作为例外情况，准予离婚。但处理时，必须慎重对待，严格掌握。根据本案的实际情况，不宜在被告丛某不同意的情况下，直接判决离婚。

2. 在本案中，于某在怀孕期间向法院起诉，法院受理此案是正确的。

《中华人民共和国婚姻法》第三十四条规定："女方在怀孕期间、分娩后一年内或中止妊娠后六个月内，男方不得提出离婚。女方提出离婚的，或人民法院认为确有必要受理男方离婚请求的，不在此限。"《婚姻法》这样规定，是考虑到女方在怀孕期间和分娩后一年内，身体上、精神上都有一定的负担，胎儿、婴儿尤其需要注意保护，禁止男方在此期间提出离婚，是完全必要的，但女方提出离婚的，一般都是出于某种紧迫的原因，而女方又有一定的思想准备，如不及时受理，可能不利于保护女方和胎儿、婴儿的利益，所以对女方提出离婚不加限制。

鉴于离婚纠纷中的特殊情况，人民法院如认为确有必要，也可以受理男方的离婚协议。所以，根据《中华人民共和国婚姻法》第三十四条规定，原告于某在第一次怀孕时起诉离婚，人民法院予以受理也是正确的。

生理缺陷的婚姻关系之诉

案情简述：

原告肖某某与被告杨某某于2000年2月24日同时调入某单位工作。在工作期间，原告肖某某经常在工作、生活上对被告杨某某关心照顾，被告杨某某非常感激，并对原告肖某某产生了好感。于是在2000年6月27日原告肖某某与被告杨某某结拜成兄妹关系。

2001年6月13日，被告杨某某因在一次车祸中，损伤了自己的生殖器官，经法医鉴定丧失了性行为能力。被告杨某某在上班期间一直对此事保密，对原告肖某某的态度也日益冷淡，而原告肖某某早已倾心于被告杨某某，一直没有同他人恋爱。

2001年7月，原告肖某某主动向被告杨某某提出建立恋爱关系，被告杨某某坚决不同意。经原告肖某某再三相求，被告杨某某才将实情告诉了原告肖某某。原告肖某某听后深情地对被告杨某某说："其实在你受伤后不久我就知道了实情，我也因先天生理缺陷，也不能发生性行为，我们结为夫妻，在生活上也好互相照顾。不然，我也不会提出同你结婚。"在原告肖某某苦苦劝说下，被告杨某某同意与原告肖某某结婚。

2001 年 12 月 24 日，被告杨某某与原告肖某某亲自到婚姻登记处申请结婚登记，登记人员按照规定要求二人到医院作婚前检查，经医院检查证明，二人均因生理原因不能发生性行为。登记人员劝说双方要慎重考虑。被告杨某某、原告肖某某仍坚持一定要登记结婚，登记人员经审查二人申请结婚手续齐备，便予以登记，发给了结婚证书。

被告杨某某和原告肖某某婚后感情非常好，双方互相照顾、互相理解、彼此恩爱。2002 年 2 月，原告肖某某听说自己的生理缺陷可以手术治疗，便征求被告杨某某的意见，被告杨某某听后满口同意。原告肖某某见被告杨某某高兴地答应了，感动地表示自己治疗后一定想办法为被告杨某某治疗。

2002 年 9 月 14 日，原告肖某某经手术治疗，生理功能恢复了正常。此后，就开始对被告杨某某日益冷淡，经常为小事吵闹，制造矛盾，二人经常口角不断。在此期间，原告肖某某同某单位干部李某某往来频繁，二人经常出入电影院、饭店，外出郊游。被告杨某某见后非常气愤，但也无可奈何。

2003 年 1 月，原告肖某某向被告杨某某提出离婚要求，遭到被告杨某某的拒绝。原告肖某某生气地和被告杨某某大吵了一场，便搬到自己的单位宿舍居住，很少回家。经单位领导多次调解，均无效果。2003 年 2 月 25 日，原告肖某某向人民法院提出离婚诉讼，要求与被告杨某某离婚。

法院判决：

人民法院依法受理了此案。原告肖某某在起诉书中称，自己与被告杨某某结婚后，逐渐发现二人兴趣、爱好不同，没有共同语言，被告杨某某对自己漠不关心，夫妻感情确已破裂，要求法院判决离婚。

被告杨某某在答辩书中称，二人系自由恋爱结婚，婚姻基础牢固，婚后感情很好。原告肖某某提出离婚，主要是因为自己生理疾病治愈后第三者插足所至。要求法院对肖某某的不道德行为进行批评教育，调解和好或判决不准离婚。

经法院审理查明，原告肖某某在同李某某来往期间，二人多次发生性关系。原告肖某某和李某某对通奸的事实均表示承认。原告肖某某拒绝法院调解。被告杨某某和原告肖某某婚姻基础牢固，婚后感情也很好确是事实，但在原告肖某某生理疾病治愈后，原告肖某某感情发生巨大变化，与他人通奸并长期与被告杨某某分居，而且被告杨某某和原告肖某某的婚姻关系经其单位和法院调解均未成功。因此，被告杨某某和原告肖某某的夫妻感情确已破裂。根据《中华人民共和国婚姻法》第三十二条之规定，判决如下：

准许原告肖某某与被告杨某某离婚。

法律问题：

1. 双方因生理缺陷不能发生性行为，经婚姻登记机关登记结婚，其婚姻关系是否有效？

2. 双方因生理缺陷不能发生性行为而经婚姻登记机关登记结婚，婚后一方治愈后便提出离婚要求，人民法院是否支持其诉讼请求？

评析：

1. 双方因生理缺陷不能发生性行为，经婚姻登记机关登记结婚，其婚姻关系有效。即在本案中。原告肖某某和被告杨某某之间的婚姻关系有效。

有生理缺陷不能发生性行为者，在我国1950年《婚姻法》中曾明确规定禁止结婚，这是由于我国刚解放时买卖婚姻盛行，侵犯妇女合法权益情况较多等客观情况所决定的，但随着社会文明的发展和人们道德水平的不断提高，人们逐渐认识到，性生活是夫妻生活的重要内容，但不是夫妻生活的全部内容，一些男女双方均有生理缺陷，或一方明知对方有生理缺陷，基于纯真的爱情或团结互助的精神，以互相照顾、共同生活而要求结婚的逐渐增多。因此，1980年《婚姻法》删去了原《婚姻法》规定的有生理缺陷、不能发生性行为者禁止结婚的内容。但在第六条中规定：禁止“患麻风病未经治愈或患其他医学上认为不应当结婚的疾病”者结婚。2001年4月28日第九届全国人民代表大会常务委员会第二十一次会议将《婚姻法》修改，其第七条第二项规定："下列情形之一的，禁止结婚：……（二）患有医学上认为不应当结婚的疾病。"其他在医学上认为不应当结婚的疾病究竟是哪些疾病，我国《婚姻法》并未一一列举。在司法实践中，主要是指那些严重的精神病、痴呆病、传染病等疾病，因为他们属于无民事行为能力或限制民事行为能力人，不能辨明自己行为的性质、意义和后果，不能正确行使婚姻自主权和正确处理婚姻问题，婚后也不能履行夫妻间、父母子女间的权利和义务，并且会危害下一代子女的健康。但是人民法院适用本条规定处理具体案件时，必须有充分的科学根据，必要时要进行医学鉴定，不能随意解释。

在本案中，当事人肖某某和杨某某有生理缺陷不能发生性行为，不属于《婚姻法》禁止结婚的疾病，在婚姻登记人员要求二人对结婚之事要慎重考虑时，二人均表示要求结婚，婚姻登记人员准予原告肖某某和被告杨某某登记是符合《婚姻法》规定的。因此，人民法院认定原告肖某某和被告杨某某之间的婚姻关系有效，是正确的。

2. 双方因生理缺陷不能发生性行为而经婚姻登记机关登记结婚。婚后一方治愈后便提出离婚要求，人民法院应当根据其夫妻之间的感情是否破裂来决定是否支持其诉讼请求。

从本案的案情来看，引起离婚纠纷的主要过错在于原告肖某某。二人在恋爱期间能够互相体贴，互相关心照顾，对有生理缺陷的事实也互不相瞒，二人自愿在婚姻登记机关登记结婚。婚后，夫妻感情很好，但由于原告肖某某的生理疾病治愈后，对被告杨某某的感情也发生了巨大的变化，经常无端制造矛盾，后又发展到与被告杨某某分居，并同他人长期通奸，所以说主要过错在于原告肖某某一方。但此案如果经调解和好或判决不准离婚后，当事人之间有没有和好的可能呢？应该看到，此案不同于一般的第三者插足、一方当事人喜新厌旧的案件。由于被告杨某某的生理缺陷依旧，而原告肖某某却已治愈，所以二人仍无法进行正常的夫妻生活，加之原告肖某某的感情已经发生了变化，根本不想再与被告杨某某共同生活。在这种情况下勉强维持夫妻关系不仅会使双方长期痛苦，还可能会使矛盾激化。鉴于原告肖某某拒绝调解，本案已无调解和好的可能，从上述事实中可以看出原告肖某某和被告杨某某之间的夫妻感情已经完全破裂了。因此，人民法院作出准予原告肖某某与被告杨某某离婚的判决是正确的。

妻子分娩后一年内丈夫是否可以提起离婚

案情简述：

2000年1月27日，原告王某某（男方）和被告童某某（女方）双方亲自到婚姻登记机关登记结婚，领取了结婚证书。婚后生一女孩王某。原告王某某和被告童某某自结婚以来，双方因性格差异，常为生活琐事发生矛盾，吵闹打架，纷争不休。同时童某某与公婆关系也不和睦，时常发生争吵。致使夫妻关系处于紧张状态。

2001年4月，原告王某某以夫妻双方无共同语言，童某某对其不信任，无法继续共同生活为理由，依法向人民法院提起离婚诉讼，要求法院判决与童某某离婚。该案经人民法院主持调解，原告王某某主动撤回了离婚诉讼。但此后，夫妻关系仍未见好转。

2001年12月，童某某计划外生一女孩，经双方同意送他人收养。

2002年1月，王某某又以夫妻感情完全破裂为由诉至人民法院，坚决要求与童某某离婚。童某某认为夫妻间有矛盾是事实，但系王某某与他人关系密切所造成。但自己和王某某之间的夫妻感情尚未完全破裂，坚决不同意离婚。

法院判决：

人民法院经审理认为，原告王某某和被告童某某双方因性格差异，常为生活琐事吵闹打架，纷争不休，致使王某某于2001年4月向人民法院提起离婚之诉。后经法院主持调解，原告王某某主动撤回离婚诉讼，但双方夫妻关系仍未见好转，夫妻感情确已完全破裂。原告王某某要求离婚的诉讼请求，应当依法予以准许。根据《婚姻法》第三十二条、第三十六条、第三十九条之规定，判决如下：

1. 准予原告王某某与被告童某某离婚。

2. 婚生女王某由被告童某某抚养，原告王某某于判决生效后10日内一次性给付王某抚养费1.4万元，王某成人后，其随父随母，由其自择，任何人不得干涉。

3. 被告童某某婚前嫁妆及与原告王某某婚后共同财产：17英寸黄河牌彩色电视机一台、飞鸽牌自行车一辆、高低柜一个、电镀椅一对、摆钟一个归被告童某某和其女王某所有，其余财产归原告王某某所有。

4. 各人衣物归各人所有。

5. 原告王某某于判决生效后10日内一次性付给被告童某某生活补助费7500元。

宣判后，被告童某某不服审判决，以双方夫妻感情尚未完全破裂，不同意离婚，以及财产分割不公，还有8000元外债未判为理由，上诉至市中级人民法院。

市中级人民法院经审理认为，上诉人童某某与被上诉人王某某虽系自愿结婚，但因双方性格差异，加之上诉人童某某不能正确处理夫妻及其公婆之间关系，常因生活琐事吵嘴打架，夫妻感情确已完全破裂。被上诉人王某某要求离婚，依法应予准许。上诉人童某某上诉称尚有8000元外债，因举证不足，不予认定。原审根据双方实际情况，对孩子抚养及给付童某某生活补助费的判决正确。但将夫妻财产一并判归王某所有，判决王某某一次性给付孩子抚养费欠妥，且有夫妻财产漏判，应予部分改判。依据《婚姻法》第三十二条、第三十六条、第三十九条及《中华人民共和国民事诉讼法》第一五三条第一款第（二）项之规定，判决如下：

1. 维持原审判决第1、4、5项。

2. 撤销原审判决第2、3项。

3. 女孩王某由童某某抚养，王某某自2002年12月起每月给付童某某孩子抚养费600元，至王某独立生活时为止。

4. 17英寸黄河牌彩色电视机一台、飞鸽牌自行车一辆、高低柜一个、摆钟一个、电镀折叠椅一对、人造革皮箱一个、被子四床、网套一个归童某某所有，其他财产归王某某所有。

宣判后，童某某以其分娩不足一年，判决离婚违反法律规定为理由，向市中级人民法院申请再审。

市中级人民法院经审查，认为童某某的再审申请符合法律规定的再审条件，遂裁定中止原一、二审判决的执行，对本案予以再审，并通知双方当事人于再审期间不得再婚。

经再审后，市中级人民法院认为，王某某在童某某分娩后 1 年内不得提出离婚，原一、二审判决离婚明显违反法律规定，应予撤销。依据《婚姻法》第三十四条，《中华人民共和国民事诉讼法》第一一一条第（六）项之规定，于 2003 年 2 月 18 日裁定：

1. 撤销原一、二审判决。
2. 驳回王某某的诉讼请求。

法律问题：

1. 在司法审判实践中，对男方离婚请求权的限制是如何认定的？
2. 妻子分娩一年内，丈夫能否提起离婚之诉？

评析：

1. 在审判实践中，我国《婚姻法》对男方离婚请求权限制的内容。

第一，女方在怀孕期间和分娩后一年内，对男方离婚请求权加以限制。《婚姻法》第三十四条规定："女方在怀孕期间、分娩后一年内，……男方不得提出离婚。女方提出离婚的，或人民法院认为确有必要受理男方离婚请求的，不在此限。"这是通过在一定时间内对男方离婚请求权的限制来保护妇女儿童利益的特殊法律措施。实行离婚自由，并不排除法律对某些情况作一些必要的限制。女方在怀孕期间和分娩后一年内，身体上和精神上都需要特别照顾和抚慰，正在发育的胎儿、婴儿也需要父母双方的悉心照料。在此期间限制男方提出离婚请求是非常必要的。

但也有另外情况：（1）在怀孕期间和分娩后一年内，女方本人提出离婚请求的，法律不加以限制。女方在符合起诉条件的情况下，依法向人民法院提出离婚之诉，人民法院应当受理。(2) 鉴于离婚诉讼有许多复杂和特殊的原因，即使在女方怀孕期间和分娩后一年内，人民法院也可以在确有必要时受理男方的离婚请求。这里所谓“确有必要”，主要指两种情况：一种是在此期间，双方确实存在不能共同生活的重大而又急迫的理由，如一方对他方有危及生命、人身安全的可能等；另一种是女方怀孕系与他人通奸所致，为防止矛盾更加激化，防止意外事故的发生，人民法院应当予以受理。

值得注意的是，《婚姻法》第三十四条的运用对象是具有婚姻关系的当事人，而非法同居关系不适用《婚姻法》第三十四条的规定。

第二，女方按照计划生育的要求中止妊娠的，一定期间内对男方离婚请求权的限制。

《婚姻法》第三十四条规定，女方在中止妊娠后六个月内，男方不得提出离婚。《中华人民共和国妇女权益保护法》第四十二条也明文规定，女方按照计划生育的要求终止妊娠的，在手术后六个月内，男方不得提出离婚；女方提出离婚，或者人民法院认为确有必要受理男方离婚请求的不在此限。

因此，在一定期间限制男方离婚请求权的程序性规定，并不涉及是否准予离婚的实质性问题。因此，对上述期间受理的离婚请求，人民法院应当根据案件的具体情况，做调解和好的工作。如夫妻感情确已破裂，调解无效，也可以准予离婚，但必须做好当事人的工作，注意保护妇女和儿童的合法权益。

2. 本案中，原告王某某在其妻分娩一年内提出离婚，其诉讼请求违反法律的规定，故得不到人民法院的支持。

《婚姻法》第三十四条规定：“女方在怀孕期间、分娩后一年内或中止妊娠后六个月内，男方不得提出离婚。……”《民事诉讼法》第一一一条第（六）项规定：“依照法律规定，在一定期限内不得起诉的案件，在不得起诉的期限内起诉的，不予受理”。依据上述规定，男方在女方怀孕期间和分娩后一年内，其离婚起诉权是受法律强制限制的，男方如果在这段法定时间内起诉离婚，因其违反了法律的强制性规定，其法律后果就是法院不予受理其起诉，使其诉讼请求不能得到人民法院的支持和法律的认可。

在本案中，童某某于2001年12月分娩，王某某于次年1月即提出离婚诉讼，距童某某分娩仅两个月，仍在法律禁止起诉的“分娩后一年内”的期限里，故一审法院本不应受理此案，二审法院在上诉审时，本应以王某某的起诉不符合法律规定的受理条件而撤销一审判决，驳回其起诉。但一、二审不但予以受理，而且还判决离婚，显然是违反法律规定的。再审以一、二审判决违反法律规定为理由，裁定撤销了一、二审判决，其处理是正确的。

但是，《婚姻法》第三十四条规定：“在女方怀孕期间、分娩后一年内或中止妊娠后六个月内，男方不得提出离婚。女方提出离婚的，或人民法院认为确有必要受理男方离婚请求的，不在此限。”也就是说，法律虽然限制男方在女方怀孕和分娩后的一定期限内的起诉权，但在特殊情况下仍可受理男方的离婚请求，即“人民法院认为确有必要受理男方离婚请求的”，不受此限制。这里，关键的是哪些情况属于“确有必要”而不受此限制呢？从审判实践及最高人民法院的有关司法解释来看，“确有必要”的情况，目前一般是指女方因通奸怀孕（不包括女方婚前与他人发生性行为而导致怀孕）的情况。本案不涉及女方通奸怀孕的事实，故不属于“确有必要”而应当受理的范围。

另外，本案童某某分娩后，孩子即送他人收养，母亲已没有哺育婴儿的任务，男方提出离婚，也不会影响母亲对婴儿的哺育，是否可以算“确有必要”可以受理的情况呢？从立法精神上看，法律上限制男方在女方分娩后一年内的离婚起诉权，不但是为了婴儿的正常发育成长，也是为了女方的身心健康。故本案的此种情况也不属于“确有必要”的情况，男方仍不得在女方分娩后一年内提出离婚。综上所述，原告王某某提出的离婚诉讼请求是得不到人民法院支持的。

子女不尽赡养义务案

案情简述：

原告冯某某于1968年2月14日与本乡中学食堂管理员石某某结婚，因婚后久不生育，于1979年7月26日领养一子石某山，后又生子石某良及女石某英、幼子石某华。石某山、石某良、石某英成家后均单独居住，冯某某与爱人石某某，原告最小的儿子石某华共同生活。

2001年冬，石某某病逝。冯某某与石某华失去了主要生活来源，生活日益困难，冯某某要求石某山等三人给付赡养费及抚养石某华的费用。石某山以自己不是石某某的亲生儿子为由拒不给付。石某良认为自己参加工作后成家不久，经济条件也没有石某山、石某英好，如只负担母亲的部分赡养费还可以，但同时承担弟弟的抚育费有困难。石某英认为自己已经出嫁，赡养父母、照顾弟妹的责任应由儿子承担。结果三人均拒绝支付赡养费和抚育费。冯某某认为自己对石某山等三人均尽了抚养义务，在自己生活十分困难的情况下将他们一一抚养成人，安家立业。但反过来在自己年老的时候他们却都不尽赡养义务，看着自己和尚未成年的石某华陷入困境而放任不管。于是冯某某在律师的帮助下，于2002年6月向县法院起诉，以自己和石某华作为共同原告，同时冯某某又作为石某某的法定代理人，要求被告石某山等三人负担赡养费、抚育费。

法院判决：

人民法院受理案件后通知三被告到庭，石某良、石某英均及时到庭应诉。石某山经几次传票传唤，拒不到庭，被依法拘传到庭。经审判人员调解，除石某山表示不负担任何费用外，石某良、石某英均表示可给付母亲赡养费，但认为其弟石某华已年满16周岁，有一定的劳动能力，不同意给付抚育费。调解没能达成协议。此案经合议庭合议，作出如下判决：

1. 石某山、石某良、石某英每人每月共负担其母冯某某赡养费120元整。

2. 石某山、石某良、石某英每人每月共负担其弟石某华抚育费150元整，到其能够独立生活时止。

法律问题：

1. 在本案中，冯某某的三个子女对其是否有赡养扶助的义务？

2. 在本案中，冯某某的三个子女对其弟石某华是否有抚养的义务?

评析:

1. 在本案中，冯某某的三个子女对其有赡养扶助的义务。

《婚姻法》第二十一条规定表明，子女对父母有赡养扶助的义务。子女不履行赡养义务时，无劳动能力的或生活困难的父母，有要求子女付给赡养费的权利。赡养是指晚辈对长辈承担供养责任。在我国《婚姻法》所规定的家庭关系中，权利和义务是相互的，任何人都不能只享有权利而不承担义务。子女对父母的赡养扶助，内容十分广泛。贯彻执行和理解此条规定，必须注意以下几点:

第一，对本条所称之子女应作限定的解释，专指成年子女而言。《宪法》第四十九条对此有明确规定，成年子女有赡养扶助父母的义务。未成年子女并非赡养义务人，某些有收入的未成年子女出于自愿对父母进行赡养，这当然是应予肯定的，但这同履行法定的赡养义务有着严格的区别。

第二，赡养是指子女对父母的供养。即在物质和经济上为父母提供必要的生活条件。扶助是指子女对父母在精神上和生活上的关心、帮助和照料。

第三，关于赡养费的给付标准。

首先，子女应当赡养父母，根据父母的实际需要和子女的负担能力，由子女向父母给付适当的赡养费用。有两个以上子女的，可根据他们不同的负担能力，共同承担赡养费用。赡养费用的标准，一般不应低于当地的生活水平。

其次，子女要在日常生活中扶助父母，子女和父母同居生活的，应当依法履行赡养义务，尤其对年老体弱或者多病的父母，更应当加以妥善的扶助和照顾，不在一起生活的，也应通过各种方式履行扶助义务，关心、照顾父母。凡有赡养扶助能力的子女，不分男女，不论婚否，都必须履行赡养父母的义务。赡养父母是子女的法定义务，不允许以任何借口逃避。

在本案中，作为养子的石某山以不是生母为由拒绝赡养养母，石某良借口成家，石某英借口是女儿而不愿履行赡养母亲的义务，是逃避履行赡养父母义务的违法行为，在这种情况下，其母亲冯某某有权依照《婚姻法》第二十一条的规定向人民法院起诉，要求其子女履行赡养义务。

2. 在本案中，冯某某的三个子女对其弟石某华有抚养的义务。

兄、姐与弟、妹在一定条件下有抚养的义务。《婚姻法》第二十九条规定："有负担能力的兄、姐，对于父母已经死亡或父母无力抚养的未成年的弟、妹，有抚养的义务。由兄、姐抚养长大的有负担能力的弟、妹，对于缺乏劳动能力又缺乏生活来源的兄、姐，有抚养的义务。"兄弟姊妹是最近的旁系血亲，他们之间在一般情况下没有抚养义务，但在特定条件下，也会发生抚养关系。即如果弟、妹是未成年人，而父母已经死亡或无力抚养，而兄、姐又有负担能力，在这种情况下，兄、姐对弟、妹就要尽抚养义务。这样规定更有利于保护未成年人的合法权益。据此，兄、姐抚养弟妹有如下三个条件：

第一，父母已经死亡或父母无力抚养未成年子女。

第二，兄、姐必须有负担能力。负担能力主要指能够抚养未成年弟、妹的经济条件和监护能力。如果负有抚养义务的兄、姐死亡或者失去负担能力的，对未成年的抚养义务终止。

第三，弟、妹尚未成年。需要抚养的弟、妹未满 18 周岁，没有独立生活能力。如果他们年满 16 周岁但未满 18 周岁，以自己的劳动收入为主要生活来源的，视为能够独立生活，就不应该由兄、姐继续承担抚养责任，但兄、姐自愿提供经济帮助的，法律不作限制。

上述三个条件必须同时具备，才形成兄、姐抚养弟、妹的法律关系。

因此，在本案中，石某华系没有独立生活能力的未成年人，尚在校就读，而其父已经死亡，母亲又无力抚养，其兄、姐又均有负担能力。根据《婚姻法》第二十九条的规定，石某山、石某良、石某英等三人对其应尽抚养义务。法院判决石某山、石某良、石某英每人每月负担其母赡养费 120 元，负担其弟抚育费 150 元，这和三被告的负担能力是相当的，既体现了《婚姻法》的基本原则，又维护了当事人的合法权益。

父母不履行抚养义务案

案情简述：

1998年3月28日，许某因遭人陷害被检察院以涉嫌故意杀人为由关押审查，其妻出于生活压力与许某离婚。1999年7月许某的所谓故意杀人案得到了申诉，被人民法院撤销原判，无罪释放，其工作单位也为其恢复了原来的工作。

吴某的丈夫因车祸身亡，留下一子，名叫赵某（即原告）。后经媒人介绍，吴某和许某相识，不久在婚姻登记机关领取了结婚证书。吴某将其儿子赵某带到许某的家中，和他们共同生活。赵某高中毕业后，在家庭的资助下买了一辆三轮车搞运输，主要为几家商店运输商品。一家三口都有收入，生活比较富裕。

2001年12月，吴某因心脏病突发而死。祸不单行，2002年2月其子赵某在运输中不慎跌伤，右腿骨折。赵某出院回家后，其父许某态度冷淡，有时因经济问题和家庭事务彼此争吵。有一次，赵某要买无线电零件，向许某要1300元钱。许某说："我管饭给你吃，你还要这个要那个的。"赵某说："我过去赚的钱都放在家里，现在我要一千多元钱都不给。"于是发生争吵，越吵越烈。接着，许某将东西搬到单位集体宿舍，单独生活。赵某因伤势未愈，没有工作，生活困难，多次要求许某抚养，单位领导也找许某谈话，均遭拒绝。在这种情况下，赵某于2003年1月向当地人民法院起诉，要求许某每月给付抚养费260元。

法院判决：

人民法院在审理过程中，被告许某认为，赵某的母亲吴某已去世，自己现在与赵某没有多大关系，况且赵某已经21岁，应该设法独立生活，自己没有义务再管他吃饭。原告赵某认为，自己现在腿伤未愈，无法工作，待自己伤好了，就可以工作，到时就不需要被告抚养了。

人民法院审理认为，根据我国法律规定，继父或继母与继子女形成事实上的继父母、继子女关系后，不因生父母先于继父母的死亡而消除，只有通过法定程序才能解除这种抚养关系，否则这种彼此之间的权利义务关系在任何情况下，都是存在的。关于继子女已经成年，有抚养义务的继父或继母要不要继续抚养，还要看具体情况。继子女成年后有独立生活能力的，继父或者继母可以免除经济上的抚养义务。但是，如果继子女虽已成年，可是因某种原因经济上不可能独立生活，在这种情况下，根据我国《婚姻法》第二十七条第二款的规定："继父或继母和受其抚养教育的继子女间的权利和义务，适用本法对父母子女关系的有关规定。"以及第二十一条第一款规定："父母对子女有抚养教育的义务……"根据这两条的规定，许某对于因摔伤而暂时不能独立生活的继子赵某有抚养义务。据此人民法院判决如下：

被告许某每月付给原告赵某抚养费 190 元。

法律问题：

1. 继父和继子女形成了抚养关系，生母死后，继父是否就免除了对继子女的抚养义务？

2. 生活不能独立的成年子女，是否有权要求继父给付抚养费？

评析：

1. 在本案中，吴某死后，许某并没有免除对赵某的抚养义务。

所谓继父母俗称后父、后母。继父母继子女关系是因子女的生父或者生母的再婚而形成的。子女对母或父的后婚配偶，称继父或继母。丈夫对其妻与前夫所生的子女，或妻子对其丈夫与前妻所生的子女，均称继子女。我国《婚姻法》第二十七条第一款规定："继父母与继子女间，不得虐待或歧视。"否则，应承担相应的法律责任。该条第二款同时规定："继父或继母和受其抚养教育的继子女间的权利和义务，适用本法对父母子女关系的有关规定。"由此可见，有抚养教育关系的继父母、继子女间才发生父母子女的权利义务关系，无抚养教育关系的继父母、继子女间不发生这种权利义务关系。有抚养教育关系的继父母、继子女间的权利义务，与亲父母和亲生子女间的权利义务相同。这就是说，有抚养教育关系的继父母、继子女为拟制血亲。

本案中，许某和赵某之间即具有抚养教育关系。赵某自幼就跟随母亲一起与许某共同生活，并在中学毕业后，由家庭资助买三轮车搞运输业务，而且还要把自己所赚的钱全部交给家里，这样，继子赵某和继父许某之间的权利义务关系就应该适用我国《婚姻法》有关父母子女间关系的有关规定。而且根据我国的法律规定，继父或者继母一旦与继子女形成了权利义务关系以后，不因生父母先于继父母的死亡而消除。

本案中，赵某和许某之间的权利义务关系，不因为吴某的去世而消除，他们之间在吴某去世后仍然适用我国《婚姻法》有关父母子女间权利义务的有关规定。除非双方通过某种法定程序，例如继父把继子送养他人等来解除这种关系，否则，这种彼此之间的权利义务关系在任何情况下都是存在的，直到作为继父许某或继子赵某的一方死亡，这种相互之间的权利义务关系才告以结束。继父许某认为其妻吴某已去世，因此他和赵某之间也就没有什么关系了，这种观点是不正确的。许某和赵某之间的权利义务与生父生子之间的权利义务相同，他们之间是受我国法律保护的拟制父子关系，因此，许某仍然对赵某具有抚养的义务。

2. 不能独立生活的成年子女，有要求父母付给抚养费的权利。即本案中的赵某有要求许某给付抚养费的权利。

从上述内容可以知道，既然赵某、许某之间是具有抚养教育关系的继父继子关系，他们之间的权利义务就应当适用我国《婚姻法》有关父母子女间权利义务的有关规定。

我国《婚姻法》第二十一条规定，父母对子女有抚养教育的义务。抚养是指父母从物质上、经济上对子女的养育和照料，如负担子女的生活费、教育费，在生活上照管子女等。这是子女健康成长的物质基础。教育是指父母在思想、品德、学业等方面对子女的全面培养。

父母的抚养教育义务，对未成年子女来说是无条件的，不得任意推卸责任，对成年子女的抚养教育则是有条件的。一般来说，子女成年独立生活后，父母除对子女继续进行帮助、教育外，在物质上、经济上不再有抚养义务。但是，对不能独立生活的成年子女，如身有残疾或继续上学的子女等，父母仍需尽抚养义务，不得推诿。

本案中，继父许某和继子赵某之间具有抚养教育关系，他们之间的权利义务关系适用父母与亲生子女间的权利义务的有关规定。许某对赵某有抚养教育的义务，虽然赵某已经成年，但其由于事故而摔伤了腿，无法工作，不能独立生活，在这种情况下，许某仍负有对成年的赵某抚养的义务。

福利院送养儿童之诉

案情简述：

原告朱某于2001年1月2日与其夫龙某某离婚，其6岁的儿子龙某由龙某某抚养。2001年秋，龙某某再婚，龙某屡遭继母打骂虐待。龙某不堪忍受，于2001年6月离家出走，流浪到某市火车站，被车站工作人员收留。因龙某讲不清家庭住址，被车站工作人员送到该市儿童福利院。福利院工作人员经多方努力查找龙某的父母，并在报纸上刊登寻人启事，均无结果。最后，福利院认定龙某系查找不到父母的儿童，将其收留抚养。

2001年7月，原告朱某得知儿子龙某失踪的消息，十分着急，到处寻找，均没有打听到龙某的下落。2001年11月，朱某同本单位一大夫结婚后，继续托人帮助寻找龙某。

2001年12月，该市化工厂工人田某夫妻因无子女，到福利院要求领养一男童。经田某夫妻和福利院双方同意，决定将龙某送田某夫妻收养，双方到民政部门办理了收养登记，依法确立了收养关系。

2003年1月，朱某得知龙某可能在某市儿童福利院，立即前往寻找。经辨认相片，查阅有关材料，确认龙某被该福利院收留，现已由该市化工厂职工田某夫妻收养。原告朱某找到田某，要求田某解除与龙某的收养关系，将龙某领回抚养。田某认为自己收养龙某手续齐备，合乎法律规定，收养龙某已经近两年，龙某也已8岁，现在正在小学读书，学习成绩很好，同自己的感情也非常深，如果由原告朱某领回抚养恐怕对其成长教育不利。另外，自己收养龙某是同市儿童福利院订立的书面协议，送养人应为儿童福利院，只有儿童福利院才可提出解除收养关系，朱某无权提出解除收养关系。双方经协商，没有达成协议。

2003 年 2 月，原告朱某向该市某区法院提起诉讼，要求法院解除田某和龙某之间的抚养关系。

法院判决：

人民法院受理此案后，依法通知市儿童福利院作为第三人参加诉讼。原告朱某认为，市儿童福利院不符合送养人的条件。因为在龙某父母均在的情况下，市儿童福利院无权决定将龙某送养给他人。田某年纪已大，家庭环境不好，没有抚养教育龙某的条件。儿童福利院将龙某送由田某抚养是违反法律规定的，没有法律效力，请求法院依法解除这一违法的收养关系。

经人民法院调查，田某收养龙某的手续齐备，符合法律规定。田某家中只有夫妻两人，无子女，二人均系退休职工，家庭条件很好，自收养龙某后，对龙某在生活上关心，教育上尽力，收养后即将龙某送到附近小学就读。龙某学习成绩很好，对田某夫妻也以父母相称，双方建立了很深的感情。当审判人员安排龙某与其母见面并询问其是否愿意随母亲一起生活时，龙某对其母亲态度冷漠，表示不愿随原告朱某回去，并声称，如果原告朱某将其带走，以后还要外出流浪，并恳请田某夫妻不要将自己交给其母带走。

人民法院审理认为，本案收养、送养双方均符合法律规定的收养人和送养人应具备的条件，符合《收养法》的规定。鉴于本案的实际情况，原告朱某仅以收养未经其同意为主要理由而主张收养关系无效，应予驳回。田某夫妻对龙某充分履行了抚养义务，龙某又不愿随母亲生活，应当判决驳回原告朱某的诉讼请求，维持收养关系。最后，合议庭按照少数服从多数的原则作出判决，判决驳回原告朱某的诉讼请求，维持收养关系。

原告朱某不服，向市中级法院提出上诉。二审法院审理后，作出了驳回上诉，维持原判的判决。

法律问题：

1. 在本案中，某市儿童福利院是否可以作为送养人？

2. 在本案中，田某夫妻是否具备抚养人的条件？

3. 在本案中，田某收养龙某是否符合收养关系的成立要件，以及法院是否有法律依据解除他们的收养关系？

评析：

1. 在本案中，某市儿童福利院可以作为送养人将龙某送养。

《中华人民共和国收养法》第四条规定："下列不满十四周岁的未成年人可以被收养：（一）丧失父母的孤儿；（二）查找不到生父母的弃婴和儿童；（三）生父母有特殊困难无力抚养的子女。"《中华人民共和国收养法》第五条规定："下列公民、组织可以作送养人：（一）孤儿的监护人；（二）社会福利机构；（二）有特殊困难无力抚养子女的生父母。"

在本案中，龙某离家出走，被某市儿童福利院收留时只有 6 岁，为查找龙某的父母，儿童福利院工作人员做了大量的寻找工作，并在报纸上刊登寻人启事，均没有效果。由于龙某讲不清家庭住址，又没有人前来联系，导致儿童福利院的寻找工作没有结果。在这种情况下，儿童福利院只能认定龙某是查找不到生父母的儿童而将其收留抚养，根据上述法律的规定，儿童福利院当然可以将龙某送给别人收养。因此，本案中的被告儿童福利院将龙某送他人收养的行为符合法律的规定。

2. 在本案中，田某夫妻具备抚养人的条件。

《中华人民共和国收养法》第六条规定："收养人应当同时具备下列条件：（一）无子女；（二）有抚养教育被收养人的能力；（三）未患有在医学上认为不应当收养子女的疾病；（四）年满三十五周岁。"另外，《中华人民共和国收养法》第十条第二款还规定："有配偶者收养子女，须夫妻共同收养。"

因此，在本案中，田某夫妻无子女，均已年满 35 周岁，有足够而稳定的经济收入，健康状况良好，具有教育被收养人的能力。龙某日常生活和在校学习情况良好的事实可以证明田某夫妻完全具备抚养教育龙某的能力。所以说，田某夫妻具备抚养人的全部条件。

3. 在本案中，田某收养龙某符合收养关系的成立要件，人民法院不应当解除他们的合法收养关系。

《中华人民共和国收养法》第十五条第一款规定："收养应当向县级以上人民政府民政部门登记。收养关系自登记之日起成立。"在本案中，田某在收养龙某时依法到民政部门办理了收养登记手续，符合收养关系的成立要件。

《中华人民共和国收养法》第二十六条第一款规定："收养人在被收养人成年以前，不得解除收养关系，但收养人、送养人双方协议解除的除外，养子女年满十周岁以上的，应当征得本人同意。"第二款规定："收养人不履行抚养义务，有虐待、遗弃等侵害未成年养子女合法权益行为的，送养人有权要求解除养父母与养子女间的收养关系。送养人、收养人不能达成解除收养关系协议的，可以向人民法院起诉。"

从本案的具体情况看，田某收养龙某的行为符合法律规定，又充分履行了抚养义务，所以从法律角度看，不具备解除收养关系的法定条件。但从另外一个角度看，原告朱某要求解除收养关系，直接抚养亲生子女，也是有道理的，对原告朱某提出这一要求的心情及合理性应予理解。这样，就给如何处理本案带来一个难题，是保护合法的收养关系，还是维护母亲对子女的抚养权利？解决问题的关键，就在于必须从有利于未成年人健康成长的原则出发。实行收养制度主要是为了养子女的利益，它可以使无依无靠的孤儿，或因某些原因无法随父母生活的儿童，在养父母的抚养教育下，享受家庭的温暖，得以健康成长。所以《收养法》规定，养子女年满10周岁以上的，解除收养关系应当征得本人的同意。从本案来看，显然龙某随养父母一同生活对其健康成长有利，如果改变生活环境，龙某的成长会受到影响。另外，龙某与养父母感情很深，不愿随生母一起生活，在这种情况下，维持收养关系较宜。所以，法院的处理是完全正确的。

附　录

《中华人民共和国婚姻法》

第一章　总　则

第一条　本法是婚姻家庭关系的基本准则。

第二条　实行婚姻自由、一夫一妻、男女平等的婚姻制度。

保护妇女、儿童和老人的合法权益。

实行计划生育。

第三条　禁止包办、买卖婚姻和其他干涉婚姻自由的行为。禁止借婚姻索取财物。禁止重婚。禁止有配偶者与他人同居。禁止家庭暴力。禁止家庭成员间的虐待和遗弃。

第四条　夫妻应当互相忠实，互相尊重；家庭成员间应当敬老爱幼，互相帮助，维护平等、和睦、文明的婚姻家庭关系。

第二章　结　婚

第五条　结婚必须男女双方完全自愿，不许任何一方对他方加以强迫或任何第三者加以干涉。

第六条　结婚年龄，男不得早于二十二周岁，女不得早于二十周岁。晚婚晚育应予鼓励。

第七条　有下列情形之一的，禁止结婚：

（一）直系血亲和三代以内的旁系血亲；

（二）患有医学上认为不应当结婚的疾病。

第八条 要求结婚的男女双方必须亲自到婚姻登记机关进行结婚登记。符合本法规定的，予以登记，发给结婚证。取得结婚证，即确立夫妻关系。未办理结婚登记的，应当补办登记。

第九条 登记结婚后，根据男女双方约定，女方可以成为男方家庭的成员，男方可以成为女方家庭的成员。

第十条 有下列情形之一的，婚姻无效：

（一）重婚的；

（二）有禁止结婚的亲属关系的；

（三）婚前患有医学上认为不应当结婚的疾病，婚后尚未治愈的；

（四）未到法定婚龄的。

第十一条 因胁迫结婚的，受胁迫的一方可以向婚姻登记机关或人民法院请求撤销该婚姻。受胁迫的一方撤销婚姻的请求，应当自结婚登记之日起一年内提出。被非法限制人身自由的当事人请求撤销婚姻的，应当自恢复人身自由之日起一年内提出。

第十二条 无效或被撤销的婚姻，自始无效。当事人不具有夫妻的权利和义务。同居期间所得的财产，由当事人协议处理；协议不成时，由人民法院根据照顾无过错方的原则判决。对重婚导致的婚姻无效的财产处理，不得侵害合法婚姻当事人的财产权益。当事人所生的子女，适用本法有关父母子女的规定。

第三章 家庭关系

第十三条 夫妻在家庭中地位平等。

第十四条 夫妻双方都有各用自己姓名的权利。

第十五条 夫妻双方都有参加生产、工作、学习和社会活动的自由，一方不得对他方加以限制或干涉。

第十六条 夫妻双方都有实行计划生育的义务。

第十七条 夫妻在婚姻关系存续期间所得的下列财产，归夫妻共同所有：

（一）工资、奖金；

（二）生产、经营的收益；

（三）知识产权的收益；

（四）继承或赠予所得的财产，但本法第十八条第三项规定的除外；

（五）其他应当归共同所有的财产。

夫妻对共同所有的财产，有平等的处理权。

第十八条 有下列情形之一的，为夫妻一方的财产：

（一）一方的婚前财产；

（二）一方因身体受到伤害获得的医疗费、残疾人生活补助费等费用；

（三）遗嘱或赠予合同中确定只归夫或妻一方的财产；

（四）一方专用的生活用品；

（五）其他应当归一方的财产。

第十九条 夫妻可以约定婚姻关系存续期间所得的财产以及婚前财产归各自所有、共同所有或部分各自所有、部分共同所有。约定应当采用书面形式。没有约定或约定不明确的，适用本法第十七条、第十八条的规定。

夫妻对婚姻关系存续期间所得的财产以及婚前财产的约定，对双方具有约束力。

夫妻对婚姻关系存续期间所得的财产约定归各自所有的，夫或妻一方对外所负的债务，第三人知道该约定的，以夫或妻一方所有的财产清偿。

第二十条 夫妻有互相抚养的义务。

一方不履行抚养义务时，需要抚养的一方，有要求对方付给抚养费的权利。

第二十一条 父母对子女有抚养教育的义务；子女对父母有赡养扶助的义务。

父母不履行抚养义务时，未成年的或不能独立生活的子女，有要求父母付给抚养费的权利。

子女不履行赡养义务时，无劳动能力的或生活困难的父母，有要求子女付给赡养费的权利。禁止溺婴、弃婴和其他残害婴儿的行为。

第二十二条 子女可以随父姓，可以随母姓。

第二十三条 父母有保护和教育未成年子女的权利和义务。在未成年子女对国家、集体或他人造成损害时，父母有承担民事责任的义务。

第二十四条 夫妻有相互继承遗产的权利。父母和子女有相互继承遗产的权利。

第二十五条 非婚生子女享有与婚生子女同等的权利，任何人不得加以危害和歧视不直接抚养非婚生子女的生父或生母，应当负担子女的生活费和教育费，直至子女能独立生活为止。

第二十六条 国家保护合法的收养关系。养父母和养子女间的权利和义务，适用本法对父母子女关系的有关规定。养子女和生父母间的权利和义务，因收养关系的成立而消除。

第二十七条 继父母与继子女间，不得虐待或歧视。继父或继母和受其抚养教育的继子女间的权利和义务，适用本法对父母子女关系的有关规定。

第二十八条 有负担能力的祖父母、外祖父母，对于父母已经死亡或父母无力抚养的未成年的孙子女、外孙子女，有抚养的义务。有负担能力的孙子女、外孙子女，对于子女已经死亡或子女无力赡养的祖父母、外祖父母，有赡养的义务。

第二十九条 有负担能力的兄、姐，对于父母已经死亡或父母无力抚养的未成年的弟、妹，有抚养的义务。由兄、姐抚养长大的有负担能力的弟、妹，对于缺乏劳动能力又缺乏生活来源的兄、姐，有抚养的义务。

第三十条 子女应当尊重父母的婚姻权利，不得干涉父母再婚以及婚后的生活。子女对父母的赡养义务，不因父母的婚姻关系变化而终止。

第四章 离 婚

第三十一条 男女双方自愿离婚的，准予离婚。双方必须到婚姻登记机关申请离婚。婚姻登记机关查明双方确实是自愿并对子女和财产问题已有适当处理时，发给离婚证。

第三十二条 男女一方要求离婚的，可由有关部门进行调解或直接向人民法院提出离婚诉讼。

人民法院审理离婚案件，应当进行调解；如感情确已破裂，调解无效，应准予离婚。

有下列情形之一，调解无效的，应准予离婚：

（一）重婚或有配偶者与他人同居的；

（二）实施家庭暴力或虐待、遗弃家庭成员的；

（三）有赌博、吸毒等恶习屡教不改的；

（四）因感情不和分居满二年的；

（五）其他导致夫妻感情破裂的情形。

一方被宣告失踪，另一方提出离婚诉讼的，应准予离婚。

第三十三条 现役军人的配偶要求离婚，须得军人同意，但军人一方有重大过错的除外。

第三十四条 女方在怀孕期间、分娩后一年内或中止妊娠后六个月内，男方不得提出离婚。女方提出离婚的，或人民法院认为确有必要受理男方离婚请求的，不在此限。

第三十五条 离婚后，男女双方自愿恢复夫妻关系的，必须到婚姻登记机关进行复婚登记。

第三十六条 父母与子女间的关系，不因父母离婚而消除。离婚后，子女无论由父或母直接抚养，仍是父母双方的子女。

离婚后，父母对于子女仍有抚养和教育的权利和义务。

离婚后，哺乳期内的子女，以随哺乳的母亲抚养为原则。哺乳期后的子女，如双方因抚养问题发生争执不能达成协议时，由人民法院根据子女的权益和双方的具体情况判决。

第三十七条 离婚后，一方抚养的子女，另一方应负担必要的生活费和教育费的一部分或全部，负担费用的多少和期限的长短，由双方协议；协议不成时，由人民法院判决。

关于子女生活费和教育费的协议或判决，不妨碍子女在必要时向父母任何一方提出超过协议或判决原定数额的合理要求。

第三十八条 离婚后，不直接抚养子女的父或母，有探望子女的权利，另一方有协助的义务。

行使探望权利的方式、时间由当事人协议；协议不成时，由人民法院判决。

父或母探望子女，不利于子女身心健康的，由人民法院依法中止探望的权利；中止的事由消失后，应当恢复探望的权利。

第三十九条 离婚时，夫妻的共同财产由双方协议处理；协议不成时，由人民法院根据财产的具体情况，照顾子女和女方权益的原则判决。

夫或妻在家庭土地承包经营中享有的权益等，应当依法予以保护。

第四十条 夫妻书面约定婚姻关系存续期间所得的财产归各自所有，一方因抚育子女、照料老人、协助另一方工作等付出较多义务的，离婚时有权向另一方请求补偿，另一方应当予以补偿。

第四十一条 离婚时，原为夫妻共同生活所负的债务，应当共同偿还。共同财产不足清偿的，或财产归各自所有的，由双方协议清偿；协议不成时，由人民法院判决。

第四十二条 离婚时，如一方生活困难，另一方应从其住房等个人财产中给予适当帮助。具体办法由双方协议；协议不成时，由人民法院判决。

第五章 救助措施与法律责任

第四十三条 实施家庭暴力或虐待家庭成员，受害人有权提出请求，居民委员会、村民委员会以及所在单位应当予以劝阻、调解。

对正在实施的家庭暴力，受害人有权提出请求，居民委员会、村民委员会应当予以劝阻；公安机关应当予以制止。

实施家庭暴力或虐待家庭成员，受害人提出请求的，公安机关应当依照治安管理处罚的法律规定予以行政处罚。

第四十四条 对遗弃家庭成员，受害人有权提出请求，居民委员会、村民委员会以及所在单位应当予以劝阻、调解。

对遗弃家庭成员，受害人提出请求的，人民法院应当依法作出支付抚养费、抚养费、赡养费的判决。

第四十五条 对重婚的，对实施家庭暴力或虐待、遗弃家庭成员构成犯罪的，依法追究刑事责任。受害人可以依照刑事诉讼法的有关规定，向人民法院自诉，公安机关应当依法侦查，人民检察院应当依法提起公诉。

第四十六条 有下列情形之一，导致离婚的，无过错方有权请求损害赔偿：

（一）重婚的；

（二）有配偶者与他人同居的；

（三）实施家庭暴力的；

（四）虐待、遗弃家庭成员的。

第四十七条 离婚时，一方隐藏、转移、变卖、毁损夫妻共同财产，或伪造债务企图侵占另一方财产的，分割夫妻共同财产时，对隐藏、转移、变卖、毁损夫妻共同财产或伪造债务的一方，可以少分或不分。离婚后，另一方发现有上述行为的，可以向人民法院提起诉讼，请求再次分割夫妻共同财产。

人民法院对前款规定的妨害民事诉讼的行为，依照《民事诉讼法》的规定予以制裁。

第四十八条 对拒不执行有关抚养费、扶养费、赡养费、财产分割、遗产继承、探望子女等判决或裁定的，由人民法院依法强制执行。有关个人和单位应负协助执行的责任。

第四十九条 其他法律对有关婚姻家庭的违法行为和法律责任另有规定的，依照其规定。

第六章 附 则

第五十条 民族自治地方的人民代表大会有权结合当地民族婚姻家庭的具体情况，制定变通规定。自治州、自治县制定的变通规定，报省、自治区、直辖市人民代表大会常务委员会批准后生效。自治区制定的变通规定，报全国人民代表大会常务委员会批准后生效。

第五十一条 本法自1981年1月1日起施行。

1950年5月1日颁行的《中华人民共和国婚姻法》，自本法施行之日起废止。

最高人民法院《关于适用〈中华人民共和国婚姻法〉若干问题的解释（一）》

为了正确审理婚姻家庭纠纷案件，根据《中华人民共和国婚姻法》（以下简称《婚姻法》）、《中华人民共和国民事诉讼法》等法律的规定，对人民法院适用《婚姻法》的有关问题作出如下解释：

第一条 《婚姻法》第三条、第三十二条、第四十三条、第四十五条、第四十六条所称的“家庭暴力”，是指行为人以殴打、捆绑、残害、强行限制人身自由或者其他手段，给其家庭成员的身体、精神等方面造成一定伤害后果的行为。持续性、经常性的家庭暴力，构成虐待。

第二条 《婚姻法》第三条、第三十二条、第四十六条规定的“有配偶者与他人同居”的情形，是指有配偶者与婚外异性，不以夫妻名义，持续、稳定地共同居住。

第三条 当事人仅以《婚姻法》第四条为依据提起诉讼的，人民法院不予受理；已经受理的，裁定驳回起诉。

第四条 男女双方根据《婚姻法》第八条规定补办结婚登记的，婚姻关系的效力从双方均符合《婚姻法》所规定的结婚的实质要件时起算。

第五条 未按《婚姻法》第八条规定办理结婚登记而以夫妻名义共同生活的男女，起诉到人民法院要求离婚的，应当区别对待：

（一）1994年2月1日民政部《婚姻登记管理条例》公布实施以前，男女双方已经符合结婚实质要件的，按事实婚姻处理；

（二）1994年2月1日民政部《婚姻登记管理条例》公布实施以后，男女双方符合结婚实质要件的，人民法院应当告知其在案件受理前补办结婚登记；未补办结婚登记的，按解除同居关系处理。

第六条 未按《婚姻法》第八条规定办理结婚登记而以夫妻名义共同生活的男女，一方死亡，另一方以配偶身份主张享有继承权的，按照本解释第五条的原则处理。

第七条　有权依据《婚姻法》第十条规定向人民法院就已办理结婚登记的婚姻申请宣告婚姻无效的主体，包括婚姻当事人及利害关系人。利害关系人包括：

（一）以重婚为由申请宣告婚姻无效的，为当事人的近亲属及基层组织。

（二）以未到法定婚龄为由申请宣告婚姻无效的，为未达法定婚龄者的近亲属。

（三）以有禁止结婚的亲属关系为由申请宣告婚姻无效的，为当事人的近亲属。

（四）以婚前患有医学上认为不应当结婚的疾病，婚后尚未治愈为由申请宣告婚姻无效的，为与患病者共同生活的近亲属。

第八条　当事人依据《婚姻法》第十条规定向人民法院申请宣告婚姻无效的，申请时，法定的无效婚姻情形已经消失的，人民法院不予支持。

第九条　人民法院审理宣告婚姻无效案件，对婚姻效力的审理不适用调解，应当依法作出判决；有关婚姻效力的判决一经作出，即发生法律效力。

涉及财产分割和子女抚养的，可以调解。调解达成协议的，另行制作调解书。对财产分割和子女抚养问题的判决不服的，当事人可以上诉。

第十条　《婚姻法》第十一条所称的“胁迫”，是指行为人以给另一方当事人或者其近亲属的生命、身体健康、名誉、财产等方面造成损害为要挟，迫使另一方当事人违反真实意愿结婚的情况。

因受胁迫而请求撤销婚姻的，只能是受胁迫一方的婚姻关系当事人本人。

第十一条　人民法院审理婚姻当事人因受胁迫而请求撤销婚姻的案件，应当适用简易程序或者普通程序。

第十二条　《婚姻法》第十一条规定的“一年”，不适用诉讼时效中止、中断或者延长的规定。

第十三条　《婚姻法》第十二条所规定的自始无效，是指无效或者可撤销婚姻在依法被宣告无效或被撤销时，才确定该婚姻自始不受法律保护。

第十四条　人民法院根据当事人的申请，依法宣告婚姻无效或者撤销婚姻的，应当收缴双方的结婚证书并将生效的判决书寄送当地婚姻登记管理机关。

第十五条 被宣告无效或被撤销的婚姻，当事人同居期间所得的财产，按共同共有处理。但有证据证明为当事人一方所有的除外。

第十六条 人民法院审理重婚导致的无效婚姻案件时，涉及财产处理的，应当准许合法婚姻当事人作为有独立请求权的第三人参加诉讼。

第十七条 《婚姻法》第十七条关于“夫或妻对夫妻共同所有的财产，有平等的处理权”的规定，应当理解为：

（一）夫或妻在处理夫妻共同财产上的权利是平等的。因日常生活需要而处理夫妻共同财产的，任何一方均有权决定。

（二）夫或妻非因日常生活需要对夫妻共同财产做重要处理决定，夫妻双方应当平等协商，取得一致意见。他人有理由相信其为夫妻双方共同意思表示的，另一方不得以不同意或不知道为由对抗善意第三人。

第十八条 《婚姻法》第十九条所称“第三人知道该约定的”，夫妻一方对此负有举证责任。

第十九条 《婚姻法》第十八条规定为夫妻一方所有的财产，不因婚姻关系的延续而转化为夫妻共同财产。但当事人另有约定的除外。

第二十条 《婚姻法》第二十一条规定的“不能独立生活的子女”，是指尚在校接受高中及其以下学历教育，或者丧失或未完全丧失劳动能力等非因主观原因而无法维持正常生活的成年子女。

第二十一条 《婚姻法》第二十一条所称“抚养费”，包括子女生活费、教育费、医疗费等费用。

第二十二条 人民法院审理离婚案件，符合《婚姻法》第三十二条第二款规定“应准予离婚”情形的，不应当因当事人有过错而判决不准离婚。

第二十三条 《婚姻法》第三十三条所称的“军人一方有重大过错”，可以依据《婚姻法》第三十二条第三款前三项规定及军人有其他重大过错导致夫妻感情破裂的情形予以判断。

第二十四条 人民法院作出的生效的离婚判决中未涉及探望权，当事人就探望权问题单独提起诉讼的，人民法院应予受理。

第二十五条 当事人在履行生效判决、裁定或者调解书的过程中，请求中止行使探望权的，人民法院在征询双方当事人意见后，认为需要中止行使探望权的，依法作出裁定。中止探望的情形消失后，人民法院应当根据当事人的申请通知其恢复探望权的行使。

第二十六条 未成年子女、直接抚养子女的父或母及其他对未成年子女负担抚养、教育义务的法定监护人，有权向人民法院提出中止探望权的请求。

第二十七条 《婚姻法》第四十二条所称“一方生活困难”，是指依靠个人财产和离婚时分得的财产无法维持当地基本生活水平。

一方离婚后没有住处的，属于生活困难。

离婚时，一方以个人财产中的住房对生活困难者进行帮助的形式，可以是房屋的居住权或者房屋的所有权。

第二十八条 《婚姻法》第四十六条规定的“损害赔偿”，包括物质损害赔偿和精神损害赔偿。涉及精神损害赔偿的，适用最高人民法院《关于确定民事侵权精神损害赔偿责任若干问题的解释》的有关规定。

第二十九条 承担《婚姻法》第四十六条规定的损害赔偿责任的主体，为离婚诉讼当事人中无过错方的配偶。

人民法院判决不准离婚的案件，对于当事人基于《婚姻法》第四十六条提出的损害赔偿请求，不予支持。

在婚姻关系存续期间，当事人不起诉离婚而单独依据该条规定提起损害赔偿请求的，人民法院不予受理。

第三十条 人民法院受理离婚案件时，应当将《婚姻法》第四十六条等规定中当事人的有关权利义务，书面告知当事人。在适用《婚姻法》第四十六条时，应当区分以下不同情况：

（一）符合《婚姻法》第四十六条规定的无过错方作为原告基于该条规定向人民法院提起损害赔偿请求的，必须在离婚诉讼的同时提出。

（二）符合《婚姻法》第四十六条规定的无过错方作为被告的离婚诉讼案件，如果被告不同意离婚也不基于该条规定提起损害赔偿请求的，可以在离婚后一年内就此单独提起诉讼。

（三）无过错方作为被告的离婚诉讼案件，一审时被告未基于《婚姻法》第四十六条规定提出损害赔偿请求，二审期间提出的，人民法院应当进行调解，调解不成的，告知当事人在离婚后一年内另行起诉。

第三十一条 当事人依据《婚姻法》第四十七条的规定向人民法院提起诉讼，请求再次分割夫妻共同财产的诉讼时效为两年，从当事人发现之次日起计算。

第三十二条 《婚姻法》第四十八条关于对拒不执行有关探望子女等判决和裁定的，由人民法院依法强制执行的规定，是指对拒不履行协助另一方行使探望权的有关个人和单位采取拘留、罚款等强制措施，不能对子女的人身、探望行为进行强制执行。

第三十三条 《婚姻法》修改后正在审理的一、二审婚姻家庭纠纷案件，一律适用修改后的《婚姻法》。此前最高人民法院作出的相关司法解释如与本解释相抵触，以本解释为准。

第三十四条 本解释自公布之日起施行。

最高人民法院《关于适用〈中华人民共和国婚姻法〉若干问题的解释（二）》

为正确审理婚姻家庭纠纷案件，根据《中华人民共和国《婚姻法》》（以下简称《婚姻法》）、《中华人民共和国民事诉讼法》等相关法律规定，对人民法院适用《婚姻法》的有关问题作出如下解释：

第一条 当事人起诉请求解除同居关系的，人民法院不予受理。但当事人请求解除的同居关系，属于婚姻法第三条、第三十二条、第四十六条规定的“有配偶者与他人同居”的，人民法院应当受理并依法予以解除。

当事人因同居期间财产分割或者子女抚养纠纷提起诉讼的，人民法院应当受理。

第二条 人民法院受理申请宣告婚姻无效案件后，经审查确属无效婚姻的，应当依法作出宣告婚姻无效的判决。原告申请撤诉的，不予准许。

第三条 人民法院受理离婚案件后，经审查确属无效婚姻的，应当将婚姻无效的情形告知当事人，并依法作出宣告婚姻无效的判决。

第四条 人民法院审理无效婚姻案件，涉及财产分割和子女抚养的，应当对婚姻效力的认定和其他纠纷的处理分别制作裁判文书。

第五条 夫妻一方或者双方死亡后一年内，生存一方或者利害关系人依据《婚姻法》第十条的规定申请宣告婚姻无效的，人民法院应当受理。

第六条 利害关系人依据《婚姻法》第十条的规定，申请人民法院宣告婚姻无效的，利害关系人为申请人，婚姻关系当事人双方为被申请人。

夫妻一方死亡的，生存一方为被申请人。

夫妻双方均已死亡的，不列被申请人。

第七条 人民法院就同一婚姻关系分别受理了离婚和申请宣告婚姻无效案件的，对于离婚案件的审理，应当待申请宣告婚姻无效案件作出判决后进行。

前款所指的婚姻关系被宣告无效后，涉及财产分割和子女抚养的，应当继续审理。

第八条　离婚协议中关于财产分割的条款或者当事人因离婚就财产分割达成的协议，对男女双方具有法律约束力。

当事人因履行上述财产分割协议发生纠纷提起诉讼的，人民法院应当受理。

第九条　男女双方协议离婚后一年内就财产分割问题反悔，请求变更或者撤销财产分割协议的，人民法院应当受理。

人民法院审理后，未发现订立财产分割协议时存在欺诈、胁迫等情形的，应当依法驳回当事人的诉讼请求。

第十条　当事人请求返还按照习俗给付的彩礼的，如果查明属于以下情形，人民法院应当予以支持：

（一）双方未办理结婚登记手续的；

（二）双方办理结婚登记手续但确未共同生活的；

（三）婚前给付并导致给付人生活困难的。

适用前款第（二）、（三）项的规定，应当以双方离婚为条件。

第十一条　婚姻关系存续期间，下列财产属于《婚姻法》第十七条规定的“其他应当归共同所有的财产”：

（一）一方以个人财产投资取得的收益；

（二）男女双方实际取得或者应当取得的住房补贴、住房公积金；

（三）男女双方实际取得或者应当取得的养老保险金、破产安置补偿费。

第十二条　《婚姻法》第十七条第三项规定的“知识产权的收益”，是指婚姻关系存续期间，实际取得或者已经明确可以取得的财产性收益。

第十三条　军人的伤亡保险金、伤残补助金、医药生活补助费属于个人财产。

第十四条　人民法院审理离婚案件，涉及分割发放到军人名下的复员费、自主择业费等一次性费用的，以夫妻婚姻关系存续年限乘以年平均值，所得数额为夫妻共同财产。

前款所称年平均值，是指将发放到军人名下的上述费用总额按具体年限均分得出的数额。其具体年限为人均寿命七十岁与军人入伍时实际年龄的差额。

第十五条 夫妻双方分割共同财产中的股票、债券、投资基金份额等有价证券以及未上市股份有限公司股份时，协商不成或者按市价分配有困难的，人民法院可以根据数量按比例分配。

第十六条 人民法院审理离婚案件，涉及分割夫妻共同财产中以一方名义在有限责任公司的出资额，另一方不是该公司股东的，按以下情形分别处理：

（一）夫妻双方协商一致将出资额部分或者全部转让给该股东的配偶，过半数股东同意、其他股东明确表示放弃优先购买权的，该股东的配偶可以成为该公司股东；

（二）夫妻双方就出资额转让份额和转让价格等事项协商一致后，过半数股东不同意转让，但愿意以同等价格购买该出资额的，人民法院可以对转让出资所得财产进行分割。过半数股东不同意转让，也不愿意以同等价格购买该出资额的，视为其同意转让，该股东的配偶可以成为该公司股东。

用于证明前款规定的过半数股东同意的证据，可以是股东会决议，也可以是当事人通过其他合法途径取得的股东的书面声明材料。

第十七条 人民法院审理离婚案件，涉及分割夫妻共同财产中以一方名义在合伙企业中的出资，另一方不是该企业合伙人的，当夫妻双方协商一致，将其合伙企业中的财产份额全部或者部分转让给对方时，按以下情形分别处理：

（一）其他合伙人一致同意的，该配偶依法取得合伙人地位；

（二）其他合伙人不同意转让，在同等条件下行使优先受让权的，可以对转让所得的财产进行分割；

（三）其他合伙人不同意转让，也不行使优先受让权，但同意该合伙人退伙或者退还部分财产份额的，可以对退还的财产进行分割；

（四）其他合伙人既不同意转让，也不行使优先受让权，又不同意该合伙人退伙或者退还部分财产份额的，视为全体合伙人同意转让，该配偶依法取得合伙人地位。

第十八条 夫妻以一方名义投资设立独资企业的，人民法院分割夫妻在该独资企业中的共同财产时，应当按照以下情形分别处理：

（一）一方主张经营该企业的，对企业资产进行评估后，由取得企业一方给予另一方相应的补偿；

（二）双方均主张经营该企业的，在双方竞价基础上，由取得企业的一方给予另一方相应的补偿；

（三）双方均不愿意经营该企业的，按照《中华人民共和国个人独资企业法》等有关规定办理。

第十九条 由一方婚前承租、婚后用共同财产购买的房屋，房屋权属证书登记在一方名下的，应当认定为夫妻共同财产。

第二十条 双方对夫妻共同财产中的房屋价值及归属无法达成协议时，人民法院按以下情形分别处理：

（一）双方均主张房屋所有权并且同意竞价取得的，应当准许；

（二）一方主张房屋所有权的，由评估机构按市场价格对房屋作出评估，取得房屋所有权的一方应当给予另一方相应的补偿；

（三）双方均不主张房屋所有权的，根据当事人的申请拍卖房屋，就所得价款进行分割。

第二十一条 离婚时双方对尚未取得所有权或者尚未取得完全所有权的房屋有争议且协商不成的，人民法院不宜判决房屋所有权的归属，应当根据实际情况判决由当事人使用。

当事人就前款规定的房屋取得完全所有权后，有争议的，可以另行向人民法院提起诉讼。

第二十二条 当事人结婚前，父母为双方购置房屋出资的，该出资应当认定为对自己子女的个人赠予，但父母明确表示赠予双方的除外。

当事人结婚后，父母为双方购置房屋出资的，该出资应当认定为对夫妻双方的赠予，但父母明确表示赠予一方的除外。

第二十三条 债权人就一方婚前所负个人债务向债务人的配偶主张权利的，人民法院不予支持。但债权人能够证明所负债务用于婚后家庭共同生活的除外。

第二十四条 债权人就婚姻关系存续期间夫妻一方以个人名义所负债务主张权利的，应当按夫妻共同债务处理。但夫妻一方能够证明债权人与债务人明确约定为个人债务，或者能够证明属于婚姻法第十九条第三款规定情形的除外。

第二十五条 当事人的离婚协议或者人民法院的判决书、裁定书、调解书已经对夫妻财产分割问题作出处理的，债权人仍有权就夫妻共同债务向男女双方主张权利。

一方就共同债务承担连带清偿责任后，基于离婚协议或者人民法院的法律文书向另一方主张追偿的，人民法院应当支持。

第二十六条 夫或妻一方死亡的，生存一方应当对婚姻关系存续期间的共同债务承担连带清偿责任。

第二十七条 当事人在婚姻登记机关办理离婚登记手续后，以《婚姻法》第四十六条规定为由向人民法院提出损害赔偿请求的，人民法院应当受理。但当事人在协议离婚时已经明确表示放弃该项请求，或者在办理离婚登记手续一年后提出的，不予支持。

第二十八条 夫妻一方申请对配偶的个人财产或者夫妻共同财产采取保全措施的，人民法院可以在采取保全措施可能造成损失的范围内，根据实际情况，确定合理的财产担保数额。

第二十九条 本解释自2004年4月1日起施行。

本解释施行后，人民法院新受理的一审婚姻家庭纠纷案件，适用本解释。本解释施行后，此前最高人民法院作出的相关司法解释与本解释相抵触的，以本解释为准。

最高人民法院《关于人民法院审理离婚案件处理子女抚养问题的若干具体意见》

人民法院审理离婚案件，对子女抚养问题，应当依照《中华人民共和国婚姻法》第二十九条、第三十条及有关法律规定，从有利于子女身心健康，保障子女的合法权益出发，结合父母双方的抚养能力和抚养条件等具体情况妥善解决。根据上述原则，结合审判实践，提出如下具体意见：

1. 2 周岁以下的子女，一般随母方生活。母方有下列情形之一的，可随父方生活：

（1）患有久治不愈的传染性疾病或其他严重疾病，子女不宜与其共同生活的；

（2）有抚养条件不尽抚养义务，而父方要求子女随其生活的；

（3）因其他原因，子女确无法随母方生活的。

2. 父母双方协议 2 周岁以下子女随父方生活，并对子女健康成长无不利影响的，可予准许。

3. 对 2 周岁以上未成年的子女，父方和母方均要求随其生活，一方有下列情形之一的，可予优先考虑：

（1）已做绝育手术或因其他原因丧失生育能力的；

（2）子女随其生活时间较长，改变生活环境对子女健康成长明显不利的；

（3）无其他子女，而另一方有其他子女的；

（4）子女随其生活，对子女成长有利，而另一方患有久治不愈的传染性疾病或其他严重疾病，或者有其他不利于子女身心健康的情形，不宜与子女共同生活的。

4. 父方与母方抚养子女的条件基本相同，双方均要求子女与其共同生活，但子女单独随祖父母或外祖父母共同生活多年，且祖父母或外祖父母要求并且有能力帮助子女照顾孙子女或外孙子女的，可作为子女随父或母生活的优先条件予以考虑。

5. 父母双方对10周岁以上的未成年子女随父或随母生活发生争执的，应考虑该子女的意见。

6. 在有利于保护子女利益的前提下，父母双方协议轮流抚养子女的，可予准许。

7. 子女抚育费的数额，可根据子女的实际需要、父母双方的负担能力和当地的实际生活水平确定。

有固定收入的，抚育费一般可按其月总收入的20%—30%的比例给付。负担2个以上子女抚育费的，比例可适当提高，但一般不得超过月总收入的50%。

无固定收入的，抚育费的数额可依据当年总收入或同行业平均收入，参照上述比例确定。

有特殊情况的，可适当提高或降低上述比例。

8. 抚育费应定期给付，有条件的可一次性给付。

9. 对一方无经济收入或者下落不明的，可用其财物折抵子女抚育费。

10. 父母双方可以协议子女随一方生活并由抚养方负担子女全部抚育费。但经查实，抚养方的抚养能力明显不能保障子女所需费用，影响子女健康成长的，不予准许。

11. 抚育费的给付期限，一般至子女18周岁为止。

16周岁以上不满18周岁，以其劳动收入为主要生活来源，并能维持当地一般生活水平的，父母可停止给付抚育费。

12. 尚未独立生活的成年子女有下列情形之一，父母又有给付能力的，仍应负担必要的抚育费：

（1）丧失劳动能力或虽未完全丧失劳动能力，但其收入不足以维持生活的；

（2）尚在校就读的；

（3）确无独立生活能力和条件的。

13. 生父与继母或生母与继父离婚时，对曾受其抚养教育的继子女，继父或继母不同意继续抚养的，仍应由生父母抚养。

14.《中华人民共和国收养法》施行前，夫或妻一方收养的子女，对方未表示反对，并与该子女形成事实收养关系的，离婚后，应由双方负担子女的抚育费；夫或妻一方收养的子女，对方始终反对的，离婚后，应由收养方抚养该子女。

15. 离婚后，一方要求变更子女抚养关系的，或者子女要求增加抚育费的，应另行起诉。

16. 一方要求变更子女抚养关系有下列情形之一的，应予支持：

（1）与子女共同生活的一方因患严重疾病或因伤残无力继续抚养子女的；

（2）与子女共同生活的一方不尽抚养义务或有虐待子女行为，或其与子女共同生活对子女身心健康确有不利影响的；

（3）10 周岁以上未成年子女，愿随另一方生活，该方又有抚养能力的；

（4）有其他正当理由需要变更的。

17. 父母双方协议变更子女抚养关系的，应予准许。

18. 子女要求增加抚育费有下列情形之一，父或母有给付能力的，应予支持。

（1）原定抚育费数额不足以维持当地实际生活水平的；

（2）因子女患病、上学，实际需要已超过原定数额的；

（3）有其他正当理由应当增加的。

19. 父母不得因子女变更姓氏而拒付子女抚育费。

20. 在离婚诉讼期间，双方均拒绝抚养子女的，可先行裁定暂由一方抚养。

21. 对拒不履行或妨害他人履行生效判决、裁定、调解中有关子女抚养义务的当事人或者其他人，人民法院可依照《中华人民共和国民事诉讼法》第一〇二条的规定采取强制措施。

最高人民法院《关于人民法院审理离婚案件处理财产分割问题的若干具体意见》

人民法院审理离婚案件对夫妻共同财产的处理，应当依照《中华人民共和国婚姻法》《中华人民共和国妇女权益保障法》及有关法律规定，分清个人财产、夫妻共同财产和家庭共同财产，坚持男女平等，保护妇女、儿童的合法权益，照顾无过错方，尊重当事人意愿，有利生产、方便生活的原则，合情合理地予以解决。根据上述原则，结合审判实践，提出如下具体意见：

1. 夫妻双方对财产归谁所有以书面形式约定的，或以口头形式约定，双方无争议的离婚时应按约定处理。但规避法律的约定无效。

2. 夫妻双方在婚姻关系存续期间所得的财产，为夫妻共同财产，包括：

（1）一方或双方劳动所得的收入和购置的财产；

（2）一方或双方继承、受赠的财产；

（3）一方或双方由知识产权取得的经济利益；

（4）一方或双方从事承包、租赁等生产、经营活动的收益；

（5）一方或双方取得的债权；

（6）一方或双方的其他合法所得。

3. 在婚姻关系存续期间，复员、转业军人所得的复员费、转业费，结婚时间10年以上的，应按夫妻共同财产进行分割。复员军人从部队带回的医药补助费和回乡生产补助费，应归本人所有。

4. 夫妻分居两地分别管理、使用的婚后所得财产，应认定为夫妻共同财产。在分割财产时，各自分别管理、使用的财产归各自所有。双方所分财产相差悬殊的，差额部分，由多得财产的一方以与差额相当的财产抵偿另一方。

5. 已登记结婚，尚未共同生活，一方或双方受赠的礼金、礼物应认定为夫妻共同财产，具体处理时应考虑财产来源、数量等情况合理分割。各自出资购置、各自使用的财物，原则上归各自所有。

6. 一方婚前个人所有的财产，婚后由双方共同使用、经营、管理的，房屋和其他价值较大的生产资料经过8年，贵重的生活资料经过4年，可视为夫妻共同财产。

7. 对个人财产还是夫妻共同财产难以确定的，主张权利的一方有责任举证。当事人举不出有力证据，人民法院又无法查实的，按夫妻共同财产处理。

8. 夫妻共同财产，原则上均等分割。根据生产、生活的实际需要和财产的来源等情况，具体处理时也可以有所差别。属于个人专用的物品，一般归个人所有。

9. 一方以夫妻共同财产与他人合伙经营的，入伙的财产可分给一方所有，分得入伙财产的一方对另一方应给予相当于入伙财产一半价值的补偿。

10. 属于夫妻共同财产的生产资料，可分给有经营条件和能力的一方。分得该生产资料的一方对另一方应给予相当于该财产一半价值的补偿。

11. 对夫妻共同经营的当年无收益的养殖、种植业等，离婚时应从有利于发展生产、有利于经营管理考虑，予以合理分割或折价处理。

12. 婚后8年内双方对婚前一方所有的房屋进行过修缮、装修、原拆原建，离婚时未变更产权的，房屋仍归产权人所有，增值部分中属于另一方应得的份额，由房屋所有权人折价补偿另一方；进行过扩建的，扩建部分的房屋应按夫妻共同财产处理。

13. 对不宜分割使用的夫妻共有的房屋，应根据双方住房情况和照顾抚养子女方或无过错方等原则分给一方所有。分得房屋的一方对另一方应给予相当于该房屋一半价值的补偿。在双方条件等同的情况下，应照顾女方。

14. 婚姻存续期间居住的房屋属于一方所有，另一方以离婚后无房居住为由，要求暂住的，经查实可据情予以支持，但一般不超过2年。

无房一方租房居住经济上确有困难的，享有房屋产权的一方可给予一次性经济帮助。

15. 离婚时一方尚未取得经济利益的知识产权，归一方所有。在分割夫妻共同财产时，可根据具体情况，对另一方予以适当的照顾。

16. 婚前个人财产在婚后共同生活中自然毁损、消耗、灭失，离婚时一方要求以夫妻共同财产抵偿的，不予支持。

17. 夫妻为共同生活或为履行抚养、赡养义务等所负债务，应认定为夫妻共同债务，离婚时应当以夫妻共同财产清偿。

下列债务不能认定为夫妻共同债务，应由一方以个人财产清偿：

（1）夫妻双方约定由个人负担的债务，但以逃避债务为目的的除外；

（2）一方未经对方同意，擅自资助与其没有抚养义务的亲朋所负的债务；

（3）一方未经对方同意，独自筹资从事经营活动，其收入确未用于共同生活所负的债务；

（4）其他应由个人承担的债务。

18. 婚前一方借款购置的房屋等财物已转化为夫妻共同财产的，为购置财物借款所负债务，视为夫妻共同债务。

19. 借婚姻关系索取的财物，离婚时，如结婚时间不长，或者因索要财物造成对方生活困难的，可酌情返还。

对取得财物的性质是索取还是赠予难以认定的，可按赠予处理。

20. 离婚时夫妻共同财产未从家庭共同财产中析出，一方要求析产的，可先就离婚和已查清的财产问题进行处理，对一时确实难以查清的财产的分割问题可告知当事人另案处理；或者中止离婚诉讼，待析产案件审结后再恢复离婚诉讼。

21. 一方将夫妻共同财产非法隐藏、转移拒不交出的，或非法变卖、毁损的，分割财产时，对隐藏、转移、变卖、毁损财产的一方，应予以少分或不分。具体处理时，应把隐藏、转移、变卖、毁损的财产作为隐藏、转移、变卖、毁损财产的一方分得的财产份额，对另一方的应得的份额应以其他夫妻共同财产折抵，不足折抵的，差额部分由隐藏、转移、变卖、毁损财产的一方折价补偿对方。

对非法隐藏、转移、变卖、毁损夫妻共同财产的一方，人民法院可依照《中华人民共和国民事诉讼法》第一〇二条的规定进行处理。

22. 属于事实婚姻的，其财产分割适用本意见。

属于非法同居的，其财产分割按最高人民法院《关于人民法院审理未办结婚登记而以夫妻名义同居生活案件的若干意见》的有关规定处理。

《婚姻登记管理条例》

第一章 总 则

第一条 为了保障婚姻自由、一夫一妻、男女平等的婚姻制度的实施，加强婚姻登记管理工作，保护婚姻当事人的合法权益，依法处理违法的婚姻行为，根据《婚姻法》和有关法律，制定本条例。

第二条 中国公民在中国境内结婚、离婚、复婚的，必须依照本条例的规定进行登记。

中国公民同外国人、华侨同国内公民以及香港、澳门、台湾地区的居民同内地居民之间的婚姻登记，分别按照有关规定办理。

第三条 依法履行婚姻登记的当事人的合法权益受法律保护。

第四条 国务院民政部门主管全国的婚姻登记管理工作。

县级以上地方各级人民政府的民政部门主管本行政区域内的婚姻登记管理工作。

第二章 婚姻登记管理机关

第五条 婚姻登记管理机关，在城市是街道办事处或者市辖市、不设区的市人民政府的民政部门，在农村是乡、民族乡、镇的人民政府。

第六条 婚姻登记管理机关的职责：

（一）办理婚姻登记；

（二）出具婚姻关系证明；

（三）依法处理违法的婚姻行为；

（四）宣传婚姻法律，倡导文明婚俗。

第七条 婚姻登记管理机关的婚姻登记管理人员，应当由县级以上人民政府民政部门进行业务培训，经考试合格，发给婚姻登记管理员证书。

第三章 婚姻登记

第八条 申请婚姻登记的当事人，应当如实向婚姻登记管理机关提供本条例规定的有关证件和证明，不得隐瞒真实情况。

婚姻登记管理机关办理婚姻登记，不得要求当事人出具本条例规定以外的其他证件和证明。

第九条 当事人结婚的，必须双方亲自到一方户口所在地的婚姻登记管理机关申请结婚登记，申请时，应当持下列证件和证明：

（一）户口证明；

（二）居民身份证；

（三）所在单位、村民委员会或者居民委员会出具的婚姻状况证明。

离过婚的，还应当持离婚证。

在实行婚前健康检查的地方，申请结婚登记的当事人，必须到指定的医疗保健机构进行婚前健康检查，向婚姻登记管理机关提交婚前健康检查证明。

第十条 在具备条件的地方，应当建立婚前健康检查制度。实施婚前健康检查的具体地域范围，由省、自治区、直辖市人民政府的民政部门、卫生行政部门提出意见，报本级人民政府批准。

第十一条 婚姻登记管理机关对当事人的结婚申请进行审查，符合结婚条件的，应当即时予以登记，发给结婚证。对离过婚的，应当注销其离婚证。当事人从取得结婚证起，确立夫妻关系。

第十二条 申请结婚登记的当事人有下列情形之一的，婚姻登记管理机关不予登记：

（一）未到法定结婚年龄的；

（二）非自愿的；

（三）已有配偶的；

（四）属于直系血亲或者三代以内旁系血亲的；

（五）患有法律规定禁止结婚或者暂缓结婚的疾病的。

第十三条 申请结婚登记的当事人受单位或者他人干涉，不能获得所需证明时，经婚姻登记管理机关查明确实符合结婚条件的，应当予以登记。

第十四条 当事人离婚的，必须双方亲自到一方户口所在地的婚姻登记管理机关申请离婚登记。申请时，应当持下列证件和证明：

（一）户口证明；

（二）居民身份证；

（三）所在单位、村民委员会或者居民委员会出具的介绍信；

（四）离婚协议书；

（五）结婚证。

第十五条 离婚协议书应当写明双方当事人的离婚意思表示、子女抚养、夫妻一方生活困难的经济帮助、财产及债务处理等协议事项。协议的内容应当有利于保护妇女和子女的合法权益。

第十六条 婚姻登记管理机关对当事人的离婚申请进行审查，自受理申请之日起一个月内，对符合离婚条件的，应当予以登记，发给离婚证，注销结婚证。当事人从取得离婚证起，解除夫妻关系。

第十七条 离婚的当事人一方不按照离婚协议履行应尽义务的，另一方可以向人民法院提起民事诉讼。

第十八条 申请离婚登记的当事人有下列情形之一的，婚姻登记管理机关不予受理：

（一）一方要求离婚的；

（二）双方要求离婚，但是对子女抚养、夫妻一方生活困难的经济帮助、财产及债务处理等事项未达成协议的；

（三）一方或者双方当事人为限制民事行为能力或者无民事行为能力的；

（四）未办理过结婚登记的。

第十九条 离婚的当事人恢复夫妻关系的，必须双方亲自到一方户口所在地的婚姻登记管理机关申请复婚登记。婚姻登记管理机关对当事人的复婚申请，按照结婚登记的程序办理，可以不再进行婚前健康检查。

第二十条 婚姻登记管理机关对当事人的婚姻登记申请不予登记的，应当以书面的形式说明不予登记的理由。

第四章　婚姻登记档案和婚姻关系证明

第二十一条 婚姻登记管理机关应当建立婚姻登记档案。婚姻登记档案的管理办法由国务院民政部门按照档案法的有关规定制定。

第二十二条 当事人遗失或者损毁结婚证、离婚证的，可以持所在单位、村民委员会或者居民委员会出具的婚姻状况证明，向原办理婚姻登记的婚姻登记管理机关申请出具婚姻关系证明。

第二十三条 婚姻登记管理机关对当事人出具婚姻关系证明的申请进行审查，并根据当事人的婚姻登记档案，为遗失或者损毁结婚证的当事人出具夫妻关系证明书，为遗失或者损毁离婚证的当事人出具解除夫妻关系证明书。

夫妻关系证明书、解除夫妻关系证明书，与结婚证、离婚证具有同等的法律效力。

第五章 监督管理

第二十四条 未到法定结婚年龄的公民以夫妻名义同居的，或者符合结婚条件的当事人未经结婚登记以夫妻名义同居的，其婚姻关系无效，不受法律保护。

第二十五条 申请婚姻登记的当事人弄虚作假、骗取婚姻登记的，婚姻登记管理机关应当撤销婚姻登记，对结婚、复婚的当事人宣布其婚姻关系无效并收回结婚证，对离婚的当事人宣布其解除婚姻关系无效并收回离婚证，并对当事人处以 200 元以下的罚款。

第二十六条 有配偶的当事人重婚，其配偶不控告的，婚姻登记管理机关应当向检察机关检举。

第二十七条 单位或者组织为申请婚姻登记的当事人出具虚假证件和虚假证明的，婚姻登记管理机关应当予以没收，并建议该单位或者组织对直接责任人员给予批评教育或者行政处分。

第二十八条 违反本条例第十二条、第十八条的规定予以登记的，婚姻登记管理机关应当对婚姻登记管理人员给予行政处分或者撤销其婚姻登记管理员的资格；并对仍不符合婚姻登记条件的当事人撤销婚姻登记，收回婚姻登记证书。

第二十九条 当事人认为符合婚姻登记条件而婚姻登记管理机关不予登记的，或者当事人对处罚不服的，可以依照行政复议条例的规定申请复议；

对复议决定不服的，可以依照行政诉讼法的规定提起诉讼。

第六章　附　则

第三十条　本条例规定的婚姻登记证书和婚姻关系证明书，由国务院民政部门制定统一式样，省、自治区、直辖市人民政府民政部门负责印制。

第三十一条　当事人领取婚姻登记证书和婚姻关系证明书，应当缴纳工本费。工本费的标准由国务院民政部门会同有关部门规定。

第三十二条　省、自治区、直辖市人民政府可以规定适当的限制性措施，制止低于法定结婚年龄的人结婚。

第三十三条　民族自治地方人民政府可以依照本条例的原则，结合当地民族婚姻登记管理的具体情况，制定变通的或者补充的规定。

第三十四条　本条例自发布之日起施行。1985 年 12 月 31 日国务院批准，1986 年 3 月 15 日民政部发布的《婚姻登记办法》同时废止。

最高人民法院《关于审理离婚案件中公房使用承租若干问题的解答》

人民法院审理离婚案件对公房使用、承租问题应当依照《中华人民共和国民法通则》《中华人民共和国婚姻法》《中华人民共和国妇女权益保障法》和其他有关法律规定，坚持男女平等和保护妇女、儿童合法权益等原则，考虑双方的经济收入，实事求是，合情合理地予以解决。现将审判实践中提出的一些问题，根据有关法律的规定，解答如下：

一、问：在离婚案件中，当事人对公房的使用、承租问题发生争议，人民法院可否予以处理？

答：在离婚案件中，当事人对公房的使用、承租问题发生争议，自行协商不成，或者经当事人双方单位或有关部门调解不成的，人民法院应根据案件的具体情况，依法予以妥善处理。

二、问：夫妻共同居住的公房，在什么情况下，离婚后双方均可承租？

答：夫妻共同居住的公房，具有下列情形之一的，离婚后，双方均可承租：

（一）婚前由一方承租的公房，婚姻关系存续5年以上的；

（二）婚前一方承租的本单位的房屋，离婚时，双方均为本单位职工的；

（三）一方婚前借款投资建房取得的公房承租权，婚后夫妻共同偿还借款的；

（四）婚后一方或双方申请取得公房承租权的；

（五）婚前一方承租的公房，婚后因该承租房屋拆迁而取得房屋承租权的；

（六）夫妻双方单位投资联建或联合购置的共有房屋的；

（七）一方将其承租的本单位的房屋，交回本单位或交给另一方单位后，另一方单位另给调换房屋的；

（八）婚前双方均租有公房，婚后合并调换房屋的；

（九）其他应当认定为夫妻双方均可承租的情形。

三、问：对夫妻双方均可承租的公房，应依照什么原则处理？

答：对夫妻双方均可承租的公房，应依照下列原则予以处理：

（一）照顾抚养子女的一方；

（二）男女双方在同等条件下，照顾女方；

（三）照顾残疾或生活困难的一方；

（四）照顾无过错一方。

四、问：对夫妻双方均可承租的公房而由一方承租的，承租方对另一方是否给予经济补偿？

答：对夫妻双方均可承租的公房而由一方承租的，承租方对另一方可给予适当的经济补偿。

五、问：夫妻双方均可承租的公房能够隔开分室居住使用的，可否由双方分别租住？

答：夫妻双方均可承租的公房，如其面积较大能够隔开分室居住使用的，可由双方分别租住；对可以另调房屋分别租住或承租方给另一方解决住房的，可予准许。

六、问：离婚时，一方对另一方婚前承租的公房无权承租的，可否暂时居住？

答：离婚时，一方对另一方婚前承租的公房无权承租而解决住房确有困难的，人民法院可调解或判决其暂时居住，暂住期限一般不超过 2 年。暂住期间，暂住方应缴纳与房屋租金等额的使用费及其他必要的费用。

七、问：离婚时，一方对另一方婚前承租的公房无权承租而另行租房经济上确有困难的，如何处理？

答：离婚时，一方对另一方婚前承租的公房无权承租，另行租房经济上确有困难的，如承租公房一方有负担能力，应给予一次性经济帮助。

八、问：在调整和变更单位自管房屋租赁关系时，是否需征得自管房单位的同意？

答：人民法院在调整和变更单位自管房屋（包括单位委托房地产管理部门代管的房屋）的租赁关系时，应征求自管房单位的意见。经调解或判决变更房屋租赁关系的，承租人应依照有关规定办理房屋变更登记手续。

九、问：对夫妻双方共同出资而取得“部分产权”的房屋，应如何处理？

答：对夫妻共同出资而取得“部分产权”的房屋，人民法院可参照上述有关解答，予以妥善处理。分得房屋“部分产权”的一方，一般应按所得房屋产权的比例，依照离婚时当地政府有关部门公布的同类住房标准价，给予对方一半价值的补偿。

十、问：对夫妻双方均争房屋“部分产权”的，可否采取竞价方式解决？

答：对夫妻双方均争房屋“部分产权”的，如双方同意或者双方经济、住房条件基本相同，可采取竞价方式解决。

《中华人民共和国继承法》

第一章 总 则

第一条 根据《中华人民共和国宪法》规定，为保护公民的私有财产的继承权，制定本法。

第二条 继承从被继承人死亡时开始。

第三条 遗产是公民死亡时遗留的个人合法财产，包括：

（一）公民的收入；

（二）公民的房屋、储蓄和生活用品；

（三）公民的林木、牲畜和家禽；

（四）公民的文物、图书资料；

（五）法律允许公民所有的生产资料；

（六）公民的著作权、专利权中的财产权利；

（七）公民的其他合法财产。

第四条 个人承包应得的个人收益，依照本法规定继承。个人承包，依照法律允许由继承人继续承包的，按照承包合同办理。

第五条 继承开始后，按照法定继承办理；有遗嘱的，按照遗嘱继承或者遗赠办理；有遗赠扶养协议的，按照协议办理。

第六条 无行为能力人的继承权、受遗赠权，由他的法定代理人代为行使。

限制行为能力人的继承权、受遗赠权，由他的法定代理人代为行使，或者征得法定代理人同意后行使。

第七条 继承人有下列行为之一的，丧失继承权：

（一）故意杀害被继承人的；

（二）为争夺遗产而杀害其他继承人的；

（三）遗弃被继承人的，或者虐待被继承人情节严重的；

（四）伪造、篡改或者销毁遗嘱，情节严重的。

第八条　继承权纠纷提起诉讼的期限为二年，自继承人知道或者应当知道其权利被侵犯之日起计算。但是，自继承开始之日起超过二十年的，不得再提起诉讼。

第二章　法定继承

第九条　继承权男女平等。

第十条　遗产按照下列顺序继承：

第一顺序：配偶、子女、父母。

第二顺序：兄弟姐妹、祖父母、外祖父母。

继承开始后，由第一顺序继承人继承，第二顺序继承人不继承。没有第一顺序继承人继承的，由第二顺序继承人继承。

本法所说的子女，包括婚生子女、非婚生子女、养子女和有抚养关系的继子女。

本法所说的父母，包括生父母、养父母和有抚养关系的继父母。

本法所说的兄弟姐妹，包括同父母的兄弟姐妹、同父异母或者同母异父的兄弟姐妹、养兄弟姐妹、有抚养关系的继兄弟姐妹。

第十一条　被继承人的子女先于被继承人死亡的，由被继承人的子女的晚辈直系血亲代位继承。代位继承人一般只能继承他的父亲或者母亲有权继承的遗产份额。

第十二条　丧偶儿媳对公、婆，丧偶女婿对岳父、岳母，尽了主要赡养义务的，作为第一顺序继承人。

第十三条　同一顺序继承人继承遗产的份额，一般应当均等。

对生活有特殊困难的缺乏劳动能力的继承人，分配遗产时，应当予以照顾。

对被继承人尽了主要扶养义务或者与被继承人共同生活的继承人，分配遗产时，可以多分。

有扶养能力和有扶养条件的继承人，不尽扶养义务的，分配遗产时，应当不分或者少分。

继承人协商同意的，也可以不均等。

第十四条 对继承人以外的依靠被继承人扶养的缺乏劳动能力又没有生活来源的人，或者继承人以外的对被继承人扶养较多的人，可以分给他们适当的遗产。

第十五条 继承人应当本着互谅互让、和睦团结的精神，协商处理继承问题。遗产分割的时间、办法和份额，由继承人协商确定。协商不成的，可以由人民调解委员会调解或者向人民法院提起诉讼。

第三章 遗嘱继承和遗赠

第十六条 公民可以依照本法规定立遗嘱处分个人财产，并可以指定遗嘱执行人。

公民可以立遗嘱将个人财产指定由法定继承人的一人或者数人继承。

公民可以立遗嘱将个人财产赠给国家、集体或者法定继承人以外的人。

第十七条 公证遗嘱由遗嘱人经公证机关办理。

自书遗嘱由遗嘱人亲笔书写，签名，注明年、月、日。

代书遗嘱应当有两个以上见证人在场见证，由其中一人代书，注明年、月、日，并由代书人、其他见证人和遗嘱人签名。

以录音形式立的遗嘱，应当有两个以上见证人在场见证。

遗嘱人在危急情况下，可以立口头遗嘱。口头遗嘱应当有两个以上见证人在场见证。危急情况解除后，遗嘱人能够用书面或者录音形式立遗嘱的，所立的口头遗嘱无效。

第十八条 下列人员不能作为遗嘱见证人：

（一）无行为能力人、限制行为能力人；

（二）继承人、受遗赠人；

（三）与继承人、受遗赠人有利害关系的人。

第十九条 遗嘱应当对缺乏劳动能力又没有生活来源的继承人保留必要的遗产份额。

第二十条 遗嘱人可以撤销、变更自己所立的遗嘱。

立有数份遗嘱，内容相抵触的，以最后的遗嘱为准。

自书、代书、录音、口头遗嘱，不得撤销、变更公证遗嘱。

第二十一条 遗嘱继承或者遗赠附有义务的，继承人或者受遗赠人应当履行义务。没有正当理由不履行义务的，经有关单位或者个人请求，人民法院可以取消他接受遗产的权利。

第二十二条 无行为能力人或者限制行为能力人所立的遗嘱无效。

遗嘱必须表示遗嘱人的真实意思，受胁迫、欺骗所立的遗嘱无效。

伪造的遗嘱无效。

遗嘱被篡改的，篡改的内容无效。

第四章 遗产的处理

第二十三条 继承开始后，知道被继承人死亡的继承人应当及时通知其他继承人和遗嘱执行人。继承人中无人知道被继承人死亡或者知道被继承人死亡而不能通知的，由被继承人生前所在单位或者住所地的居民委员会、村民委员会负责通知。

第二十四条 存有遗产的人，应当妥善保管遗产，任何人不得侵吞或者争抢。

第二十五条 继承开始后，继承人放弃继承的，应当在遗产处理前，作出放弃继承的表示。没有表示的，视为接受继承。

受遗赠人应当在知道受遗赠后两个月内，作出接受或者放弃受遗赠的表示。到期没有表示的，视为放弃受遗赠。

第二十六条 夫妻在婚姻关系存续期间所得的共同所有的财产，除有约定的以外，如果分割遗产，应当先将共同所有的财产的一半分出为配偶所有，其余的为被继承人的遗产。

遗产在家庭共有财产之中的，遗产分割时，应当先分出他人的财产。

第二十七条 有下列情形之一的，遗产中的有关部分按照法定继承办理：

（一）遗嘱继承人放弃继承或者受遗赠人放弃受遗赠的；

（二）遗嘱继承人丧失继承权的；

（三）遗嘱继承人、受遗赠人先于遗嘱人死亡的；

（四）遗嘱无效部分所涉及的遗产；

（五）遗嘱未处分的遗产。

第二十八条 遗产分割时，应当保留胎儿的继承份额。胎儿出生时是死体的，保留的份额按照法定继承办理。

第二十九条 遗产分割应当有利于生产和生活需要，不损害遗产的效用。

不宜分割的遗产，可以采取折价、适当补偿或者共有等方法处理。

第三十条 夫妻一方死亡后另一方再婚的，有权处分所继承的财产，任何人不得干涉。

第三十一条 公民可以与扶养人签订遗赠扶养协议。按照协议，扶养人承担该公民生养死葬的义务，享有受遗赠的权利。

公民可以与集体所有制组织签订遗赠扶养协议。按照协议，集体所有制组织承担该公民生养死葬的义务，享有受遗赠的权利。

第三十二条 无人继承又无人受遗赠的遗产，归国家所有；死者生前是集体所有制组织成员的，归所在集体所有制组织所有。

第三十三条 继承遗产应当清偿被继承人依法应当缴纳的税款和债务，缴纳税款和清偿债务以他的遗产实际价值为限。超过遗产实际价值部分，继承人自愿偿还的不在此限。

继承人放弃继承的，对被继承人依法应当缴纳的税款和债务可以不负偿还责任。

第三十四条 执行遗赠不得妨碍清偿遗赠人依法应当缴纳的税款和债务。

第五章　附　则

第三十五条 民族自治地方的人民代表大会可以根据本法的原则，结合当地民族财产继承的具体情况，制定变通的或者补充的规定。自治区的规定，报全国人民代表大会常务委员会备案。自治州、自治县的规定，报省或者自治区的人民代表大会常务委员会批准后生效，并报全国人民代表大会常务委员会备案。

第三十六条 中国公民继承在中华人民共和国境外的遗产或者继承在中华人民共和国境内的外国人的遗产，动产适用被继承人住所地法律，不动产适用不动产所在地法律。

外国人继承在中华人民共和国境内的遗产或者继承在中华人民共和国境

外的中国公民的遗产，动产适用被继承人住所地法律，不动产适用不动产所在地法律。

中华人民共和国与外国订有条约、协定的，按照条约、协定办理。

第三十七条 本法自 1985 年 10 月 1 日起施行。

最高人民法院《关于贯彻执行〈中华人民共和国继承法〉若干问题的意见》

一　关于总则部分

1. 继承从被继承人生理死亡或被宣告死亡时开始。

失踪人被宣告死亡的，以法院判决中确定的失踪人的死亡日期，为继承开始的时间。

2. 相互有继承关系的几个人在同一事件中死亡，如不能确定死亡先后时间的，推定没有继承人的人先死亡。死亡人各自都有继承人的，如几个死亡人辈分不同，推定长辈先死亡；几个死亡人辈分相同，推定同时死亡，彼此不发生继承，由他们各自的继承人分别继承。

3. 公民可继承的其他合法财产包括有价证券和履行标的为财物的债权等。

4. 承包人死亡时尚未取得承包收益的，可把死者生前对承包所投入的资金和所付出的劳动及其增值和孳息，由发包单位或者接续承包合同的人合理折价、补偿，其价额作为遗产。

5. 被继承人生前与他人订有遗赠扶养协议，同时又立有遗嘱的，继承开始后，如果遗赠扶养协议与遗嘱没有抵触，遗产分别按协议和遗嘱处理；如果有抵触，按协议处理，与协议抵触的遗嘱全部或部分无效。

6. 遗嘱继承人依遗嘱取得遗产后，仍有权依《继承法》第十三条的规定取得遗嘱未处分的遗产。

7. 不满 6 周岁的儿童、精神病患者，可以认定其为无行为能力人。已满 6 周岁，不满 18 周岁的未成年人，应当认定其为限制行为能力人。

8. 法定代理人代理被代理人行使继承权、受遗赠权，不得损害被代理人的利益。法定代理人一般不能代理被代理人放弃继承权、受遗赠权。明显损害被代理人利益的，应认定其代理行为无效。

9. 在遗产继承中，继承人之间因是否丧失继承权发生纠纷，诉讼到人民法院的，由人民法院根据《继承法》第七条的规定，判决确认其是否丧失继承权。

10. 继承人虐待被继承人情节是否严重，可以从实施虐待行为的时间、手段、后果和社会影响等方面认定。

虐待被继承人情节严重的，不论是否追究刑事责任，均可确认其丧失继承权。

11. 继承人故意杀害被继承人的，不论是既遂还是未遂，均应确认其丧失继承权。

12. 继承人有《继承法》第七条第（一）项或第（二）项所列之行为，而被继承人以遗嘱将遗产指定由该继承人继承的，可确认遗嘱无效，并按《继承法》第七条的规定处理。

13. 继承人虐待被继承人情节严重的，或者遗弃被继承人的，如以后确有悔改表现，而且被虐待人、被遗弃人生前又表示宽恕，可不确认其丧失继承权。

14. 继承人伪造、篡改或者销毁遗嘱，侵害了缺乏劳动能力又无生活来源的继承人的利益，并造成其生活困难的，应认定其行为情节严重。

15. 在诉讼时效期间内，因不可抗拒的事由致继承人无法主张继承权利的，人民法院可按中止诉讼时效处理。

16. 继承人在知道自己的权利受到侵犯之日起的 2 年之内，其遗产继承权纠纷确在人民调解委员会进行调解期间，可按中止诉讼时效处理。

17. 继承人因遗产继承纠纷向人民法院提起诉讼，诉讼时效即为中断。

18. 自继承开始之日起的第 18 年后至第 20 年期间内，继承人才知道自己的权利被侵犯的，其提起诉讼的权利，应当在继承开始之日起的 20 年之内行使，超过 20 年的，不得再行提起诉讼。

二　关于法定继承部分

19. 被收养人对养父母尽了赡养义务，同时又对生父母抚养较多的，除可依《继承法》第十条的规定继承养父母的遗产外，还可依《继承法》第十四条的规定分得生父母的适当的遗产。

20. 在旧社会形成的一夫多妻家庭中，子女与生母以外的父亲的其他配偶之间形成抚养关系的，互有继承权。

21. 继子女继承了继父母遗产的，不影响其继承生父母的遗产。

继父母继承了继子女遗产的，不影响其继承生子女的遗产。

22. 收养他人为养子女，视为养父母与养子女的关系的，可互为第一顺序继承人。

23. 养子女与生子女之间、养子女与养子女之间，系养兄弟姐妹，可互为第二顺序继承人。

被收养人与其亲兄弟姐妹之间的权利义务关系，因收养关系的成立而消除，不能互为第二顺序继承人。

24. 继兄弟姐妹之间的继承权，因继兄弟姐妹之间的抚养关系而发生。没有抚养关系的，不能互为第二顺序继承人。

继兄弟姐妹之间相互继承了遗产的，不影响其继承亲兄弟姐妹的遗产。

25. 被继承人的孙子女、外孙子女、曾孙子女、外曾孙子女都可以代位继承，代位继承人不受辈数的限制。

26. 被继承人的养子女、已形成抚养关系的继子女的生子女可代位继承；被继承人亲生子女的养子女可代位继承；被继承人养子女的养子女可代位继承；与被继承人已形成抚养关系的继子女的养子女也可以代位继承。

27. 代位继承人缺乏劳动能力又没有生活来源，或者对被继承人尽过主要赡养义务的，分配遗产时，可以多分。

28. 继承人丧失继承权的，其晚辈直系血亲不得代位继承。如该代位继承人缺乏劳动能力又没有生活来源，或对被继承人尽赡养义务较多的，可适当分给遗产。

29. 丧偶儿媳对公婆、丧偶女婿对岳父、岳母，无论其是否再婚，依《继承法》第十二条规定作为第一顺序继承人时，不影响其子女代位继承。

30. 对被继承人生活提供了主要经济来源，或在劳务等方面给予了主要扶助的，应当认定其尽了主要赡养义务或主要抚养义务。

31. 依《继承法》第十四条规定可以分给适当遗产的人，分给他们遗产时，按具体情况可多于或少于继承人。

32. 依《继承法》第十四条规定可以分给适当遗产的人，在其依法取得被继承人遗产的权利受到侵犯时，本人有权以独立的诉讼主体的资格向人民法院提起诉讼。但在遗产分割时，明知而未提出请求的，一般不予受理；不知而未提出请求，在2年以内起诉的，应予受理。

33. 继承人有抚养能力和抚养条件，愿意尽抚养义务，但被继承人因有固定收入和劳动能力，明确表示不要求其抚养的，分配遗产时，一般不应因此而影响其继承份额。

34. 有抚养能力和抚养条件的继承人虽然与被继承人共同生活，但对需要抚养的被继承人不尽抚养义务，分配遗产时，可以少分或者不分。

三　关于遗嘱继承部分

35.《继承法》实施前订立的，形式上稍有欠缺的遗嘱，如内容合法，又有充分证据证明确为遗嘱人真实意思表示的，可以认定遗嘱有效。

36. 继承人、受遗赠人的债权人、债务人，共同经营的合伙人，也应当视为与继承人、受遗赠人有利害关系，不能作为遗嘱的见证人。

37. 遗嘱人未保留缺乏劳动能力又没有生活来源的继承人的遗产份额，遗产处理时，应当为该继承人留下必要的遗产，所剩余的部分，才可参照遗嘱确定的分配原则处理。

继承人是否缺乏劳动能力又没有生活来源，应按遗嘱生效时该继承人的具体情况确定。

38. 遗嘱人以遗嘱处分了属于国家、集体或他人所有的财产，遗嘱的这部分，应认定无效。

39. 遗嘱人生前的行为与遗嘱的意思表示相反，而使遗嘱处分的财产在继承开始前灭失，部分灭失或所有权转移、部分转移的，遗嘱视为被撤销或部分被撤销。

40. 公民在遗书中涉及死后个人财产处分的内容，确为死者真实意思的表示，有本人签名并注明了年、月、日，又无相反证据的，可按自书遗嘱对待。

41. 遗嘱人立遗嘱时必须有行为能力。无行为能力人所立的遗嘱，即使其本人后来有了行为能力，仍属无效遗嘱。遗嘱人立遗嘱时有行为能力，后来丧失了行为能力，不影响遗嘱的效力。

42. 遗嘱人以不同形式立有数份内容相抵触的遗嘱，其中有公证遗嘱的，以最后所立公证遗嘱为准；没有公证遗嘱的，以最后所立的遗嘱为准。

43. 附义务的遗嘱继承或遗赠，如义务能够履行，而继承人、受遗赠人无正当理由不履行，经受益人或其他继承人请求，人民法院可以取消他接受附义务那部分遗产的权利，由提出请求的继承人或受益人负责按遗嘱人的意愿履行义务，接受遗产。

四　关于遗产的处理部分

44. 人民法院在审理继承案件时，如果知道有继承人而无法通知的，分割遗产时，要保留其应继承的遗产，并确定该遗产的保管人或保管单位。

45. 应当为胎儿保留的遗产份额没有保留的应从继承人所继承的遗产中扣回。

为胎儿保留的遗产份额，如胎儿出生后死亡的，由其继承人继承；如胎儿出生时就是死体的，由被继承人的继承人继承。

46. 继承人因放弃继承权，致其不能履行法定义务的，放弃继承权的行为无效。

47. 继承人放弃继承应当以书面形式向其他继承人表示。用口头方式表示放弃继承，本人承认，或有其他充分证据证明的，也应当认定其有效。

48. 在诉讼中，继承人向人民法院以口头方式表示放弃继承的，要制作笔录，由放弃继承的人签名。

49. 继承人放弃继承的意思表示，应当在继承开始后、遗产分割前作出。遗产分割后表示放弃的不再是继承权，而是所有权。

50. 遗产处理前或在诉讼进行中，继承人对放弃继承反悔的，由人民法院根据其提出的具体理由，决定是否承认。遗产处理后，继承人对放弃继承反悔的，不予承认。

51. 放弃继承的效力，追溯到继承开始的时间。

52. 继承开始后，继承人没有表示放弃继承，并于遗产分割前死亡的，其继承遗产的权利转移给他的合法继承人。

53. 继承开始后，受遗赠人表示接受遗赠，并于遗产分割前死亡的，其接受遗赠的权利转移给他的继承人。

54. 由国家或集体组织供给生活费用的烈属和享受社会救济的城市居民，其遗产仍应准许合法继承人继承。

55. 集体组织对“五保户”实行“五保”时，双方有抚养协议的，按协议处理；没有抚养协议，死者有遗嘱继承人或法定继承人要求继承的，按遗嘱继承或法定继承处理，但集体组织有权要求扣回“五保”费用。

56. 抚养人或集体组织与公民订有遗赠抚养协议，抚养人或集体组织无正当理由不履行，致协议解除的，不能享有受遗赠的权利，其支付的供养费用一般不予补偿；遗赠人无正当理由不履行，致协议解除的，则应偿还抚养人或集体组织已支付的供养费用。

57. 遗产因无人继承收归国家或集体组织所有时，按《继承法》第十四条规定可以分给遗产的人提出取得遗产的要求，人民法院应视情况适当分给遗产。

58. 人民法院在分割遗产中的房屋、生产资料和特定职业所需要的财产时，应依据有利于发挥其使用效益和继承人的实际需要，兼顾各继承人的利益进行处理。

59. 人民法院对故意隐匿、侵吞或争抢遗产的继承人，可以酌情减少其应继承的遗产。

60. 继承诉讼开始后，如继承人、受遗赠人中有既不愿参加诉讼，又不表示放弃实体权利的，应追加为共同原告；已明确表示放弃继承的，不再列为当事人。

61. 继承人中有缺乏劳动能力又没有生活来源的人，即使遗产不足清偿债务，也应为其保留适当遗产，然后再按《继承法》第三十三条和《民事诉讼法》第一八〇条的规定清偿债务。

62. 遗产已被分割而未清偿债务时，如有法定继承又有遗嘱继承和遗赠的，首先由法定继承人用其所得遗产清偿债务；不足清偿时，剩余的债务由遗嘱继承人和受遗赠人按比例用所得遗产偿还；如果只有遗嘱继承和遗赠的，由遗嘱继承人和受遗赠人按比例用所得遗产偿还。

五　关于附则部分

63. 涉外继承，遗产为动产的，适用被继承人住所地法律，即适用被继承人生前最后住所地国家的法律。

64.《继承法》施行前，人民法院已经审结的继承案件，《继承法》施行后，按审判监督程序提起再审的，适用审结时的有关政策、法律。

人民法院对《继承法》生效前已经受理、生效时尚未审结的继承案件，适用《继承法》。但不得再以超过诉讼时效为由驳回起诉。

《中华人民共和国收养法》

第一章 总 则

第一条 为保护合法的收养关系，维护收养关系当事人的权利，制定本法。

第二条 收养应当有利于被收养的未成年人的抚养、成长，保障被收养人和收养人的合法权益，遵循平等自愿的原则，并不得违背社会公德。

第三条 收养不得违背计划生育的法律、法规。

第二章 收养关系的成立

第四条 下列不满十四周岁的未成年人可以被收养：

（一）丧失父母的孤儿；

（二）查找不到生父母的弃婴和儿童；

（三）生父母有特殊困难无力抚养的子女。

第五条 下列公民、组织可以作送养人：

（一）孤儿的监护人；

（二）社会福利机构；

（三）有特殊困难无力抚养子女的生父母。

第六条 收养人应当同时具备下列条件：

（一）无子女；

（二）有抚养教育被收养人的能力；

（三）未患有在医学上认为不应当收养子女的疾病；

（四）年满三十周岁。

第七条 收养三代以内同辈旁系血亲的子女，可以不受本法第四条第三项、第五条第三项、第九条和被收养人不满十四周岁的限制。

华侨收养三代以内同辈旁系血亲的子女，还可以不受收养人无子女的限制。

第八条 收养人只能收养一名子女。

收养孤儿、残疾儿童或者社会福利机构抚养的查找不到生父母的弃婴和儿童，可以不受收养人无子女和收养一名的限制。

第九条 无配偶的男性收养女性的，收养人与被收养人的年龄应当相差四十周岁以上。

第十条 生父母送养子女，须双方共同送养。生父母一方不明或者查找不到的可以单方送养。

有配偶者收养子女，须夫妻共同收养。

第十一条 收养人收养与送养人送养，须双方自愿。收养年满十周岁以上未成年人的，应当征得被收养人的同意。

第十二条 未成年人的父母均不具备完全民事行为能力的，该未成年人的监护人不得将其送养，但父母对该未成年人有严重危害可能的除外。

第十三条 监护人送养未成年孤儿的，须征得有抚养义务的人同意。有抚养义务的人不同意送养、监护人不愿意继续履行监护职责的，应当依照《中华人民共和国民法通则》的规定变更监护人。

第十四条 继父或者继母经继子女的生父母同意，可以收养继子女，并可以不受本法第四条第三项、第五条第三项、第六条和被收养人不满十四周岁以及收养一名的限制。

第十五条 收养应当向县级以上人民政府民政部门登记。收养关系自登记之日起成立。

收养查找不到生父母的弃婴和儿童的，办理登记的民政部门应当在登记前予以公告。

收养关系当事人愿意订立收养协议的，可以订立收养协议。

收养关系当事人各方或者一方要求办理收养公证的，应当办理收养公证。

第十六条 收养关系成立后，公安部门应当依照国家有关规定为被收养人办理户口登记。

第十七条 孤儿或者生父母无力抚养的子女，可以由生父母的亲属、朋友抚养。

抚养人与被抚养人的关系不适用收养关系。

第十八条 配偶一方死亡，另一方送养未成年子女的，死亡一方的父母有优先抚养的权利。

第十九条 送养人不得以送养子女为理由违反计划生育的规定再生育子女。

第二十条 严禁买卖儿童或者借收养名义买卖儿童。

第二十一条 外国人依照本法可以在中华人民共和国收养子女。

外国人在中华人民共和国收养子女，应当经其所在国主管机关依照该国法律审查同意。收养人应当提供由其所在国有权机构出具的有关收养人的年龄、婚姻、职业、财产、健康、有无受过刑事处罚等状况的证明材料，该证明材料应当经其所在国外交机关或者外交机关授权的机构认证，并经中华人民共和国驻该国使领馆认证。该收养人应当与送养人订立书面协议，亲自向省级人民政府民政部门登记。

收养关系当事人各方或者一方要求办理收养公证的，应当到国务院司法行政部门认定的具有办理涉外公证资格的公证机构办理收养公证。

第二十二条 收养人、送养人要求保守收养秘密的，其他人应当尊重其意愿，不得泄露。

第三章 收养的效力

第二十三条 自收养关系成立之日起，养父母与养子女间的权利义务关系，适用法律关于父母子女关系的规定；养子女与养父母的近亲属间的权利义务关系，适用法律关于子女与父母的近亲属关系的规定。

养子女与生父母及其他近亲属间的权利义务关系，因收养关系的成立而消除。

第二十四条 养子女可以随养父或者养母的姓，经当事人协商一致，也可以保留原姓。

第二十五条 违反《中华人民共和国民法通则》第五十五条和本法规定的收养行为无法律效力。

收养行为被人民法院确认无效的，从行为开始时起就没有法律效力。

第四章　收养关系的解除

第二十六条　收养人在被收养人成年以前，不得解除收养关系，但收养人、送养人双方协议解除的除外，养子女年满十周岁以上的，应当征得本人同意。

收养人不履行抚养义务，有虐待、遗弃等侵害未成年养子女合法权益行为的，送养人有权要求解除养父母与养子女间的收养关系。送养人、收养人不能达成解除收养关系协议的，可以向人民法院起诉。

第二十七条　养父母与成年养子女关系恶化、无法共同生活的，可以协议解除收养关系。不能达成协议的，可以向人民法院起诉。

第二十八条　当事人协议解除收养关系的，应当到民政部门办理解除收养关系的登记。

第二十九条　收养关系解除后，养子女与养父母及其他近亲属间的权利义务关系即行消除，与生父母及其他近亲属间的权利义务关系自行恢复，但成年养子女与生父母及其他近亲属间的权利义务关系是否恢复，可以协商确定。

第三十条　收养关系解除后，经养父母抚养的成年养子女，对缺乏劳动能力又缺乏生活来源的养父母，应当给付生活费。因养子女成年后虐待、遗弃养父母而解除收养关系的，养父母可以要求养子女补偿收养期间支出的生活费和教育费。

生父母要求解除收养关系的，养父母可以要求生父母适当补偿收养期间支出的生活费和教育费，但因养父母虐待、遗弃养子女而解除收养关系的除外。

第五章　法律责任

第三十一条　借收养名义拐卖儿童的，依法追究刑事责任。

遗弃婴儿的，由公安部门处以罚款；构成犯罪的，依法追究刑事责任。

出卖亲生子女的，由公安部门没收非法所得，并处以罚款；构成犯罪的，依法追究刑事责任。

第六章 附 则

第三十二条 民族自治地方的人民代表大会及其常务委员会可以根据本法的原则，结合当地情况，制定变通的或者补充的规定。自治区的规定，报全国人民代表大会常务委员会备案。自治州、自治县的规定，报省或者自治区的人民代表大会常务委员会批准后生效，并报全国人民代表大会常务委员会备案。

第三十三条 国务院可以根据本法制定实施办法。

第三十四条 本法自 1992 年 4 月 1 日起施行。

《中国公民收养子女登记办法》

第一条 为了规范收养登记行为，根据《中华人民共和国收养法》（以下简称《收养法》），制定本办法。

第二条 中国公民在中国境内收养子女或者协议解除收养关系的，应当依照本办法的规定办理登记。

办理收养登记的机关是县级人民政府民政部门。

第三条 收养社会福利机构抚养的查找不到生父母的弃婴、儿童和孤儿的，在社会福利机构所在地的收养登记机关办理登记。

收养非社会福利机构抚养的查找不到生父母的弃婴和儿童的，在弃婴和儿童发现地的收养登记机关办理登记。

收养生父母有特殊困难无力抚养的子女或者由监护人监护的孤儿的，在被收养人生父母或者监护人常住户口所在地（组织作监护人的，在该组织所在地）的收养登记机关办理登记。

收养三代以内同辈旁系血亲的子女，以及继父或者继母收养继子女的，在被收养人生父或者生母常住户口所在地的收养登记机关办理登记。

第四条 收养关系当事人应当亲自到收养登记机关办理成立收养关系的登记手续。

夫妻共同收养子女的，应当共同到收养登记机关办理登记手续；一方因故不能亲自前往的，应当书面委托另一方办理登记手续，委托书应当经过村民委员会或者居民委员会证明或者经过公证。

第五条 收养人应当向收养登记机关提交收养申请书和下列证件、证明材料。

（一）收养人的居民户口簿和居民身份证；

（二）由收养人所在单位或者村民委员会、居民委员会出具的本人婚姻状况、有无子女和抚养教育被收养人的能力等情况的证明；

（三）县级以上医疗机构出具的未患有在医学上认为不应当收养子女的疾病的身体健康检查证明。

收养查找不到生父母的弃婴、儿童的，并应当提交收养人经常居住地计划生育部门出具的收养人生育情况证明；其中收养非社会福利机构抚养的查找不到生父母的弃婴、儿童的，收养人还应当提交下列证明材料：

（一）收养人经常居住地计划生育部门出具的收养人无子女的证明；

（二）公安机关出具的捡拾弃婴、儿童报案的证明。

收养继子女的，可以只提交居民户口簿、居民身份证和收养人与被收养人生父或者生母结婚的证明。

第六条 送养人应当向收养登记机关提交下列证件和证明材料：

（一）送养人的居民户口簿和居民身份证（组织作监护人的，提交其负责人的身份证件）；

（二）《收养法》规定送养时应当征得其他有抚养义务的人同意的，并提交其他有抚养义务的人同意送养的书面意见。

社会福利机构为送养人的，并应当提交弃婴、儿童进入社会福利机构的原始记录，公安机关出具的捡拾弃婴、儿童报案的证明，或者孤儿的生父母死亡或者宣告死亡的证明。

监护人为送养人的，并应当提交实际承担监护责任的证明，孤儿的父母死亡或者宣告死亡的证明，或者被收养人生父母无完全民事行为能力并对被收养人有严重危害的证明。

生父母为送养人的，并应当提交与当地计划生育部门签订的不违反计划生育规定的协议；有特殊困难无力抚养子女的，还应当提交其所在单位或者村民委员会、居民委员会出具的送养人有特殊困难的证明。其中，因丧偶或者一方下落不明由单方送养的，还应当提交配偶死亡或者下落不明的证明；子女由三代以内同辈旁系血亲收养的，还应当提交公安机关出具的或者经过公证的与收养人有亲属关系的证明。

被收养人是残疾儿童的，并应当提交县级以上医疗机构出具的该儿童的残疾证明。

第七条 收养登记机关收到收养登记申请书及有关材料后，应当自次日起 30 日内进行审查。对符合《收养法》规定条件的，为当事人办理收养登记，发给收养登记证，收养关系自登记之日起成立；对不符合《收养法》规定条件的，不予登记，并对当事人说明理由。

收养查找不到生父母的弃婴、儿童的，收养登记机关应当在登记前公告查找其生父母；自公告之日起满60日，弃婴、儿童的生父母或者其他监护人未认领的，视为查找不到生父母的弃婴、儿童。公告期间不计算在登记办理期限内。

第八条 收养关系成立后，需要为被收养人办理户口登记或者迁移手续的，由收养人持收养登记证到户口登记机关按照国家有关规定办理。

第九条 收养关系当事人协议解除收养关系的，应当持居民户口簿、居民身份证、收养登记证和解除收养关系的书面协议，共同到被收养人常住户口所在地的收养登记机关办理解除收养关系登记。

第十条 收养登记机关收到解除收养关系登记申请书及有关材料后，应当自次日起30日内进行审查；对符合《收养法》规定的，为当事人办理解除收养关系的登记，收回收养登记证，发给解除收养关系证明。

第十一条 为收养关系当事人出具证明材料的组织，应当如实出具有关证明材料。出具虚假证明材料的，由收养登记机关没收虚假证明材料，并建议有关组织对直接责任人员给予批评教育，或者依法给予行政处分、纪律处分。

第十二条 收养关系当事人弄虚作假骗取收养登记的，收养关系无效，由收养登记机关撤销登记，收缴收养登记证。

第十三条 本办法规定的收养登记证、解除收养关系证明的式样，由国务院民政部门制订。

第十四条 华侨以及居住在香港、澳门、台湾地区的中国公民在内地收养子女的，申请办理收养登记的管辖以及所需要出具的证件和证明材料，按照国务院民政部门的有关规定执行。

第十五条 本办法自发布之日起施行。

《外国人在中华人民共和国收养子女登记办法》

第一条 为了规范涉外收养登记行为，根据《中华人民共和国收养法》，制定本办法。

第二条 外国人在中华人民共和国境内收养子女（以下简称外国人在华收养子女），应当依照本办法办理登记。

收养人夫妻一方为外国人，在华收养子女，也应当依照本办法办理登记。

第三条 外国人在华收养子女，应当符合中国有关收养法律的规定，并应当符合收养人所在国有关收养法律的规定；因收养人所在国法律的规定与中国法律的规定不一致而产生的问题，由两国政府有关部门协商处理。

第四条 外国人在华收养子女，应当通过所在国政府或者政府委托的收养组织（以下简称外国收养组织）向中国政府委托的收养组织（以下简称中国收养组织）转交收养申请并提交收养人的家庭情况报告和证明。

前款规定的收养人的收养申请、家庭情况报告和证明，是指由其所在国有权机构出具，经其所在国外交机关或者外交机关授权的机构认证，并经中华人民共和国驻该国使馆或者领馆认证的下列文件：

（一）跨国收养申请书；

（二）出生证明；

（三）婚姻状况证明；

（四）职业、经济收入和财产状况证明；

（五）身体健康检查证明；

（六）有无受过刑事处罚的证明；

（七）收养人所在国主管机关同意其跨国收养子女的证明；

（八）家庭情况报告，包括收养人的身份、收养的合格性和适当性、家庭状况和病史、收养动机以及适合于照顾儿童的特点等。

在华工作或者学习连续居住 1 年以上的外国人在华收养子女，应当提交前款规定的除身体健康检查证明以外的文件，并应当提交在华所在单位或者有关部门出具的婚姻状况证明，职业、经济收入或者财产状况证明，有无受过刑事处罚证明以及县级以上医疗机构出具的身体健康检查证明。

第五条 送养人应当向省、自治区、直辖市人民政府民政部门提交本人的居民户口簿和居民身份证（社会福利机构作送养人的，应当提交其负责人的身份证件）、被收养人的户籍证明等情况证明，并根据不同情况提交下列有关证明材料：

（一）被收养人的生父母（包括已经离婚的）为送养人的，应当提交生父母有特殊困难无力抚养的证明和生父母双方同意送养的书面意见；其中，被收养人的生父或者生母因丧偶或者一方下落不明，由单方送养的，并应当提交配偶死亡或者下落不明的证明以及死亡的或者下落不明的配偶的父母不行使优先抚养权的书面声明；

（二）被收养人的父母均不具备完全民事行为能力，由被收养人的其他监护人作送养人的，应当提交被收养人的父母不具备完全民事行为能力且对被收养人有严重危害的证明以及监护人有监护权的证明；

（三）被收养人的父母均已死亡，由被收养人的监护人作送养人的，应当提交其生父母的死亡证明、监护人实际承担监护责任的证明，以及其他有抚养义务的人同意送养的书面意见；

（四）由社会福利机构作送养人的，应当提交弃婴、儿童被遗弃和发现的情况证明以及查找其父母或者其他监护人的情况证明；被收养人是孤儿的，应当提交孤儿父母的死亡或者宣告死亡证明，以及有抚养孤儿义务的其他人同意送养的书面意见。

送养残疾儿童的，还应当提交县级以上医疗机构出具的该儿童的残疾证明。

第六条 省、自治区、直辖市人民政府民政部门应当对送养人提交的证件和证明材料进行审查，对查找不到生父母的弃婴和儿童公告查找其生父母；认为被收养人、送养人符合《收养法》规定条件的，将符合《收养法》规定的被收养人、送养人名单通知中国收养组织，同时转交下列证件和证明材料：

（一）送养人的居民户口簿和居民身份证（社会福利机构作送养人的，为其负责人的身份证件）复制件；

（二）被收养人是弃婴或者孤儿的证明、户籍证明、成长情况报告和身体健康检查证明的复制件及照片。

省、自治区、直辖市人民政府民政部门查找弃婴或者儿童生父母的公告应当在省级地方报纸上刊登。自公告刊登之日起满60日，弃婴和儿童的生父母或者其他监护人未认领的，视为查找不到生父母的弃婴和儿童。

第七条 中国收养组织对外国收养人的收养申请和有关证明进行审查后，应当在省、自治区、直辖市人民政府民政部门报送的符合《收养法》规定条件的被收养人中，参照外国收养人的意愿，选择适当的被收养人，并将该被收养人及其送养人的有关情况通过外国政府或者外国收养组织送交外国收养人。外国收养人同意收养的，中国收养组织向其发出来华收养子女通知书，同时通知有关的省、自治区、直辖市人民政府民政部门向送养人发出被收养人已被同意收养的通知。

第八条 外国人来华收养子女，应当亲自来华办理登记手续。夫妻共同收养的，应当共同来华办理收养手续；一方因故不能来华的，应当书面委托另一方。委托书应当经所在国公证和认证。

第九条 外国人来华收养子女，应当与送养人订立书面收养协议。协议一式3份，收养人、送养人各执1份，办理收养登记手续时收养登记机关收存1份。

书面协议订立后，收养关系当事人应当共同到被收养人常住户口所在地的省、自治区、直辖市人民政府民政部门办理收养登记。

第十条 收养关系当事人办理收养登记时，应当填写外国人来华收养子女登记申请书并提交收养协议，同时分别提供有关材料。

收养人应当提供下列材料：

（一）中国收养组织发出的来华收养子女通知书；

（二）收养人的身份证件和照片。

送养人应当提供下列材料：

（一）省、自治区、直辖市人民政府民政部门发出的被收养人已被同意收养的通知；

（二）送养人的居民户口簿和居民身份证（社会福利机构作送养人的，为其负责人的身份证件)、被收养人的照片。

第十一条 收养登记机关收到外国人来华收养子女登记申请书和收养人、被收养人及其送养人的有关材料后，应当自次日起 7 日内进行审查，对符合本办法第十条规定的，为当事人办理收养登记，发给收养登记证书。收养关系自登记之日起成立。

收养登记机关应当将登记结果通知中国收养组织。

第十二条 收养关系当事人办理收养登记后，各方或者一方要求办理收养公证的，应当到收养登记地的具有办理涉外公证资格的公证机构办理收养公证。

第十三条 被收养人出境前，收养人应当凭收养登记证书到收养登记地的公安机关为被收养人办理出境手续。

第十四条 外国人在华收养子女，应当向登记机关缴纳登记费。登记费的收费标准按照国家有关规定执行。

中国收养组织是非营利性公益事业单位，为外国收养人提供收养服务，可以收取服务费。服务费的收费标准按照国家有关规定执行。

为抚养在社会福利机构生活的弃婴和儿童，国家鼓励外国收养人、外国收养组织向社会福利机构捐赠。受赠的社会福利机构必须将捐赠财物全部用于改善所抚养的弃婴和儿童的养育条件，不得挪作他用，并应当将捐赠财物的使用情况告知捐赠人。受赠的社会福利机构还应当接受有关部门的监督，并应当将捐赠的使用情况向社会公布。

第十五条 中国收养组织的活动受国务院民政部门监督。

第十六条 本办法自发布之日起施行。1993 年 11 月 3 日国务院批准，1993 年 11 月 10 日司法部、民政部发布的《外国人在中华人民共和国收养子女实施办法》同时废止。